Inhalt

Wer Sternstunden ungenutzt verstreichen läßt ...

Auf einmal war das Faß zum Überlaufen gekommen — die DDR völlig bankrott, die plötzliche Ausreiselust, die Montagsdemonstrationen und schließlich der Fall der Mauer. Ein Jahrzehnt ist seitdem verstrichen, aus Zeitgeschichte ist Geschichte geworden. Der Abstand ermöglicht es, den Wahrheitsgehalt der Worte und die Taten der politischen Akteure an ihren Folgen zu messen. Dieser Zeitabschnitt der letzten zehn Jahre verdeutlicht wegen seines weichenstellenden Charakters in besonderem Masse, daß man Sternstunden der Menschheit nicht ungestraft verstreichen läßt.

Die Begeisterung von damals ist bei vielen Bürgern tiefer Resignation gewichen, aus der „friedlichen Revolution" hat die offizielle Sprachregelung die „Wende" gemacht, viele junge Menschen haben nur noch eine vage Erinnerung an 1989. Schlimmer ist: Wir stehen vor einer strategischen Katastrophe und das System der freien Marktwirtschaft befindet sich heute etwa da, wo sich die kommunistische Planwirtschaft im Herbst 1989 befand.

War diese Entwicklung unvermeidbar? War die Idee der großen Chance Europas eine Illusion? Hätte man das Argument, es gebe keinen Präzedenzfall für den Umbau des zusammengebrochenen Kommunismus zur freien Marktwirtschaft, doch nicht für bare Münze nehmen sollen — vorausahnend, daß sich darunter die nackte Raffgier der Spekulanten verbarg?

Die Antwort auf alle drei Fragen lautet „Nein"! Ich selber habe buchstäblich seit November 1989, und vor allem seit Anfang 1990, auf einer Vielzahl von Konferenzen, Seminaren und Vorträgen in West- und Osteuropa die offensichtliche Alternative, nämlich einen „Marshallplan" für den Osten, vorgestellt. Der amerikanische Wirtschaftswissenschaftler Lyndon LaRouche, mein Ehemann, hatte dazu visionär ein konkretes Programm, das „Produktive Dreieck Paris-Berlin-Wien" vorgeschlagen. Es sah im wesentlichen vor, das industrielle Potential dieses Dreiecks als „Lokomotive" für die Entwicklung des Ostens mit modernsten westlichen Technologien zu nutzen. Infrastrukturkorridore hätten ein Netz der Modernisierung über den ganzen Kontinent gespannt.

Von Anfang an warnte ich, daß sich die große historische Chance Europas nur realisieren ließe, wenn man *nicht* die damals schon höchst anrüchigen Mechanismen der sogenannten „freien Marktwirtschaft" und der „Globalisierung" auf die maroden Strukturen der kommunistischen Kommandowirtschaft in Rußland und Osteuropa oktroyieren würde. Ich warnte ausdrücklich, daß es zu einem noch viel dramatischeren Zusammenbruch kommen würde, falls man dies versuchen würde. Das Resultat der Konditionalitätenpolitik des IWF für Lateinamerika und Afrika sei der Beweis, daß die IWF-Politik zum wirtschaftlichen Ruin führe. Mit anderen Worten: Selbst wenn die meisten Mitglieder der deutschen Regierung tatsächlich keine Ahnung gehabt haben sollten, mit welchen wirtschaftlichen Methoden der Osten entwickelt werden sollte — die Chefideologen des IWF und solche Punk-Professoren wie Jeffrey Sachs wußten ganz genau, wie mit der „Schocktherapie“ oder dem „polnischen Modell“ der große Reibach zu machen war. Sie wußten von Anfang an, daß die „Privatisierung“ der staatseigenen Betriebe darauf angelegt war, diese Produktionskapazitäten zu zerstören, um anschließend den Osten mit Westprodukten zu überschwemmen. Die „Filetstücke“ der zu privatisierenden Staatsbetriebe wurden mit hohem Profit verkauft, der sodann als Spekulationseinsatz im großen Kasino der globalen Blasenökonomie verwendet wurde.

Daß dabei rund 70% der wirtschaftlichen Kapazitäten, wie sie noch 1991 existierten, zerstört wurden, und Rußland von einer Supermacht in ein Dritte-Welt-Land und reinen Rohstofflieferanten verwandelt wurde, und daß dieser Niedergang enorme politische, soziale und schließlich auch militärische Konsequenzen haben würde, war ihnen völlig egal. Die große Mehrheit der russischen Bevölkerung ist heute total verarmt und ihre durchschnittliche Lebenserwartung um rund zehn Jahre gesunken, während die russischen Nutznießer der „Privatisierung“ Milliardäre wurden, die vom organisierten Verbrechen nicht mehr zu unterscheiden sind. Das sind die Folgen der Politik des IWF.

Papst Johannes Paul II. war damals der einzige, der außer der LaRouche-Bewegung vor den „Strukturen der Sünde“ in Ost und West gleichermaßen warnte. Aus dem Zusammenbruch des Kommunismus dürfe man nicht schließen, daß der „ungezügelte wilde Kapitalismus“ moralisch überlegen sei, dazu müsse man sich nur die Zustände in der Dritten Welt vor Augen halten. Ich erinnere mich noch genau an die hysterische Ablehnung, auf die diese völlig richtige Einschätzung des Papstes stieß.

Was man damals durchaus wissen konnte, und was wir auch veröffentlicht haben: Die Politik des IWF gegenüber Rußland war nicht nur wirtschaftlich inkompetent und auf die monetären Interessen einiger Oligarchen abgestellt — sie hatte auch eine geopolitische Dimension. Rußland sollte auf Dauer geschwächt werden. Im September 1991 berichtete die Presse von einer CIA-Untersuchung, die zu dem Ergebnis kam, daß Rußland über besser ausgebildete Arbeitskräfte und über mehr Rohstoffe verfüge als die USA. Es sei deshalb nicht im Interesse Amerikas, die wirtschaftliche Entwicklung Rußlands zu befördern, weil auf diese Weise nur ein mächtiger künftiger Konkurrent auf dem Weltmarkt heranwüchse.

Damit verfolgte George Bushs Regierung eine den Absichten von Präsident Reagan völlig entgegengesetzte Politik. Reagan hatte zumindest im Zeitraum von März bis August 1983 Rußland westliche Hilfe bei der Entwicklung auf neuen physikalischen Prinzipien basierender Technologien, wie sie bei der Verwirklichung der „Strategischen Verteidigungsinitiative" (SDI) zur Debatte standen, für die zivile Wirtschaft angeboten.

Auch wenn Präsident Clinton durchaus versuchte, andere Akzente in der Außenpolitik als Bush mit seiner „Neuen Weltordnung" zu setzen (z.B. im Nahen Osten und in Nordirland), was Rußland betrifft, blieb die Politik gewissermaßen auf „Autopilot". Auch wenn Strobe Talbott hin und wieder verschreckte Berichte über die sozialen Konsequenzen der IWF-Politik aus Moskau zurückbrachte, geändert wurde unter Präsident Clinton nichts. Auch wenn Präsident Clinton durchaus immer wieder Impulse zeigte, eine auf wirtschaftlicher Kooperation gegründete Außenpolitik zu verwirklichen — etwa seine gewiß ernstgemeinte Politik einer „strategischen Partnerschaft“ mit China, oder sein Versuch, eine neue auf Entwicklung orientierte Politik für Afrika durchzusetzen —, so schlugen doch alle diese Versuche letztlich fehl, weil seine ganze Administration von Vizepräsident Gore über Madeleine Albright bis zu Verteidigungsminister Cohen und Generalstabschef Shelton eine grundsätzlich andere institutionelle Politik verfolgt: nämlich die der „britisch-amerikanischen Commonwealth-Gruppe“ (BAC), die im wesentlichen die finanzpolitischen Interessen der City of London und der Wall Street vertritt.

Bei diesen Institutionen hat sich die Vorstellung verfestigt, daß die USA nach dem Kollaps der Sowjetunion die einzige verbliebene Supermacht seien, und daß sich daran auch in Zukunft nichts ändern solle. Mit der Sonderbeziehung der USA zu Großbritannien sei die Kontrolle der Welt wie zu Zeiten des britischen Empire und des Kolonialismus erreichbar. Als Zbigniew Brzezinski vor einigen Monaten in Wien vor einem halben Dutzend erstaunter Staatschefs aus Mitteleuropa seine Ansicht zum Besten gab, in Bezug auf die Rolle der USA als alleiniger Supermacht müsse man von „Omnipotenz“ sprechen, und Europa sei kein Partner, sondern ein „Protektorat“, war diese anglo-amerikanische Hegemonie gemeint.

Es wäre höchst unklug, die von Brzezinski in seinem Buch *Die einzige Weltmacht* (engl. Titel: *The Grand Chessgame*) geäußerte Meinung als die eines Außenseiters abzutun. Die Zerschlagung Rußlands, angefangen mit der Abspaltung des Nordkaukasus, ist durchaus einer der Hauptzwecke der neuen „globalisierten NATO“. Da erwartet wird, daß China sich unter ungestörten Bedingungen bis etwa zum Jahr 2010 zu einer Weltmacht entwickeln wird, soll diese

Entwicklung durch entsprechende Operationen wie die Sezession Taiwans sowie Destabilisierungen Sinkiangs, Tibets und anderer Regionen verhindert werden.

Wie Martin Palmer, Berater des Prinzen Philip für weltanschauliche Fragen, kürzlich in einem Interview betonte, hat sich an der Politik des britischen Foreign Office seit dem 19. Jahrhundert nichts geändert. Ziel sei nach wie vor, große souveräne Nationalstaaten in Ministaaten zu zerschlagen und nach dem Prinzip „Teile und herrsche!" über supranationale Institutionen die Welt zu kontrollieren.

Gegenwärtig findet eine durchaus koordinierte internationale Kampagne statt, bei der versucht wird, die Verteidigung der „individuellen Menschenrechte" als Wert darzustellen, der gegen die Souveränität der Nationalstaaten durchgesetzt werden müsse. Was auf den ersten Blick bestechend human klingt, entpuppt sich bei näherem Hinsehen als Trick von Public-Relations-Spezialisten, die anscheinend bei Goebbels in die Schule gegangen sind: in *allen* Fällen, in denen sich oligarchische Interessen plötzlich um die Menschenrechte von Rebellen kümmern, welche die territoriale Einheit von Nationalstaaten bedrohen, geht es *immer* um Rohstoffe.

So wurde jetzt der Grund für das ach-so-leidenschaftliche Eintreten der Blair-Regierung für Osttimor aufgedeckt: Der britische Rohstoffgigant Rio Tinto Zinc hat sich die neuentdeckten Ölvorkommen in Osttimor unter den Nagel gerissen — und sie somit den Indonesiern gestohlen.

Daß diese Politik einer globalisierten NATO nicht im Interesse Deutschlands liegt, sollte offensichtlich sein. Unser Interesse als exportabhängige Nation liegt darin, wachsende Exportmärkte zu entwickeln, in denen der Lebensstandard und die Kaufkraft der Bevölkerung steigt; und unser Interesse ist es nicht, die Zahl im Chaos versinkender Zwergstaaten zu vermehren. Um so erschreckender ist es, daß es über die neue NATO-Doktrin keine öffentliche Debatte gibt. Lediglich Willi Wimmer, der Verteidigungsexperte der CDU, stellte fest, daß die Ernennung des britischen Verteidigungsministers George Robertson zum Generalsekretär der NATO darauf hinauslaufe, die NATO zum Instrument von Kolonialkriegen zu machen.

Trotz der wichtigen Rolle, die Helmut Kohl beim Zustandekommen der Wiedervereinigung gespielt hat, ist es ihm nicht gelungen, den Status Deutschlands als praktisch besetztem Land zu überwinden. Um die Gründe dafür geht es in dem Buch *Die verpaßte Chance von 1989-90*. Die erzwungene Zustimmung zur Europäischen Währungsunion, der Maastrichter Vertrag, die „Eindämmung durch Selbsteindämmung", die fortgesetzte Einbindung in die NATO trotz deren völlig veränderter Zielsetzung — all dies waren Symptome der nicht errungenen Souveränität.

Aber was bei der Politik der Regierung Kohl noch durchaus tragische Züge trug, verwandelte sich bei der rot-grünen Koalition in eine Farce. In welchem Brustton der Überzeugung Bundeskanzler Schröder die deutsche Teilnahme am NATO-Einsatz gegen Jugoslawien mit dem Argument verteidigte, die „internationale Staatengemeinschaft" erwarte dies von uns — als das internationale Völkerrecht gerade aus dem Fenster geworfen worden war —, das war schon erstaunlich. Der Kanzler schien jedenfalls von keinen historischen oder rechtlichen Bedenken angekränkelt. Und bei dem geradezu an Leistungssport erinnernden Einsatz Joschka Fischers für globale Interventionen der NATO — ohne nennenswerten

Protest der angeblich einmal so pazifistischen Grünen — fällt einem nur noch das alte Sprichwort ein: „Wes' Brot ich eß, des' Lied ich sing!“ Die Realitätsferne der Grünen ist so groß, daß sie nicht einmal merken, wie alle ihre früheren Vorstellungen den Ambitionen des Herrn Außenministers geopfert wurden.

Resultat all dieser Entwicklungen der letzten zehn Jahre, vor allem des letzten Jahres, ist eine an amerikanische Bedingungen erinnernde Politikverdrossenheit der Bevölkerung, die sich in einer katastrophal niedrigen Wahlbeteiligung äußert. Bei diesen Nichtwählern hat sich ein tiefer Kulturpessimismus, der in der Geschichte schon immer gefährlich war, breitgemacht. Man könne ja doch nichts ändern, so heißt das Fazit.

Und trotzdem behaupte ich, daß die Zeit vom Fall der Mauer bis zur Wiedervereinigung eine der großen Sternstunden der Menschheit war, in der die Weichen für die Zukunft ganz anders hätten gestellt werden können. Für ein kurzes Intervall waren die Menschen im Osten und im Westen Deutschlands moralisch besser, als sie es zuvor waren und kurz darauf wieder wurden.

Natürlich ging es den Bürgern in der Bundesrepublik wirtschaftlich sehr viel besser. Aber davon abgesehen, waren der auf Konsum orientierte Materialismus im Westen und der ideologisch verordnete Materialismus im Osten sich in den Axiomen doch ähnlicher, als beide Seiten vermuteten. Doch in den Monaten des Umbruchs trat diese Denkungsweise in Ost und West zurück. Die große Erschütterung machte die Menschen offen für große, neue Ideen. Der erhabene Augenblick verlangte nach erhabener Gestaltung, und in der Bevölkerung bestand ein genuines Verlangen nach klassischer Kunst. Daß Weihnachten 1989 die Neunte Symphonie von Ludwig van Beethoven gleich zweimal im deutschen Fernsehen aufgeführt wurde, war Ausdruck dieser Stimmung.

Es gab damals nur eine einzige „Flanke“, wie Deutschland den geopolitischen Manipulationen von Thatcher, Bush, Mitterrand und in gewissem Sinne auch Gorbatschows hätte entgehen können. Nur wenn es damals eine wirkliche Wiederbelebung der klassischen Kultur in allen kontinentaleuropäischen Nationen gegeben hätte, wäre es möglich gewesen, die Souveränität für alle Staaten zu erlangen. Alle europäischen Nationen haben Kostbarkeiten zur europäischen Kultur beigetragen, aber das Wenigste davon ist über die jeweiligen Landesgrenzen hinaus bekannt.

Wer kennt schon im restlichen Europa die außerordentliche Schönheit der Renaissance, die etwa gleichzeitig mit der italienischen Goldenen Renaissance in Litauen, Polen und der Ukraine stattgefunden hat? Wer weiß um die Bedeutung der „Jaggelonischen Akte“ für die Staatskunst und Verfassungstheorie? Daß Prag eine der schönsten Städte der Welt ist, wird niemand bestreiten, aber wer von den vielen Millionen Touristen, die seit dem Fall des Eisernen Vorhangs dorthin geströmt sind, kennt die Geschichte und die Ideen der Künstler und Wissenschaftler, die solche Schönheit ermöglicht haben? Wer hat versucht, den Menschen in Osteuropa die Bedeutung der Kämpfe klarzumachen, in die der Maler Goya verstrickt war, wer hat ihnen den Beitrag des Renaissance-Königs Ludwig XI. von Frankreich und des Wissenschaftlers Kardinal Nikolaus von Kues zur Entstehung eines am Gemeinwohl orientierten Staates erklärt?

Hätte man damals im großen Maßstab den Versuch gemacht, die Kultur und geschichtlichen Höhepunkte der verschiedenen Nationen Europas in allen Ländern bekannt zu machen, durch spannend aufgebaute Fernsehdokumentationen, internationale Symposien, Jugendaustausch, Theater- und Musikfestivals — man hätte in dieser hochgestimmten Periode die Menschen nicht nur mit ihrer eigenen Kultur stärken können, sondern in ihnen zugleich die Liebe und das Verständnis für die anderen wecken können, indem sie gleichzeitig das universell Verbindende und den Reichtum der Vielfalt erfahren hätten. Nur so, indem das kreative Potential in der Bevölkerung und vor allem der Jugend freigesetzt worden wäre, hätte die Sternstunde sich erfüllen können.

Die Chance vor zehn Jahren wurde vertan, weil die Regierenden eben nicht dachten wie die Medicis oder der Bückeburger Graf Wilhelm von Schaumburg-Lippe, und weil die Bevölkerung, wie Schiller sagen würde, „den großen Augenblick ein kleines Geschlecht" vorfinden ließ. Aber eine andere Gelegenheit wird bald kommen, auch wenn sie sicherlich weniger aus der Hochstimmung geboren sein wird als vielmehr aus der Krise. Dann nämlich, wenn es den Leuten, die heute sagen: „Die Globalisierung in ihrem Lauf hält weder Ochs' noch Esel auf", so gehen wird wie Honecker, der einen ähnlich weisheitsvollen Satz am 6. Oktober 1989 verkündete.

Eines ist gewiß, die europäische Zivilisation wird diese größte Krise des 20. Jahrhunderts nur überstehen, wenn wir uns auf unsere Klassik besinnen und daraus eine neue Renaissance werden lassen!

Helga Zepp-LaRouche, im Oktober 1999

HELGA ZEPP-LAROUCHE

Zwischen Mauerfall und Wiedervereinigung: Wie Kohl der Euro aufgezwungen wurde

Am 7. Juli 1998 veröffentlichte die Bundesregierung unter dem Titel „Dokumente zur Deutschlandpolitik" auf 1667 Seiten eine Sammlung vertraulicher und geheimer Akten, welche die Hintergründe der deutschen Wiedervereinigung ausleuchten.[1] Nach dem Bundesarchivgesetz gilt normalerweise eine Sperrfrist von 30 Jahren für derartige Unterlagen über Staatsangelegenheiten. Daß sich Bundeskanzler Kohl dennoch zu dieser ungewöhnlichen Freigabe von internen Memoranden, Gesprächsprotokollen und Telefonnotizen entschloß, hat weniger damit zu tun, daß der Kanzler an seinem Denkmal arbeitet, wie der *Spiegel* vermutet. Kohl weiß sehr wohl, daß die katastrophalen Auswirkungen der globalen Krise des Finanzsystems noch vor dem Termin der Bundestagswahlen — dem 27. September 1998 — auch Deutschland mit voller Wucht treffen könnten. Eine solche Großkrise würde der Bundesregierung nationale Notstandsmaßnahmen abverlangen, die unter den Bedin-

1. *Dokumente zur Deutschlandpolitik*, herausgg. vom Bundesministerium des Innern unter Mitwirkung des Bundesarchivs. K. Hildebrand, H.-P. Schwarz, F.P. Kahlenberg. *Deutsche Einheit. Sonderedition aus den Akten des Bundeskanzleramtes 1989/90*. H.J. Küsters, D. Hofmann, R. Oldenbourg Verlag München, 1998.

gungen des Maastrichter Vertrages und der deutschen Zustimmung zum „Euro“ gar nicht mehr in den nationalen Kompetenzbereich fallen. Der Kanzler könnte dann auf die jetzt publizierte Dokumentation verweisen und erklären: „Seht, ich habe dem Euro gar nicht freiwillig zugestimmt! Der internationale Druck auf die Bundesregierung war so massiv, daß die Wiedervereinigung nur um den Preis der Aufgabe der D-Mark zu erlangen war!“

Daß eine solche — hypothetische — Äußerung des Bundeskanzlers weder unwahr noch überzogen wäre, wird durch diese Papiere aus den Jahren 1989 und 1990 zweifelsfrei belegt. In ihnen wird nicht nur die unverbesserliche Germanophobie Margaret Thatchers dokumentiert, sie zeigen auch, mit welcher Härte und Kompromißlosigkeit Mitterrand vorging, um die starke D-Mark zu beseitigen und die Macht der ihm verhaßten Bundesbank zu brechen. Letzteres war bislang in der Öffentlichkeit weit weniger bekannt. Noch frappierender aber ist die Tatsache, daß die vertraulichen Unterlagen zweifelsfrei das belegen, was bis 1989 als das „bestgehütetste offene Geheimnis der NATO“ galt: Die Bundesrepublik Deutschland war faktisch noch weitgehend ein „besetztes Land“, in dem sich die drei Westmächte in allen wirklich wichtigen Fragen das „letzte Wort“ vorbehielten. Die Alliierten waren eben zugleich die „Siegermächte des Zweiten Weltkriegs“ mit „besonderen Rechten“, die im Zweifelsfall über dem Souveränitätsanspruch der Bundesrepublik Deutschland standen. Wie selbstverständlich rechneten die Westmächte auf den vorauseilenden Gehorsam der Bundesregierung.

Vor allem, wenn man sich die stürmischen Ereignisse zwischen Oktober 1989 und Oktober 1990 vergegenwärtigt, sind die jetzt veröffentlichten Unterlagen geeignet, bei jedem deutschen Bürger, sofern er nicht völlig seelenlos oder ideologisch verbogen ist, einen starken patriotischen Impuls zu erzeugen. Vermutlich hatte dies auch Bundeskanzler Kohl im Auge, als er die Veröffentlichung dieser Dokumente veranlaßte. Wahrscheinlich gehen Kohl und seine Mitarbeiter davon aus, daß sie diese patriotische Unterstützung in der kommenden Krise dringend brauchen werden.

Wie sieht heute — fast neun Jahre nach dem Fall der Mauer — die strategische Lage aus? Das internationale Finanzsystem steht vor einem kettenreaktionsartigen Kollaps. Japan und Südostasien werden Welle auf Welle von finanziellen und wirtschaftlichen Großkrisen erschüttert. Rußland steht vor dem Staatsbankrott mit der daraus resultierenden Alternative Chaos oder brutale Militärdiktatur. Die gigantische Blase aufgeblähter, fiktiver Finanztitel in Europa und den Vereinigten Staaten steht vor dem Platzen. Der Weltwirtschaft droht eine beispiellose Depression.

Angesichts dieser Lage ist die Frage wohl angebracht: Was ist aus der „großen historischen Chance von 1989“ geworden? War es denn eine völlige Fehleinschätzung, wenn damals so viele Menschen in Ost und West eine grundlegende „Wende zum Besseren“ erwarteten? Erlag Bundespräsident von Weizsäcker einer haltlosen Illusion, als er noch im Mai 1990 in seiner Rede im Bundestag von der „großen historischen Chance Europas“ sprach. Hat es diese Chance nie gegeben? Oder wurde sie vertan?

Enormer Druck auf Kohl

Zweifelsohne waren die Umstände, in denen Kanzler Kohl 1989 und 1990 agieren mußte, äußerst komplex.

Großbritannien versuchte die Wiedervereinigung Deutschlands mit allen Mitteln zu verhindern. Als sie nicht mehr zu verhindern war, wurde seitens Londons alles unternommen, die Einheit zu verzögern. Dabei verfiel die britische Regierung in dieselben geopolitischen Manipulationen gegen Deutschland, die bereits vor dem Ersten Weltkrieg zur Anwendung gekommen waren. Thatcher initiierte die „Vierte-Reich"-Kampagne gegen Deutschland: Nach dem Kaiser und Hitler strebe Deutschland unter Kohl erneut die „Vorherrschaft" über Europa an.

Der Chef der Deutschen Bank Alfred Herrhausen wurde durch eine nichtexistierende „Dritte Generation" der RAF ermordet. Wem nützte die professionell durchgeführte Tötung von Kohls wichtigstem Wirtschaftsberater drei Wochen nach Öffnung der Berliner Mauer?

George Bushs spontane Reaktion auf den Fall der Mauer war unverhohlene Verärgerung. Bush konnte von seinem Sicherheitsberater Brent Scowcroft nur mit Mühe davon überzeugt werden, sich nicht öffentlich gegen die Einheit Deutschlands zu stellen. Schließlich überzeugten Scowcroft, Vizeaußenminister Lawrence Eagleburger und der Bonner US-Botschafter Vernon Walters den Präsidenten, der Wiedervereinigung zuzustimmen, wenn die Deutschen sich zur politischen, militärischen und finanziellen „Selbsteindämmung" bereiterklärten.

Mitterrands Vorgehen, die Zustimmung zur Wiedervereinigung an die Aufgabe der D-Mark zu knüpfen, kann nur als Erpressung bezeichnet werden. Auch die Niederlande, Italien, Polen und Israel drückten unmißverständlich, wenn auch auf unterschiedliche Weise, ihre Ablehnung einer möglichen deutschen Wiedervereinigung aus.

Kohl konnte nicht wissen, wie die verschiedenen Kräfte in der Führung der Sowjetunion auf den Zusammenbruch der DDR und die sich abzeichnende Wiedervereinigung reagieren würden. Selbst wenn Gorbatschow eine konstruktive Haltung einnähme, blieb die Ungewißheit, wie sich andere Fraktionen in der Sowjetführung verhalten würden. Es bestand immer noch die Möglichkeit, daß das Honecker- bzw. Krenz-Regime in der DDR zu einer Gewaltlösung greifen könnte.

Unter diesen Umständen stellte das Zehn-Punkte-Programm für eine Konföderation der beiden deutschen Staaten, das Kohl am 28. November 1989 im Bundestag vortrug, einen bedeutenden und mutigen Schritt dar (siehe Kasten auf den nächsten Seiten). Völlig abweichend vom üblichen Bonner Verhaltensmuster hatte Kohl das Zehn-Punkte-Programm ohne vorherige Absprache mit den Westmächten unterbreitet. Kohl riß für einen entscheidenden Augenblick das Gesetz des Handelns an sich. Dafür gebührt ihm Anerkennung.

Zugleich aber offenbarte sich nun Kohls Schlüsselproblem: Die Bundesregierung hatte keinen vorbereiteten Plan, was zu tun sei, wenn sich die Chance der Wiedervereinigung böte! In den Dokumenten heißt es: „Überraschend ist... der Tag X der Grenzöffnung eingetreten, und die Bundesregierung verfügt über kein brauchbares Konzept, was zu tun ist. Erst recht nicht gibt es für den Fall der bevorstehenden Wiedervereinigung irgendwelche Vorarbeiten, Ablaufpläne oder Krisenszenarien neueren Datums..."[2] Über den Konföderationsvorschlag hinaus besaß die Bundesre-

---

2. Ebenda, Einleitung, Seite 59.

Zehn-Punkte-Programm zur Überwindung der Teilung Deutschlands und Europas

Auszüge aus der Rede von Bundeskanzler Kohl vor dem Deutschen Bundestag am 28. November 1989

Der Weg zur deutschen Einheit ist nicht vom grünen Tisch oder mit einem Terminkalender in der Hand zu planen. Aber wir können, wenn wir nur wollen, schon heute jene Etappen vorbereiten, die zu diesem Ziel hinführen. Ich möchte diese Ziele an Hand eines Zehn-Punkte-Programms erläutern.

1. Zunächst sind Sofortmaßnahmen erforderlich, die sich aus den Ereignissen der letzten Wochen ergeben, insbesondere durch die Fluchtbewegung und die neue Dimension des Reiseverkehrs. Die Bundesregierung ist zu sofortiger konkreter Hilfe dort bereit, wo diese Hilfe jetzt benötigt wird. Wir werden im humanitären Bereich und auch bei der medizinischen Versorgung helfen, soweit dies gewünscht wird und auch nützlich ist...

Wir sind aber bereit, für eine Übergangszeit einen Beitrag zu einem Devisenfonds zu leisten. Voraussetzung dafür ist allerdings, daß der Mindestumtausch bei Reisen in die DDR entfällt, Einreisen dorthin erheblich erleichtert werden und die DDR einen eigenen substantiellen Beitrag zu einem solchen Fonds leistet...

2. Die Bundesregierung wird wie bisher die Zusammenarbeit mit der DDR in allen Bereichen fortsetzen, die den Menschen auf beiden Seiten unmittelbar zugute kommt. Das gilt insbesondere für die wirtschaftliche, wissenschaftlich-technologische und kulturelle Zusammenarbeit. Besonders wichtig ist eine Intensivierung der Zusammenarbeit im Bereich des Umweltschutzes...

Über den Ausbau der Eisenbahnstrecke Hannover-Berlin wird weiter verhandelt. Ich bin allerdings der Auffassung, daß dies zu wenig ist und daß wir uns angesichts der jetzt eingetretenen Entwicklung einmal sehr grundsätzlich über die Verkehrs- und Eisenbahnlinien in der DDR und in der Bundesrepublik Deutschland unterhalten müssen.

Vierzig Jahre Trennung bedeuten ja auch, daß sich die Verkehrswege zum Teil erheblich auseinanderentwickelt haben. Das gilt nicht nur für die Grenzübergänge, sondern beispielsweise auch für die traditionelle Linienführung der Verkehrswege in Mitteleuropa, für die Ost-West-Verbindungen. Es ist nicht einzusehen, weshalb die klassische Route Moskau-Warschau-Berlin Paris, die ja immer über Köln führte und zu allen Zeiten große Bedeutung hatte, im Zeitalter schneller Züge und am Vorabend des Ausbaus eines entsprechenden europäischen Verkehrswesens nicht mit eingebracht werden sollte.

3. Ich habe angeboten, unsere Hilfe und Zusammenarbeit umfassend auszuweiten, wenn ein grundlegender Wandel des politischen und wirtschaftlichen Systems in der DDR verbindlich beschlossen und unumkehrbar in Gang gesetzt wird. „Unumkehrbar" heißt für uns und vor allem für mich, daß sich die DDR-Staatsführung mit den Oppositionsgruppen auf eine Verfassungsänderung und ein neues Wahlgesetz verständigt.

Wir unterstützen die Forderung nach freien, gleichen und geheimen Wahlen in der DDR unter Beteiligung unabhängiger, das heißt selbstverständlich auch nichtsozialistischer, Parteien. Das Machtmonopol der SED muß aufgehoben werden.

Die geforderte Einführung rechtsstaatlicher Verhältnisse bedeutet vor allem die Abschaffung des politischen Strafrechts und als Konsequenz die sofortige Freilassung aller politischen Gefangenen.

... Wirtschaftliche Hilfe kann nur dann wirksam werden, wenn grundlegende Reformen des Wirtschaftssystems erfolgen. Dies zeigen die Erfahrungen mit allen RGW-Staaten; mit Belehrungen von unserer Seite hat das nichts zu tun. Die bürokratische Planwirtschaft muß abgebaut werden. Wir wollen nicht unhaltbar gewordene Zustände stabilisieren...

4. Ministerpräsident Modrow hat in seiner Regierungserklärung von Vertragsgemeinschaft gesprochen. Wir sind bereit, diesen Gedanken aufzugreifen. Denn die Nähe und der besondere Charakter der Beziehungen zwischen den beiden Staaten in Deutschland erfordern ein immer dichteres Netz von Vereinbarungen in allen Bereichen und auf allen Ebenen...

5. Wir sind aber auch bereit, noch einen erheblichen Schritt weiterzugehen, nämlich konföderative Strukturen zwischen beiden Staaten in Deutschland zu entwickeln mit dem Ziel, eine Föderation, d.h. eine bundesstaatliche Ordnung in Deutschland zu schaffen. Das setzt aber eine demokratisch legitimierte Regierung in der DDR zwingend voraus... Wenn uns künftig eine frei gewählte Regierung als Partner gegenübersteht, eröffnen sich völlig neue Perspektiven. Stufenweise können neue Formen institutioneller Zusammenarbeit entstehen und ausgeweitet werden... Ein solches Zusammenwachsen liegt in der Kontinuität der deutschen Geschichte...

6. Die Entwicklung der innerdeutschen Beziehungen bleibt eingebettet in den gesamteuropäischen Prozeß, d.h. immer auch in die Ost-West-Beziehungen. Die künftige Architektur Deutschlands muß sich einfügen in die künftige Architektur Gesamteuropas. Hierfür hat der Westen mit seinem Konzept der dauerhaften und gerechten europäischen Friedensordnung Schrittmacherdienste geleistet.

Generalsekretär Gorbatschow und ich sprechen in der Gemeinsamen Erklärung vom Juni dieses Jahres... von den Bauelementen eines „gemeinsamen europäischen Hauses“. Ich nenne beispielhaft dafür die uneingeschränkte Achtung der Integrität und der Sicherheit jedes Staates. Jeder Staat hat das Recht, das eigene politische und soziale System frei zu wählen. Ich nenne die uneingeschränkte Achtung der Grundsätze und Normen des Völkerrechts, insbesondere Achtung des Selbstbestimmungsrechts der Völker. Ich nenne die Verwirklichung der Menschenrechte. Ich nenne die Achtung und Pflege der geschichtlich gewachsenen Kulturen der Völker Europas. Mit alledem wollen wir — so haben es Generalsekretär Gorbatschow und ich festgeschrieben — an die geschichtlich gewachsenen europäischen Traditionen anknüpfen und zur Überwindung der Trennung Europas beitragen.

7. Die Anziehungs- und Ausstrahlungskraft der Europäischen Gemeinschaft ist und bleibt eine entscheidende Konstante der gesamteuropäischen Entwicklung. Wir wollen und müssen sie weiter stärken. Die EG ist jetzt gefordert, mit Offenheit und Flexibilität auf die reformorientierten Staaten Mittel-, Ost- und Südosteuropas zuzugehen...

Ich will es ganz einfach so formulieren: Die EG darf nicht an der Elbe enden, sondern muß die Offenheit auch nach Osten wahren. Nur in diesem Sinne — wir haben das Europa der Zwölf immer nur als einen Teil und nicht als das Ganze verstanden — kann die Europäische Gemeinschaft Grundlage einer wirklich umfassenden europäischen Einigung werden...

8. Der KSZE-Prozeß ist ein Herzstück der gesamteuropäischen Architektur...

9. Die Überwindung der Trennung Europas und der Teilung Deutschlands erfordern weitreichende und zügige Schritte in der Abrüstung und Rüstungskontrolle...

10. Mit dieser umfassenden Politik wirken wir auf einen Zustand des Friedens in Europa hin, in dem das deutsche Volk in freier Selbstbestimmung seine Einheit wiedererlangen kann. Die Wiedervereinigung, d.h. die Wiedergewinnung der staatlichen Einheit Deutschlands, bleibt das politische Ziel der Bundesregierung...

Herr Präsident, meine Damen und Herren, in wenigen Wochen beginnt das letzte Jahrzehnt diese Jahrhunderts, ein Jahrhundert, das so viel Elend, Blut und Leiden sah. Es gibt heute viele hoffnungsvolle Zeichen dafür, daß die 90er Jahre die Chancen für mehr Frieden und mehr Freiheit in Europa und in Deutschland in sich tragen. Es kommt dabei — jeder spürt es — entscheidend auch auf unseren, den deutschen Beitrag an. Wir alle sollten uns dieser Herausforderung der Geschichte stellen.

(Anhaltender lebhafter Beifall bei der CDU/CSU und der FDP, Beifall bei der SPD — Die Abgeordneten der CDU/CSU erheben sich.)

gierung kein brauchbares Handlungskonzept, wie man weiter das Heft in der Hand behalten könnte.

Was sich in diesen Tagen des November und Dezember 1989 abspielte, gleicht dem Stoff für eine klassische Tragödie. Die Ereignisse überschlugen sich. Am 30. November wurde Alfred Herrhausen ermordet. Damit wurde der Wirtschaftsführer und Ratgeber Kohls ausgeschaltet, welcher nicht nur einen wichtigen Anteil an Kohls Zehn-Punkte-Programm hatte, sondern auch über eine eigenständige Perspektive für die wirtschaftliche Entwicklung und Modernisierung Osteuropas verfügte. Inbesondere wollte Herrhausen die Wirtschaft Polens außerhalb der wirtschaftspolitischen Vorgaben des Internationalen Währungsfonds (IWF) wiederaufbauen und modernisieren.[3]

Mit der Ermordung Herrhausens wurde, wohlgemerkt zwei Tage nach dem allerersten souveränen „Alleingang“ der Bundesrepublik in Gestalt des „Zehn-Punkte-Programms“, ein unmißverständliches, brutales Signal an die gesamte deutsche Führungsschicht gegeben. Ein deutscher Industrieller sagte später, er habe die „Botschaft“ der Ermordung Herrhausens so verstanden: „Wenn ihr Deutschen es wagt, euch außerhalb des seit 1945 geltenden ‚Koordinatensystems von Jalta‘ zu stellen, dann ergeht es euch genauso wie den Ungarn im Jahre 1956.“[4]

---

3. In einer Rede, die Herrhausen im Dezember 1989 in New York halten wollte, ist das Konzept einer Entwicklungsbank für Polen nach dem Modell der deutschen Kreditanstalt für Wiederaufbau dargelegt. Mehr dazu in dem Beitrag über Herrhausen, Seite 135ff.

4. Bemerkung eines Vorstandsmitglieds eines deutschen Großunternehmens zu einem Mitglied des Schiller-Instituts während der

Wenige Tage nach der Ermordung Herrhausens trafen sich Bush und Gorbatschow zu einem Gipfeltreffen in Malta. Entgegen den Beteuerungen, daß es nicht um eine Neuauflage von Jalta gehe, hatten in diesem Falle *Le Figaro* und *Libération* aus Paris wohl nicht unrecht, als sie davor warnten, daß in Malta ein Kondominium der Supermächte beabsichtigt war, um den rasanten Veränderungsprozeß in Europa wieder „unter Kontrolle zu bringen". Die Pariser Zeitungen verschwiegen natürlich Mitterrands — und Thatchers — eigene Ambitionen in dieser Hinsicht.

Im Dezember 1989 warnte Henry Kissinger, aufs engste mit Scowcraft und Eagleburger verbunden, vor einer „neuen deutschen Gefahr", angesichts derer Bush und Gorbatschow ihre Politik bezüglich Deutschlands „abstimmen" müßten. Nach dem Malta-Gipfel sagte der sowjetische Außenminister Schewardnadse seinem deutschen Kollegen Genscher, Kohls Zehn-Punkte-Programm berühre „die vitalen Interessen der Sowjetunion" und sei „mit gefährlichen Konsequenzen befrachtet".

Vor dem Hintergrund der massiven Druckausübung aus West und Ost und nach Herrhausens Ermordung auch einer potentiellen Gefahr für das eigene Leben sah sich Kohl gezwungen, vor der Erpressung Mitterrands zu kapitulieren. Auf dem Straßburger EU-Gipfel vom 8. und 9. Dezember 1989 hatte Mitterrand ultimativ von Kohl gefordert, unverzüglich und verbindlich einem schnellen Zeitplan zur Schaffung der Währungsunion — und damit der Abschaffung der D-Mark — zuzustimmen, wenn es in der „deutschen Frage" Fortschritte geben solle.

Laut einem in den Regierungsdokumenten enthaltenen Protokoll sagte Kohl in einem vertraulichen Gespräch mit US-Außenminister Baker am 12. Dezember 1989 bezüglich seiner Zustimmung zur Währungsunion: „Diesen Entschluß habe er gegen deutsche Interessen getroffen." Laut *Spiegel* gestand Kohl Jahre später, im Frühsommer 1997, in kleiner Runde: In Straßburg „habe ich mit die dunkelsten Stunden meines Lebens durchgemacht."

Wie in einer großen historischen Tragödie Shakespeares oder Schillers auf der Bühne waren die politischen Umstände um die Jahreswende 1989/90 dramatisch, ja ungeheuerlich. Im richtigen Leben — wie in der großen historischen Tragödie — war es ein tragischer Fehler in der Persönlichkeit der Hauptfigur, der letztlich darüber entschied, daß gewissermaßen „die Tragödie ihren Lauf nahm". Natürlich waren die politischen Umstände extrem vertrackt, aber das subjektive Problem Kohls und seines engeren Mitarbeiterkreises bestand darin, daß sie selbst in den Axiomen und Kategorien der „Siegermächte" dachten.

Das mentale „Koordinatensystem von Jalta" existierte weiter in den Köpfen Kohls und seiner Mitarbeiter, die in jenen Tagen die Verhandlungen mit den Westmächten, mit Gorbatschow oder mit Krenz bzw. Modrow führten. Auch wenn das Zehn-Punkte-Programm ein richtiger Schritt war, so blieb selbst diese Konzeption noch in den geopolitischen Rahmenbedingungen der Nachkriegsordnung, mit den „besonderen Rechten" der „Siegermächte", verhaftet. Kohl hätte sich von diesem „mentalen Besatzungsregime" mit seinen verinnerlichten Denkverboten befreien müssen, um mit einer großen Vision die Geschichte auf einer ganz anderen Ebene gestalten zu können.

Es gab eine Alternative

Wenn es auch innerhalb der Bundesregierung keine substantiellen Vorarbeiten gab, auf die der Kanzler hätte zurückgreifen können, so gab es sehr wohl ein Konzept, mit dessen Hilfe es damals möglich gewesen wäre, wirtschaftliche Entwicklung und politische Kooperation in ganz Europa und darüber hinaus zustande zu bringen. Es bestand die Chance, aus der verhängnisvollen geopolitischen Kontinuität von Versailles und Jalta und schließlich Bushs „Neuer Weltordnung" und Maastricht auszubrechen. Das Alternativkonzept war und ist die Ideenkontinuität, die Lyndon LaRouche mit seinen programmatischen Vorschlägen, zuerst für den wirtschaftlichen Wiederaufbau Polens (1988-89), dann mit dem „Produktiven Dreieck Paris-Berlin-Wien" (1989-90) und schließlich mit dem Ausbau der Eurasischen Landbrücke (1996) artikuliert hat.[5]

In dem Zeitraum zwischen dem Fall der Mauer und dem Vollzug der Wiedervereinung am 3. Oktober 1990 bestand ein einzigartiges „Fenster der Möglichkeiten". Hätte Kohl in dieser Zeit diese Ideen LaRouches aufgegriffen und zu seinen eigenen gemacht, dann wären nicht nur seine Versprechungen von den „blühenden Landschaften" in den neuen Bundesländern Wirklichkeit geworden. Es wäre möglich gewe-

---

5. *EIRNA*-Studie, „Das Produktive Dreieck Paris-Berlin-Wien", Wiesbaden 1990. Später als Taschenbuch: L. LaRouche, J. Tennenbaum, *Ein Wirtschaftswunder für Europa*, Dr. Böttiger-Verlag, Wiesbaden 1991. *EIRNA-Studien* „Die Eurasische Landbrücke" (1996) und „Die neue Seidenstraße" (1997). Letztere 1998 als Taschenbuch: H. Böttiger (Hrsg.), *Die neue Seidenstraße*, Dr. Böttiger-Verlag, 1998.

sen, die Hoffnung der Völker Osteuropas und der Staaten der früheren Sowjetunion, womit diese sich der euro-atlantischen Zivilisation zuordneten, zu erfüllen. Trotz aller geopolitischen Intrigen Mitterrands, Thatchers und auch Bushs hatte Kohl damals das historische Momentum hinter sich. Hätte sich Kohl damals in einer Reihe von Fernsehansprachen an die Völker Europas, vor allem an die im Osten des Kontinents, gewandt und ihnen das Grand Design des „Produktiven Dreiecks" als Kernstück seiner Politik vorgestellt, es wäre ihm eine überwältigende Unterstützung der Menschen in Ost und West sicher gewesen. Die Chance für wirtschaftliche Entwicklung und Modernisierung im Osten Europas war real. Ein „Wirtschaftswunder" im Osten hätte zugleich die Massenarbeitslosigkeit in Westeuropa verhindern können.

Die Kombination der wirtschaftlichen Ressourcen Ost- und Westeuropas hätte auch den Beginn der Beseitigung der Unterentwicklung in der südlichen Hemisphäre bedeutet. Unter den Bedingungen der Verwirklichung des LaRouche-Plans für den Osten Europas wäre zum ersten Mal in diesem Jahrhundert die Basis für eine stabile Friedensordnung, nicht nur in ganz Europa, sondern weltweit geschaffen worden.

Bekanntermaßen handelte Kohl nicht so, und „die Tragödie nahm ihren Lauf". Die jetzt veröffentlichten Dokumente belegen, daß sich Kohl über die Konsequenzen seines Handels bzw. seines Nichthandelns durchaus bewußt war. Die sogenannte „Reformpolitik" des IWF in Rußland und den anderen Nachfolgestaaten der ehemaligen Sowjetunion zielte darauf ab, im Interesse der internationalen Finanzoligarchie Rußland als künftigen Rivalen auf dem Weltmarkt auszuschalten. Eine rücksichtslose Politik der Entindustrialisierung hat zu einer beispiellosen Massenverarmung und Kriminalisierung der Gesellschaft geführt. Heute ist Rußland praktisch zu einem atomar bewaffneten Rohstofflieferanten geworden. Wirtschaftlich, sozial und politisch zerrüttet, steht Rußland am Rande des Chaos oder einer brutalen Diktatur.

Im April 1991 wurde Detlev Rohwedder, der die ostdeutsche „Treuhand" im Geiste Alfred Herrhausens führen wollte, ermordet, und wiederum wurde der Mord einer nichtexistierenden „dritten RAF-Generation" angelastet. Die Ausschaltung Rohwedders bedeutete den ungebremsten industriellen Kahlschlag und Massenarbeitslosigkeit in den neuen Bundesländern. Das Wahlergebnis in Sachsen-Anhalt von März 1998 mit 30% der Wählerstimmen für links- und rechtsradikale Parteien verdeutlicht die so erstandene verheerende Lage, trotz der Milliarden, die in die neuen Bundesländer geflossen sind.

Also noch einmal: War die große historische Chance von 1989 eine Illusion? Hat es sie nie gegeben, oder wurde sie verspielt?

Franklin D. Roosevelt gegen Winston Churchill

Das konzeptionelle Kernproblem Kohls und seines engeren Mitarbeiterkreises wird anhand der folgenden Episode deutlich: Am 24. Oktober 1989 traf sich Bundesminister Seiters mit den Botschaftern der drei Westmächte. Auf die Frage des britischen Botschafters Sir Christopher Malleby, was angesichts der Äußerung des Bundeskanzlers, daß die deutsche Frage auf der Tagesordnung stehe, von den Alliierten nun erwartet werde, antwortete Seiters, die Forderung nach Freiheit

Franklin D. Roosevelt und Winston Churchill

und Selbstbestimmung für alle Deutschen sei legitim, „jetzt sei aber nicht die Zeit der Pläne, sondern die Zeit der Prozesse und Entwicklungen, die man beobachten und behutsam fördern müsse".

Es war zu diesem Zeitpunkt sehr wohl möglich zu erkennen, daß sich ein Umbruch historischen Ausmaßes anbahnte, der nicht nur „beobachtet", sondern entschlossen gestaltet werden mußte. Das Wiederaufbrechen der „deutschen Frage" mußte direkt zu den verhängnisvollen großen Weichenstellungen dieses Jahrhunderts führen: die wirkliche Vorgeschichte des Ersten Weltkriegs,[6] die wirklichen Hintergründe des Diktats von Versailles, die wirkliche Vorgeschich-

---

6. Dazu Webster Tarpley, „London Sets the Stage for a New Triple Entente" und „King Edward VII: Evil Demiurge of the Triple Entente and World War I", *EIR*, 24. März, 1995.

te des Zweiten Weltkriegs, vor allem die Unterstützung für Hitler seitens anglo-amerikanischer Establishmentkreise zwischen 1932 und 1938[7], und die Frage nach dem „System von Jalta".

Die Weltpolitik dieses Jahrhunderts wurde von oligarchischen, imperialistisch-kolonialistischen Kräften dominiert. Aber im Frühjahr 1945 gab es bereits einen historischen Moment, in dem es möglich gewesen wäre, eine ganz andere, entwicklungsorientierte Weltordnung durchzusetzen. Im Frühjahr 1945 spitzte sich der Konflikt zwischen F.D. Roosevelt und Winston Churchill zu. Die USA waren zu diesem Zeitpunkt zweifelsfrei in der Lage, eine Weltordung durchzusetzen, die auf einer Prinzipiengemeinschaft sich wirtschaftlich und kulturell entwickelnder Nationalstaaten basierte.

Roosevelts Sohn Elliott berichtet in seinem Buch *As he saw it* über den Konflikt seines Vaters mit Churchill, der schon 1941 beim ersten Treffen der beiden Staatsmänner deutlich wurde. Roosevelt sagte: „Wir müssen den Briten von Anfang an klarmachen, daß wir nicht etwa der ‚nette Onkel' sind, den man immer dann benutzt, wenn es darum geht, dem britischen Empire aus der Patsche zu helfen, nur um ihn anschließend dann auf immer zu vergessen. Churchill hat mir erklärt, es sei nicht seine Aufgabe, als Premier Seiner Majestät der Auflösung des britischen Empires vorzusitzen. Ich denke, daß ich als amerikanischer Präsident spreche, wenn ich erkläre, daß die USA in diesem Krieg England nicht deshalb beistehen, damit

---

7. Dazu findet sich ein aufschlußreiches Kapitel in dem Buch von Webster Tarpley und Anton Chaitkin, *George Bush: The Unauthorized Biography*, EIR, Washington D.C., 1992.

es auch weiterhin seine Kolonialgebiete und deren Menschen unterjochen kann."[8]

Damit brachte Roosevelt das Thema auf dem Tisch, um das es im Unabhängigkeitskrieg Amerikas gegen das britische Empire gegangen war. Die USA hatten die britische Kolonialherrschaft abgeworfen, um ihre Freiheit und ihr Recht auf eigenständige wirtschaftliche Entwicklung durchzusetzen. Präsident John Quincy Adams hatte später dieses Grundrecht zur Verteidigung der unveräußerlichen Bürgerrechte ausdrücklich allen anderen Nationen zugestanden.[9] Mit diesen wollten die USA in einer „Prinzipiengemeinschaft" zusammenarbeiten. Mit der Ermordung Präsident McKinleys (1902) und der Machtübernahme Teddy Roosevelts wechselte die Außenpolitik der

---

8. Elliott Roosevelt, *As He Saw It*, Duell, Sloan and Pearce, New York 1946. „We 're got to make clear to all the British from the very outset that we don't intend to be simply a good-time Charly who be used to help the British Empire out of a tight spot, and then be forgotten forever... Churchill told me that he was not his Majesty's Prime Minister for the purpose of presiding over the dissolution of the British Empire. I think I speak as America's President when I say that America won't help England in this war simply so that she will be able to continue to ride roughshot over colonial peoples."

9. In der „Monroe Doctrine" vom 2. Dezember 1823 des US-Präsidenten John Quincy Adams heißt es: „Die amerikanischen Kontinente, kraft ihres freien und unabhängigen Zustands, den sie erreicht haben und beibehalten, sind ab sofort nicht als Gegenstand künftiger Kolonisierung durch jedwede europäische Macht zu betrachten..." Adams hatte schon früher erklärt, daß er „das ganze System der modernen Kolonisation für einen Mißbrauch der Regierung" halte, und es sei „an der Zeit, daß es ein Ende finde". Siehe auch Lyndon LaRouche, „Renew and Expand the Monroe Doctrine of John Quincy Adams", *EIR*, 11. Dezember 1984.

USA gewissermaßen zurück unter die Rockschöße des britischen Empire. Die USA wurden zum „amerikanischen Muskel", der dem „britischen Gehirn" auf den Bahnen imperialistischer und kolonialistischer Politik folgte.

Mit eben dieser Politik wollte F.D. Roosevelt brechen. Es ist gerade für Deutsche von entscheidender Bedeutung, dies klar zu erkennen, auch wenn Roosevelts Kampf gegen den Nationalsozialismus unglücklicherweise mit einer profund antideutschen Haltung einherging. Trotz dieser gewichtigen Schwäche Roosevelts bleibt entscheidend, daß er am Ende des Zweiten Weltkriegs der imperialistisch-kolonialistischen Politik der britisch dominierten Oligarchie ein Ende setzen wollte.

Die USA befanden sich in einer einzigartigen Situation; es gab kein Land, von dem sie etwas zu fürchten hatten. Roosevelt war auch nicht „naiv" gegenüber Stalin, denn er wußte, daß weder Stalin noch der Kommunismus sozusagen das Ende der Geschichte Rußlands darstellten, vielmehr die Sowjetunion sich zwangsläufig würde wandeln müssen. 1945 konnten die USA die Grundlagen und Spielregeln der Nachkriegsordnung bestimmen, und das galt vor allem für die Finanz-, Währungs- und Wirtschaftspolitik.

Es ist ein Unglück von wahrhaft historischer Dimension, daß Roosevelt gerade in diesem Moment starb. Und es ist gleichermaßen ein Unglück, daß er durch den anglophilen und nicht sehr intelligenten Truman ersetzt wurde. Dadurch konnte die britisch dominierte Oligarchie die Parameter der Nachkriegsordnung maßgeblich bestimmen. Die einzigartige Chance vom Frühjahr 1945 war vertan.

Es gibt diese Sternstunden der Geschichte, in denen es möglich ist, den Lauf der historischen Entwicklung richtungsgebend zu beeinflussen. In diesen Momenten entscheidet es sich, ob die Verantwortlichen nur Politiker sind, oder ob sie als Staatsmänner handeln. Ob sie pragmatisch die „Politik des Machbaren" verfolgen und sich damit den oligarchischen Machtstrukturen — vor allem bei den internationalen Finanz- und Währungsangelegenheiten — unterwerfen, oder ob sie einer philosophischen Grundüberzeugung folgen, welche die oligarchische Weltordnung überwinden und dem Gemeinwohl innerhalb souveräner Nationalstaaten und zwischen ihnen Bahn brechen will.

Für Deutschland bot sich erst 1989-90 die Gelegenheit, nicht nur die eigene Zukunft wieder zu gestalten, sondern diese Zukunft im Sinne einer Prinzipiengemeinschaft mit der Vorwärtsentwicklung der anderen europäischen Staaten — und darüber hinaus — zu verbinden. Die deutsche Wiedervereinigung hätte zum Hebel werden können, mit der oligarchischen Ordnung zu brechen und eine neue gerechte Weltwirtschaftsordnung zu verwirklichen.

Neue Handlungsmöglichkeiten

Als Papst Paul VI. 1967 die Enzyklika *Populorum progressio* (Über die Entwicklung der Völker) herausgab, stellte er sich einem Paradigmenwandel entgegen, den die internationalen oligarchischen Finanzkreise in den Jahren nach der Kuba-Krise und der Ermordung John F. Kennedys weltweit in Gang gesetzt hatten. Die Enzyklika ist eine machtvolle naturrechtliche Begründung des Rechts aller Völker dieser Erde, die wirtschaftlichen und sozialen Bedingungen zu schaffen, unter denen jedes Individuum ein menschenwürdiges Leben führen kann, das seiner Identität als

Ebenbild Gottes entspricht. Genau darum geht bei bei der Schaffung der neuen gerechten Weltwirtschaftsordnung.

Die „Blockfreie Bewegung“ oder „Bewegung der Nichtpaktgebundenen Staaten“ kämpfte unter der Führung von Nehru, Sukarno, Nasser und anderen ebenfalls für eine gerechte neue Weltwirtschaftsordnung. Aber die Blockfreie Bewegung wurde letztlich durch eine Vielzahl äußerer Manipulationen und durch ihre innere Heteronomie paralysiert. Die Blockfreie Bewegung wurde zu einem bloßen Spiegelbild der Vereinten Nationen: Die meisten Nationen kümmerten sich nur um „ihre“ partikulären Interessen, was es den Groß- und Kolonialmächten sehr leicht machte, sie gegeneinander auszuspielen. Zu wenige blockfreie Staatsführer stellten sich auf einen nobleren Standpunkt, indem sie das Interesse der Menschheit als Ganzer ins Zentrum ihres Tuns stellten.

Unter UN-Generalsekretär U-Thant wurde noch von der „Zweiten Entwicklungsdekade“ gesprochen, d.h. noch wurde die Idee aufrechterhalten, daß sich die „Entwicklungsländer“ doch allmählich zu modernen Industriestaaten „entwickeln“ würden. Aber seit Mitte der 60er Jahre lief international eine kulturellpolitische Kampagne auf vollen Touren, deren Ziel die Zerstörung der Idee weltweiter Entwicklung war. Statt dessen wurde eine Frontstellung des industrialisierten Nordens gegen den unterentwickelten Süden aufgebaut. Es hieß nun, die Welt sei „überbevölkert“, und die „begrenzten“ Rohstoffvorkommen und Nahrungsmittel reichten eben nicht für alle Menschen dieser Welt.

Nach 30 Jahren solcher neomalthusianischen Gehirnwäsche ist die Idee, daß die sogenannte „Dritte Welt“ dringend wirtschaftlich entwickelt werden müsse, vielen Vertretern der jüngeren Generation fremd geworden.

Als Lyndon LaRouche im April 1975 auf Pressekonferenzen im Bonn und Mailand den Vorschlag machte, den entwicklungsfeindlichen Internationalen Währungsfonds durch eine Internationale Entwicklungsbank (IEB) zu ersetzen, war dies ein Paukenschlag. Die IEB sollte für den Technologietransfer im großen Stil vom Norden in den Süden den finanziellen Rahmen schaffen. Eine Vielzahl wohldefinierter Infrastrukturprogramme und Industrieprojekte in der Dritten Welt sollte den stagnierenden Volkswirtschaften des Nordens neue Exportmärkte und damit Wachstumschancen eröffnen. Obwohl auf beiden Pressekonferenzen an die hundert renommierte Pressevertreter zugegen waren, die mit gespannter Aufmerksamkeit die Ausführungen LaRouches mitnotierten, erschien anschließend kein einziger Artikel!

In den folgenden Monaten zirkulierte der IEB-Vorschlag in praktisch allen Entwicklungsländern. Mitarbeiter LaRouches in vielen Ländern Europas, den USA und Lateinamerika diskutierten mit unzähligen Regierungsvertretern, Politikern, Bankiers, Industriellen, Gewerkschaftlern und Wissenschaftlern. Mehrere Zentralbanken, darunter eine europäische, erstellten sogenannte „Machbarkeitsstudien“ zur IEB und kamen zum Schluß, daß die IEB in der Tat vorzüglich funktionieren würde.

Dennoch war die Äußerung eines Schweizer Privatbankiers typisch für die vorherrschende Haltung in Europa und den USA: „Ja, die IEB würde funktionieren. Aber wir wollen das politische Ergebnis der IEB nicht. Wir wollen nicht, daß die Länder der dritten Welt zu modernen Industriestaaten europäischen Typs werden.“

In den Entwicklungsländern war die Zustimmnug zur IEB groß. Auf dem Gipfel der blockfreien Bewegung in Colombo (Sri Lanka), der im August 1976 stattfand, gingen viele Kernaussagen des IEB-Vorschlags in die von 85 Nationen verabschiedete Schlußresolution ein. Damit sprachen sich die Vertreter der Mehrheit der Weltbevölkerung für die Verwirklichung einer gerechten neuen Weltwirtschaftsordnung aus.

Und wieder geschah das für uns damals noch Überraschende: die Medien der USA und Europas schwiegen die Schlußresolution von Colombo tot. Ich selbst rief damals beim Chef vom Dienst der Deutschen Presseagentur an, und fragte ungeduldig, wann dpa denn über die Schlußresolution von Colombo berichten würde? Und bekam die lakonische Antwort: „Das hat doch keinen Nachrichtenwert!"

Wie bitte? Eine Erklärung von 85 Nationen, die die Schaffung einer neuen gerechten Weltwirtschaftsornung fordern, hat keinen „Nachrichtenwert"? Diese Episode offenbart mehr über die politische Realität als ein langes Studium der Politikwissenschaft!

Im September 1976 präsentierte ein guter Freund Lyndon LaRouches, der damalige Außenminister von Guyana Frederick Wills, LaRouches Konzept für eine Neue Weltwirtschaftsordnung vor der UN-Vollversammlung in New York. Noch ein Paukenschlag, und wiederum würgten die Großmächte eine inhaltliche Diskussion über die neue gerechte Weltwirtschaftsordnung ab.

Doch die „Botschaft" war sehr wohl angekommen, das zeigte die nun folgende Gegenoffensive, deren Zielscheibe diejenigen Staatsführer wurden, welche sich für die neue gerechte Weltwirtschaftsordnung eingesetzt hatten. Daß ausgerechnet Henry Kissinger eine Schlüsselrolle bei den nun einsetzenden Destabilisierungsoperationen gegen eine Reihe führender Nationen der Blockfreien Bewegung spielte, sollte nicht überraschen.

Es war Kissinger, der das berüchtigte Dokument „NSSM-200" unterzeichnete, als er Nationaler Sicherheitsberater unter Präsident Ford war. In „NSSM-200" steht, daß die Welt überbevölkert sei, während die verfügbaren Rohstoffe der Welt so begrenzt seien, daß sie für die Weltbevölkerung auf höherer wirtschaftlicher Entwicklungstufe nicht ausreichten. Deshalb müßten die USA für eine Begrenzung des Bevölkerungswachstums in der Dritten Welt sorgen, damit die USA — weltweit — das „Recht" auf ungehinderten Zugang zu den Rohstoffen hätten.[10]

Indien wurde politisch destabilisiert und Indira Ghandi gestürzt; in Sri Lanka geschah das gleiche mit Premierministerin Frau Bandaranaike. Der pakistanische Premier Ali Bhutto wurde gestürzt und später umgebracht. Mit diesen und weiteren Destabilisierungsoperationen war die Bewegung für eine gerechte neue Weltwirtschaftsordnung erst einmal zerschlagen. Die oligarchische Kontrolle über die Finanzinstitutionen der Welt wurde konsolidiert, was sich in der damals erfolgten Verschärfung der berüchtigten „Konditionalitäten" und „Strukturanpassungsprogramme" des IWF gegenüber den Staaten der Dritten Welt äußerte. Den Rest besorgte die manipulierte Erhöhung der Erdölpreise, die die Mehrheit der Staaten der Dritten Welt in die Verschuldung stürzte.

---

10. Eine deutsche Übersetzung des Dokuments „NSSM-200" aus dem Jahre 1974 findet sich in der *EIRNA*-Studie: „Geopolitischer Malthusianismus", Wiesbaden 1993, Seite 36ff.

LaRouches Konzept defensiver Strahlenwaffen

Die nächste Chance für die Menschheit, sich von der oligarchischen Kontrolle zu befreien, die seit Versailles und Jalta die Welt beherrschte, und eine Ordnung souveräner Nationen zu errichten, war jenes Grand Design, das LaRouche Ende der 70er Jahre entwickelte und das später als „Strategische Verteidigungsinitiative" (SDI) bekannt wurde.

Ende der 70er Jahre spitzte sich in Europa die Konfrontation zwischen dem Warschauer Pakt und der NATO durch die Stationierung der sowjetischen Atomraketen vom Typ SS 20 und dann der Pershing II zu. Da die Flugzeit dieser Raketen nur wenige Minuten betrug, würde die atomare Supermacht, die auch nur eine einzige Atomrakete auf ihren Radarschirmen entdeckte, sofort ihr ganzes Arsenal von Atomwaffen losschicken, da überhaupt keine Zeit mehr zur Klärung der Frage bliebe, ob es sich dabei um ein „Versehen" handelte, oder aber um einen beabsichtigten Atomangriff. Außerdem stand fest, daß die Sowjets damals schon intensiv an der Entwicklung von Raketenabwehrsystemen auf Basis „neuer physikalischer Prinzipien" arbeiteten.

In dieser Situation entwickelte LaRouche ein Konzept, um die damals herrschende Militärdoktrin der USA und der NATO, abgekürzt MAD (Mutual Assured Destruction, gegenseitig gesicherte atomare Zerstörung) durch eine Strategie der MAS (Mutual Assured Survival, gegenseitig gesichertes Überleben) zu ersetzen. Das Konzept erhielt später den Namen SDI: ein vierschichtiges Verteidigungssystem mit Strahlenwaffen, um gegnerische Atomraketen mit Lichtgeschwindigkeit zu zerstören. Die Realisierung dieses

Verteidigungssystems hätte atomar bestückte Angriffsraketen obsolet gemacht; Strahlenabwehrwaffen sind nicht nur um Größenordnungen effizienter, sondern auf Dauer auch billiger als Angriffsraketen mit Nuklearsprengköpfen.

Allerdings lag das Geniale des SDI-Konzepts von LaRouche darin, daß beide Supermächte diese neue Technologie *gemeinsam* entwickeln und in koordinierter Weise gleichzeitig stationieren sollten.

Natürlich sollte die Tatsache ausgenutzt werden, daß diese neue Verteidigungstechnologie auf der Basis neuer physikalischer Prinzipien gewissermaßen ein „Wissenschafts- und Wirtschaftsmotor" war, der die Produktivität nicht nur der Zivilwirtschaft der Supermächte und ihrer Verbündeten sondern der gesamten Weltwirtschaft um Größenordnungen steigern konnte. Durch eine solche technische und wirtschaftliche Revolution konnte dann auch der längst überfällige Technologietransfer von Nord nach Süd vollzogen und die Unterentwicklung des Südens überwunden werden. Es ging LaRouche also bei der SDI auch um die Idee, die „gemeinsamen Ziele der Menschheit" zu verwirklichen, wie es der Physiker Edward Teller, der in der fraglichen Zeit auch einen wichtigen Beitrag zur SDI leistete, damals ausdrückte.

Ein Jahr lang, von Anfang 1982 bis Anfang 1983, führte LaRouche im Auftrag der Regierung Reagan mit sowjetischen Vertretern Hintergrundgespräche zur Frage der SDI. An diesen Diskussionen habe ich teilgenommen, ebenso wie an den Gesprächen, die LaRouche mit Mitgliedern des Nationalen Sicherheitsrates (NSC) der USA führte. Wir sprachen mit hohen Vertretern beider Supermächte, die ernsthaft überlegten, ein defensives Strahlenwaffensystem zu installieren.

Aber im Februar 1983 kam aus Moskau als endgültige Antwort ein „Njet"! Sie lehnten das SDI-Konzept mit der Begründung ab, die Vorteile im zivilen Bereich der Wirtschaft seien für den Westen viel größer als für die sowjetische Seite. Kurz darauf, am 23. März 1983 verkündete US-Präsident Ronald Reagan offiziell, er wolle die SDI zum Kernstück einer neuen amerikanischen Militärdoktrin machen. Reagan fügte als Angebot an die Sowjets hinzu, Amerika würde ihnen dabei helfen, diese neuen Technologien auch im zivilen Bereich der sowjetischen Wirtschaft bei der Überwindung von Engpässen und der notwendigen Modernisierung zu nutzen. Dieses Angebot der USA galt bis zum August 1983, so daß es ein knappes halbes Jahr sozusagen auf dem Verhandlungstisch lag.

Leider gelang den Kreisen um Bush, Baker und Kissinger in dieser kritischen Zeit ein politischer Coup gegen den amerikanischen Präsidenten, mit der Folge, daß die SDI immer mehr abgewürgt wurde. Außerdem hatten die Sowjets — wie vorher angekündigt — Reagans Angebot kategorisch abgelehnt.

LaRouche war 1983 der einzige Politiker im Westen, der die Weitsicht hatte zu erkennen, daß die Sowjetunion in etwa fünf Jahren, wegen ihrer Zurückweisung der SDI und der damit unterbleibenden Modernisierung ihrer Wirtschaft, kollabieren würde. Man kann diese Prognose von 1983 nachlesen. Fünf Jahre später hatten sich der Niedergang der sowjetischen Wirtschaft und die Versorgungsengpässe für die Bevölkerungen der Comecon-Staaten drastisch verschärft. In dieser Situation war wiederum LaRouche der einzige westliche Politiker, der eine brauchbare Perspektive entwickelte, wie der sich zuspitzenden Krise im Sowjetimperium und ihren unabsehbaren

Folgen auch für den Westen zu begegnen sei. Am 12. Oktober 1988, stellte LaRouche auf einer Pressekonferenz im Berliner Hotel Kempinski ein Programm vor, wie das bald wiederzuvereinende Deutschland zum Motor von wirtschaftlichem Wiederaufbau und Modernisierung in Osteuropa werden könne. Dabei sollte Polen eine modellhafte Vorreiterrolle übernehmen.

Ausblick

Als dann die Ereignisse von 1989 die Fundamente des „Systems von Jalta" erschütterten, stand nicht nur die deutsche Einheit auf der Tagesordnung, sondern zugleich die Frage einer neuen Politik für Osteuropa insgesamt. Dabei spielt die Frage wirtschaftlicher Entwicklung und Modernisierung in Osteuropa offensichtlich die Schlüsselrolle. Damals formulierte der Chef der Deutschen Bank Alfred Herrhausen wirtschaftspolitische Vorstellungen für Polen, die in eine ähnliche Richtung gingen wie die von LaRouche.

Der wirtschaftliche Wiederaufbau in Osteuropa durfte nicht nach „IWF-Methoden" erfolgen, vielmehr mußte man sich an der — „dirigistischen" — Wirtschaftspolitik orientieren, die dem so erfolgreichen Wiederaufbau in Deutschland nach dem Zweiten Weltkrieg zugrunde lag. Industrie und Infrastruktur mußten modernisiert und ausgebaut werden, dazu waren umfassender Technologietransfer und Kapitalgüterexporte aus dem Westen, vor allem aus dem wiedervereinigten Deutschland, erforderlich. Ein produktiver Mittelstand mußte geschaffen werden. Massenarbeitslosigkeit und soziale Erschütterungen mußten vermieden werden. In dem jahrzehntelang geteilten Kontinent mußten gesamteuropäische Transportkorridore geschaffen werden. LaRouche faßte diese wirtschaftsstrategischen Elemente Ende 1989 in seinem Programm des „Produktiven Dreiecks“ zusammen.

Die in der Dokumentation der Bundesregierung enthaltenen Unterlagen beweisen, daß Deutschland und Kanzler Kohl systematisch und mit brutaler Druckausübung daran gehindert wurden, diesen Weg wirtschaftlicher und staatspolitischer Vernunft zu beschreiten. Thatcher, Mitterrand und auch Bush setzten alle verfügbaren Machthebel ein, dies zu verhindern. Unser eigenes zusätzliches Wissen über den Zeitraum 1988 bis 1991 ergänzt die Darstellung der Dokumentation der Bundesregierung, indem wir die auf LaRouche zurückgehenden strategischen Konzepte ausführlich darstellen, die den Verantwortlichen in den Regierungen fehlten, um den historischen Umbruch von 1989 erfolgreich zu meistern. Das Gesamtbild der Zeit von 1988 bis 1991 verdeutlicht für jeden, der ernsthaft an der Wahrheit interessiert ist, den Ideenbeitrag, der von uns in den vergangenen 25 Jahren geleistet wurde. Daß die Umsetzung dieser Ideen zwischen 1988 und 1991 abgewürgt wurde, ist der Kern der Tragödie, die seither ihren Lauf genommen hat.

Mit dieser Studie über den großen Umbruch von 1989 wollen wir uns nicht einfach im Studium der Geschichte üben, sondern einen geistig-politischen Beitrag dazu leisten, daß die gegenwärtige globale Finanzkrise, die ihrerseits eine Folge des Scheiterns von 1989 ist, erfolgreich bewältigt werden kann. Die gegenwärtige Zivilisationskrise stellt eine um Größenordnungen schwerere Herausforderung dar als selbst der Umbruch von 1989. Lernen wir also die Lektion von 1989! Die Lehren von 1989 sind die unabdingbare Voraussetzung dafür, einen Ausweg aus der heutigen Weltkrise zu finden: durch die Verwirklichung einer neuen gerechten Weltwirtschaftsordnung und die Neuordnung des Weltfinanzsystems, ein „Neues Bretton Woods“.

Durchsicht der Dokumente zur Wiedervereinigung

Eine Chronologie mit Kommentaren von Helga Zepp-LaRouche

Die *Dokumente zur Deutschlandpolitik, Sonderedition aus den Akten des Bundeskanzleramtes 1989/90* vermitteln in erster Annäherung durchaus einen brauchbaren Überblick über die Umstände, unter denen es zum Fall der Mauer und der Wiedervereinigung kam. Selbst aus diesen dürren Akten wird die Arroganz deutlich, mit der Thatcher, Mitterrand, Bush und auf seine Weise Gorbatschow wie selbstverständlich davon ausgingen, daß die Rechte der Besatzungsmächte über Deutschland quasi für die Ewigkeit festgeschrieben wären. Aber sie werfen eben auch ein bezeichnendes Licht darauf, wie eng das Korsett war, in das sich der enge Kreis um Kohl während der stürmischen Ereignisse dieser Jahre eingezwängt fühlte.

Was die Dokumentation, die lediglich Sitzungsprotokolle des Bundeskanzleramtes, Briefe und Notizen über Gespräche und Telefonate enthält, völlig ausläßt oder bestenfalls in einem Nebensatz erwähnt, sind Ereignisse aus dieser Zeit, die entscheidenden Einfluß auf das Verhalten Kohls und den Gang der Dinge hatten, die aber alle letztendlich im geheimdienstlichen Bereich lagen. Dazu gehörte die von Thatchers Minister Ridley angeführte „Viertes-Reich-Kampagne" gegen Deutschland[1] ebenso wie die Ermordung Herrhausens[2] und der massive Aufkauf von Stasi-Agenten und -material durch den britischen, amerikanischen, französischen und israelischen Geheimdienst sowie die daraus folgende Erpreßbarkeit deutscher Politiker[3].

Leider beginnt schon der erste Satz der 236 Seiten umfassenden Einführung der *Sonderedition* mit einer Unrichtigkeit. „Niemand rechnet im Frühjahr 1989 mit der baldigen Wiederherstellung der deutschen Einheit." Denn der amerikanische Wirtschaftswissenschaftler Lyndon LaRouche prognostizierte bereits am 12. Oktober 1988 auf einer Pressekonferenz im Berliner Hotel Bristol Kempinski eine baldige Wiedervereinigung Deutschlands mit der künftigen Hauptstadt Berlin. (Zu dieser Zeit galt den meisten westdeutschen Politikern die deutsche Wiedervereinigung als „Jahrhundertlüge", und sie äußerten sich dazu in verschiedenen Variationen.) Außerdem schlug La-Rouche bei der gleichen Gelegenheit ein Notprogramm zur wirtschaftlichen Entwicklung Polens mit Hilfe des wiedervereinigten Deutschland vor, welches, hätte Kohl es bei seiner Reise nach Polen ein Jahr spä-

---

1. Siehe Seite 173ff in diesem Buch.
2. Siehe Seite 135ff und: *EIRNA*-Studie: „Terrorismus in der postkommunistischen Ära", Januar 1992. Auf Seite 24 heißt es dort: „Am 1. Dezember 1989, unmittelbar nach dem Mordanschlag auf Herrhausen, schrieb der Bonner *Financial Times*-Korrespondent David Marsh: ‚Herr Herrhausen erwies sich als ausdrücklicher — vielleicht zu ausdrücklicher — Befürworter der deutschen Wiedervereinigung.' Im übrigen habe, so Marsh, „die terroristische Bombe, welche Herrn Herrhausens Wagen in Bad Homburg zertrümmerte, Deutschland auf den Boden der Tatsachen zurückgebracht".
3. Der Konflikt zwischen Bonn und Washington wegen der Namen von 20 000 Stasi-Mitarbeitern, welche die US-Behörden in der Zeit des Umbruchs an sich gebracht und der Bundesregierung nicht zugänglich machen wollen, dauert an.

ter im Reisegepäck gehabt, bestens geeignet gewesen wäre, die Bedenken der Polen gegenüber der Wiedervereinigung auszuräumen.

In dem entsprechenden Abschnitt der Einführung wird zunächst die Haltung der drei Westmächte zu den Ereignissen in Deutschland beschrieben. Dabei ist die Darstellung der Position Thatchers selbst eine Übung in britischem Understatement: „Verständnis für das Anliegen der Deutschen vermag der Kanzler bei der britischen Premierministerin Thatcher kaum zu entdecken." Und dann: „Kohl hält sie für eine sehr engagierte, aber auch sehr kritische Regierungschefin, die in überholten insularen Sicherheitskategorien denkt und Schwierigkeiten hat, sich auf moderne gesellschaftliche Entwicklungen einzustellen."

Angesichts der schon beinahe rassistische Züge annehmenden pathologischen Abneigung Thatchers („Daher ist Deutschland vom Wesen her eher eine destabilisierende als eine stabilisierende Kraft im europäischen Gefüge."[4]), die ebenfalls in den Gesprächen Thatchers in ihrer Residenz in Chequers County über die „deutsche Krise" zur Theorie hochstilisiert wurde, sind solche Formulierungen leider Ausdruck einer fatalen Blindheit gegenüber „dem britischen Problem". Nicht nur befand sich Thatcher in völliger Übereinstimmung mit Ridleys „Viertes-Reich-Kampagne", sondern ihre Schwierigkeiten, „sich auf moderne gesellschaftliche Entwicklungen einzustellen", waren nur der personifizierte Ausdruck der Tatsache, daß für das britische, geopolitisch denkende Establishment Deutschland seit fast 300 Jahren als

---

4. Margaret Thatcher in ihren Memoiren, *The Downing Street Years*, HarperCollins, New York 1993.

Feind gilt, den zu destabilisieren, zu belügen und niederzuhalten das britische Interesse angeblich gebietet.

Wie später deutlich werden wird, verfolgte auch Mitterrand eine für Kohl, trotz seiner zahllosen Kontakte mit dem französischen Staatsoberhaupt, letztlich überraschende Politik der Schwächung Deutschlands.

Nun gehört es zu einer der Mythologien, die um die Wiedervereinigung gerankt worden sind, daß diese ohne Bush nicht möglich gewesen wäre, daß Bush als einziger sich wirklich positiv verhalten habe etc.. Bei näherer Betrachtung hatte Bush aber gar keine andere Wahl, falls er den „Super-GAU" in der amerikanischen Europa-Politik vermeiden wollte. Hätten die USA trotz der friedlichen Revolution in Ostdeutschland an der Teilung festgehalten, hätte das Selbstimage der USA als „Agent der Vorsehung und des Fortschritts", der „die Ausbreitung von Freiheit und Demokratie"[5] fördert, wohl irreparablen Schaden erlitten.

Professor Detlef Junker, Direktor des Deutschen Historischen Instituts in Washington, schrieb dazu in einem höchst bemerkenswerten Artikel in der *FAZ*, daß Bush, Baker und eine kleine Gruppe von Mitarbeitern zum Zeitpunkt des Falls der Mauer „diesmal die klassische Trias amerikanischer Deutschlandpolitik im 20. Jahrhundert" formulierte: „Deutschlands Einheit, Eindämmung und Integration". Junker weist auf den unbestreitbaren Punkt hin, daß das Leitmotiv der amerikanischen Deutschlandpolitik, von Woodrow Wilson bis George Bush, stets dasselbe war: die

---

5. Prof. Detlef Junker, „Deutschlands Einheit, Eindämmung und Integration", *Frankfurter Allgemeine Zeitung*, 13. März 1997.

Macht des deutschen Staates einzudämmen; egal ob dies im Zeitalter des Imperialismus oder während der Weimarer Republik war, oder ob es die Bundesrepublik ab 1949 oder das wiedervereinte Deutschland ab 1990 betraf.

Prof. Junker legt seinen Finger auf den wunden Punkt, wenn er schreibt: „Die Zusammenarbeit mit Bundeskanzler Kohl, Außenminister Genscher und einer begrenzten Zahl von Beratern funktionierte auch deshalb so hervorragend, weil die Bundesrepublik seit dem ‚Zehn-Punkte-Programm zur deutschen Einheit' des Bundeskanzlers vom 28. November 1989 parallele Ziele verfolgte: Deutschlands Einheit und Selbsteindämmung durch Integration." Diese Einschätzung entspricht leider der Wahrheit.

Betrachtet man die in der Dokumentation erwähnten Berater Bushs genauer, so wird deutlich, wie problematisch diese Parallelität der Ziele, d.h. die Selbsteinbindung in die bestehenden Parameter der Politik war. Denn z.B. Brent Scowcroft, der zentrale Ansprechpartner von Ministerialdirektor Horst Teltschik in dieser Zeit, stammte nicht nur aus dem Stall Henry Kissingers, sondern führte als dessen Nachfolger im Amt des Nationalen Sicherheitsberaters unter Präsident Ford die üble Politik fort, die in dem Memorandum „NSSM-200"[6] dargelegt ist — eine Politik, die den Interessen Deutschlands ebenso fundamental entgegensetzt ist wie den wirklichen Interessen Amerikas.

---

6. Siehe Seite 38 in diesem Buch.

Chronologie

Ende Mai 1989: Erster offizieller Besuch Präsident Bushs in Deutschland. Kohl äußert die Prognose, daß es nach seiner Einschätzung um die Jahrtausendwende drei regionale Schwerpunkte geben werde: Japan, Korea und Südasien; die Vereinigten Staaten von Amerika und Kanada sowie Europa. (Offensichtlich befand sich China damals nicht im Blickwinkel des Kanzlers. Die südliche Hemisphäre spielt ebenfalls keine Rolle.) Kohl versichert, eine protektionistische Haltung der Europäischen Gemeinschaft werde es mit ihm nicht geben.

12.-15-Juni 1989: Gorbatschows Besuch in Bonn, der eine von der russischen Bevölkerung nicht nachvollziehbare Gorbi-Manie in der Bundesrepublik auslöste. In einer gemeinsamen Erklärung stimmt Gorbatschow dem Recht eines jeden Staates auf Selbstbestimmung zu, worin Washington allerdings keine entscheidenden Zugeständnisse erkennt. Die Dokumentation[7] vermerkt: „Im Frühjahr 1989 gibt es also noch keine Hinweise darauf, wie schnell die deutsche Frage in den Mittelpunkt rückt."

Ende Juni 1989: Die Führung der DDR gerät zunehmend unter Druck. „Versorgungsschwierigkeiten, lange Warteschlangen beim Kauf von Konsumgütern

---

7. Dieses sowie alle folgenden Zitate stammen, wenn nicht anders vermerkt, aus *Dokumente zur Deutschlandpolitik, Sonderedition aus den Akten des Bundeskanzleramtes 1989/90,* bearb. v. Hanns Jürgen Küsters, Daniel Hofmann, R. Oldenbourg Verlag, München 1998.

und Gebrauchsgegenständen, mangelnde Infrastruktur im Bereich der Verkehrswege und der Kommunikation und unveränderte staatliche Überwachung und Repression. Bei den Menschen in der DDR nimmt das Gefühl der Ausweglosigkeit und Frustration ständig zu. Die deprimierende Grundstimmung läßt den Ausreisedruck steigen."

3.-4. Juli 1989: Kanzleramtschef Seiters besucht Ost-Berlin, verschiedene Gespräche „am Rande offizieller Begegnungen" und andere Anzeichen „deuten auf einen bevorstehenden Bankrott hin. An diskreten Äußerungen einzelner hoher Offiziere des Ministeriums für Staatssicherheit ist abzulesen, daß sich Gedanken über die deutsch-deutsche Entwicklung wandeln." Spätestens an diesem Punkt hätten die „Vorarbeiten" für das Kanzleramt beginnen müssen, vor allem wenn man die damals bekannten Versorgungsschwierigkeiten in der Sowjetunion und deren bekannten Abhängigkeit von der Produktion der DDR innerhalb der forcierten Arbeitsteilung im Comecon in Betracht zog. Der Vorschlag Lyndon LaRouches, die Entwicklung Polens durch das wiedervereinigte Deutschland zum Modell für die Entwicklung aller osteuropäischen Staaten zu machen, lag seit Oktober 1988 in allen Hauptstädten des Westens und Ostens auf dem Tisch.

Die Flüchtlingswelle

Ende Juli, Anfang August 1989: Es kommt plötzlich zu einem rapide wachsenden Strom von Ausreisewilligen, die die Botschaft in Budapest und die Ständige Vertretung in Ost-Berlin besetzen, in der sich am 7. August 130 Personen aufhalten. „Das Bundeskanzleramt ist gezwungen, die Ständige Vertretung für den Publikumsverkehr zu schließen", was die DDR-Führung allerdings nicht einsehen will. Als die bundesrepublikanische Botschaft in Budapest Pässe an Bürger der DDR ausgibt, verurteilt der Erste Stellvertretende DDR-Außenminister dies als völkerrechtswidrig. 115 Ausreisewillige wenden sich in einem direkten Schreiben an den Bundeskanzler.

25. August 1989: An diesem Tag kommt es zu einem streng geheimgehaltenen deutsch-ungarischen Treffen auf Schloß Gymnich. Mit der Rückversicherung Gorbatschows und tatkräftiger Hilfe des Westens stimmt Ministerpräsident Németh zu, die Deutschen aus der DDR am 11. September, kurz vor Beginn des Parteitags der CDU in Bremen, über Österreich ausreisen zu lassen. Es halten sich über 500 Flüchtlinge in der Prager Botschaft und 110 in Warschau auf, aber es ist ungewiß, ob sich die ungarische Lösung auch dort durchsetzen läßt.

19. September 1989: Die Oppositionsgruppe „Neues Forum" gründet sich in der Ost-Berliner Gethsemane-Kirche mit der Bürgerrechtlerin Bärbel Bohley an der Spitze.

21. September 1989: NATO-Generalsekretär Manfred Wörner läßt in seinen Bemerkungen gegenüber Bundesminister Seiters die Diskussionen innerhalb der NATO durchblicken: Die NATO müsse auch als politisches Bündnis bei einem Wandel der Ost-West-Beziehungen größere Bedeutung erlangen.

6. Oktober 1989: Feiern zum 40-jährigen Bestehen der DDR.

7. Oktober 1989: Gorbatschow spricht mit Honecker im Rahmen der Feiern zum 40. Jahrestag und „macht erneut die Erfahrung: Der SED-Generalsekretär ist reformunfähig, ein Führungswechsel unausweichlich".

16. Oktober 1989: Ansprache des US-Außenministers James Baker, der das Streben der Deutschen nach Selbstbestimmung in Frieden und Freiheit als ihr legitimes Recht bezeichnet. Er spricht aber nicht von „Wiedervereinigung", sondern nur von „reconciliation", d.h. „Versöhnung". „Dahinter verbirgt sich offenbar der Gedanke, die DDR könne als selbständiger Staat fortbestehen, wenn das kommunistische System beseitigt ist."[8]

Es verbarg sich dahinter wohl weniger der Glaube der US-Regierung, daß die Reformierbarkeit des Sozialismus unwahrscheinlicher war als dessen Zusammenbruch, wie in der Einführung zur Dokumentation vermutet wird, sondern vielmehr das Interesse von Bush, Baker et al., die Teilung Deutschlands als Schlüsselelement der Nachkriegsordnung aufrechtzuerhalten.

18. Oktober 1989: Honecker wird bei der Sitzung des Politbüros des Zentralkomitees der SED gestürzt. Sein Nachfolger wird Egon Krenz. Er wird als kompromißloser Mann eingeschätzt, der mit aller Härte den Machtanspruch der SED verfolgt und dazu nötigenfalls alle verfügbaren Machtmittel einsetzt (Dokument Nr. 63, Vorlage des Ministerialdirigenten Duisberg an Bundeskanzler Kohl vom 19. Oktober 1989).

---

8. Zelikow/Rice, *Germany Unified and Europe Transformed*, Seite 96.

Anfang November 1989: Bei einem Treffen mit Seiters läßt Schalck-Golodkowski durchblicken: „Die DDR steht in Kürze vor dem Bankrott."

Die im Umfeld der montags stattfindenden Friedensgebete sich ausbreitenden Demonstrationen wachsen auf über 200 000 Menschen an.

Kohl wendet sich bei den deutsch-französischen Konsultationen explizit gegen einen „Deutschlandplan". Für ihn haben im Augenblick die bevorstehende Polenreise, der kommende Gipfel in Malta zwischen Gorbatschow und Bush und das deutsch-französische Verhältnis Vorrang. Für die Diskussion im Europäischen Rat will er die Entscheidung über den Beginn einer Wirtschafts- und Währungsunion mit dem Einstieg in die Diskussion um die Politische Union verbinden.

8. November 1989: Die *Neue Solidarität* veröffentlicht ein von Helga Zepp-LaRouche vorgeschlagenes „Fünfstufiges Notprogramm für den Wiederaufbau Polens". Dieses Programm war eine explizite Alternative zu dem von Jeffrey Sachs vorgeschlagenen „Schockprogramm" und sah die dirigistische Schaffung eines Binnenmarktes vor. Im Zuge der Modernisierung von Infrastruktur und Industrie könnte ein neuer produktiver Mittelstand entstehen, wobei vor allem deutsche, französische und italienische Unternehmer ihr Wissen einbringen sollten. Unter Punkt 4 heißt es:

„Auf der Grundlage der Wirtschaftstheorie von Leibniz' Konzept der physikalischen Ökonomie, der Kameralistik Alexander Hamiltons und Friedrich Lists muß ein generelles Wirtschaftsprogramm für Polen ausgearbeitet werden, das die Prioritäten so definiert, daß eine maximale Produktionssteigerung der Wirtschaft und der Arbeitskräfte durch technologischen

Fortschritt erreicht wird. Dabei können der wirtschaftliche Wiederaufbau der Bundesrepublik Deutschland nach dem Zweiten Weltkrieg oder die industrielle Revolution Japans als Orientierung gelten."

Gleichzeitig fordert Helga Zepp-LaRouche in einer Erklärung zur deutsch-französischen Zusammenarbeit in der Ostpolitik dazu auf, den Vorschlag des ehemaligen französischen Botschafters in Bonn, Froment Meurice, aufzugreifen: Bundeskanzler Kohl solle mit Staatspräsident Mitterrand nach Moskau fahren und Gorbatschow gegenüber Klartext reden: „Die sowjetische Wirtschaft bricht zusammen, die Völker des Sowjetimperiums hungern! Wir Deutsche und Franzosen sind bereit, im großen Stil mit Nahrungsmitteln und anderen Wirtschaftsgütern zu helfen und werden dementsprechend unseren Einfluß im Westen insgeheim wirksam werden lassen. Aber die sowjetische Führung muß dafür den Deutschen und Polen Freiheit und Selbstbestimmung gewähren... Deutschland und Frankreich müssen gemeinsam die große Überlebensfrage der Menschheit angehen: Eine neue gerechte Weltwirtschaftsordnung, also die Lösung der Schuldenfrage für die Dritte Welt und projektgebundene Entwicklungshilfe."

9. November 1989: Kohl fährt in Begleitung einer 80-köpfigen Delegation hochrangiger Vertreter aus Politik und Wirtschaft nach Warschau. Im Mittelpunkt der Gespräche mit Ministerpräsident Mazowiecki und Lech Walesa stehen die Massendemonstrationen mit 600 000 bis 700 000 Deutschen in Leipzig und Ost-Berlin. Kohl sieht die Lage noch nicht so dramatisch wie Walesa, der zweifelt, ob die Mauer „in ein bis zwei Wochen noch stehen wird".

Wenige Minuten nach Beendigung dieses Gesprächs tritt in Ost-Berlin ZK-Mitglied Günter Schabowski vor die internationale Presse und verkündet die neue Ausreiseregelung, die *de facto* die Öffnung der Mauer bedeutet. Als Kohl Stunden später durch Eduard Ackermann von der Maueröffnung erfährt, reagiert er zunächst skeptisch.[9] „Er kann einfach nicht glauben, daß wirklich die Mauer geöffnet sein soll, eine innere Freude ist bei ihm kaum zu verspüren. Eher dominiert die Ungewißheit, wie die Entwicklung nun weitergehen wird."

Kohl unterbricht seine Polenreise für eineinhalb Tage, um an einer von der SPD initiierten Kundgebung in Berlin vor dem Schöneberger Rathaus teilzunehmen und wichtige Telefonate und Gespräche in Bonn zu führen. Der damalige Regierende Bürgermeister Berlins Walter Momper (SPD) spricht in dieser Situation noch davon, daß die Geschichte nunmehr vom „Volk der DDR" geschrieben werde, geht also noch klar von der Zweistaatlichkeit Deutschlands aus. Aber die Menschen aus Ost und West sind überglücklich.

13. November 1989: Der sowjetische Botschafter Kwizinskij verlangt von der Bundesregierung, die DDR als souveränen Staat zu behandeln. Angesichts der ohnehin schon sehr schlechten Versorgungslage in der Sowjetunion befürchtet man aufgrund der Ereignisse in der DDR höchst negative Auswirkungen. Der Import aus der DDR macht immerhin rund 20% des sowjetischen Außenhandels aus.

---

9. Eduard Ackermann, *Mit feinem Gehör*, Seite 309f.

Das Zehn-Punkte-Programm für die Wiedervereinigung

2. Novemberhälfte: Berichte gehen an Kohl über die Stimmungslage in der DDR. Die Wut gegen die Korruption wächst, aber auch Hoffnungslosigkeit und Lähmung machen sich breit; bei den Oppositionsgruppen ist ein depressiver Stimmungsumschwung zu beobachten.

Die Dokumentation vermerkt: „Überraschend ist nun vierzig Jahre nach Gründung der beiden deutschen Staaten der Tag X der Grenzöffnung eingetreten, und die Bundesregierung verfügt über kein brauchbares Konzept, was zu tun ist. Erst recht nicht gibt es für den Fall der bevorstehenden Wiedervereinigung irgendwelche Vorarbeiten, Ablaufpläne oder Krisenszenarien neueren Datums, auf die das Bundeskanzleramt zurückgreifen kann. Womit Regierungen und Planungsstäbe nicht rechnen, darüber werden auch keine Überlegungen angestellt. Wer weiß schon, welche Bedingungen die konkrete Lage dann bestimmen. Zudem sind Vorwarnungen des Bundesnachrichtendienstes ausgeblieben."

Aber, wie gesagt, seit Oktober 1988 lag der Vorschlag Lyndon LaRouches auf dem Tisch, daß das bald wiederzuvereinende Deutschland seinen Nachbarn Polen mit westlicher Technologie entwickeln solle, und daß dieses Programm als Modell für ganz Osteuropa dienen solle. LaRouche hatte im übrigen bereits 1983 nach der Zurückweisung von Reagans SDI-Kooperationsangebot durch die Sowjetunion den Kollaps der sowjetischen Wirtschaft nach rund fünf Jahren prognostiziert. Es gab also durchaus „Vorarbeiten", wenn auch nicht von einem offensichtlich ineffizienten Regierungsapparat, sondern von LaRouche und seinen Mitarbeitern.

15. November 1989: Nachdem Kohl seine unterbrochene Polenreise beendet hat, setzt er sich gegenüber Bush für die nötige Lebensmittelunterstützung der Polen ein, wozu die amerikanische Regierung mit einem Kredit in Höhe von 250 Mio. Dollar beitragen soll. „Bush mahnt zur Vorsicht. Er hat Angst, euphorischen Stimmungen der Europäer nachgeben zu müssen." Gorbatschow solle kein Anlaß zur Intervention mit militärischen Mitteln geboten werden. „Überzogene Forderungen nach Unterstützungsleistungen blockt Bush ab."

15. November 1989: LaRouche regt an, eine Politik der „realen Wirtschaftsentwicklung" in der Tradition des deutschen Nationalökonomen Friedrich List in Gang zu setzen. Hierbei sei mit dem Ausbau der industriellen Infrastruktur zu beginnen. Die Industrie der DDR könne eine Scharnierrolle bei der Entwicklung Polens spielen.

17. November 1989: Telefongespräch Kohls mit Bush. Bush betont, daß die USA beabsichtigen, ungeachtet einiger Äußerungen im amerikanischen Kongreß, die Reformen im Osten zu unterstützen. „In den USA bestünde jetzt eine Euphorie wegen der Veränderungen in diesen Ländern. Dies sei ein gewisses Risiko. Man müsse unvorhersehbare Reaktionen in der DDR oder der Sowjetunion vermeiden. Deshalb müsse man von großer Rhetorik Abstand nehmen. Man müsse deshalb auch davon absehen, über die Wiedervereinigung oder einen Zeitplan zum Abriß der Mauer zu reden. Man dürfe nicht zulassen, daß der Präsident der Vereinigten Staaten in eine Lage komme, in der er der euphorischen Stimmung nachgeben müsse." Im gleichen Telefongespräch lehnt Bush es ab, den Bundeskanzler in Spanien vor dem Treffen mit Gorbatschow für ein oder zwei Stunden zu treffen.

21. November 1989: Helga Zepp-LaRouche schickt einen persönlichen Brief an Bundeskanzler Helmut Kohl. Darin heißt es u.a.: „Daher erscheint es um so dringender, daß Kontinentaleuropa unter der Führung der Bundesrepublik und Frankreichs eine klare Tagesordnung bestimmt, bei der die Hauptorientierung die europäische Unterstützung für Polen sein muß. So richtig es ist, wirtschaftliche Hilfe für die DDR mit eindeutigen politischen Zugeständnissen zu verknüpfen, darf dies angesichts des Gesamtzusammenhangs der verzweifelten Situation des kommunistischen Lagers doch nicht dazu führen, daß Kontinentaleuropa Momentum verliert. Die Situation in Polen erfordert eine sofortige Stabilisierung, aber auch für die Menschen in der DDR ist die Dimension der Hoffnung auf ökonomische Entwicklung notwendig.

Es schadet nichts, wenn die ‚fünf Weisen' bis zum nächsten Frühjahr einen Plan ausarbeiten wollen, wie die Wirtschaft der DDR am besten entwickelt werden kann. Aber bis zu diesem Zeitpunkt könnten die Ergebnisse uns längst überrollt haben. Die beste Art, kurzfristig Hoffnung und Momentum zu erzeugen, wäre in der Tat die Ankündigung des Ausbaus eines Schnellbahnsystems von Paris über Berlin nach Warschau als unerläßliche Voraussetzung für den Aufbau eines produktiven Mittelstands zunächst in Polen und dann in der DDR, ebenso wie eventuell in Ungarn und der CSSR.

Eine klare wirtschaftliche Perspektive für die

reformwilligen Länder in Osteuropa sollte ohne Verzug angekündigt und mit ihrer Realisierung begonnen werden."

21. November 1989: Nikolaj Portugalow, Mitarbeiter der Internationalen Abteilung des ZK der KPdSU, trifft Ministerialdirektor Teltschik. „Im Auftrag Falins soll Portugalow auskundschaften, wie die Bonner Regierungszentrale über die Wiedervereinigung denkt. Er ahnt nicht, welche Lawine er damit im Bundeskanzleramt ungewollt lostritt, die in den nächsten Wochen der sowjetischen Führung erheblich zu schaffen macht." In zwei mitgebrachten Papieren reflektieren sich Befürchtungen der Sowjets, daß die Entwicklung außer Kontrolle geraten könnte, und wie das „Besatzungsstatut", so nennt Portugalow die Viermächterechte, auch von London und Paris aus aufrecht erhalten werden kann. „Teltschik ist ‚wie elektrisiert', schlagartig wird ihm klar: In der sowjetischen Führung sind Überlegungen zur deutschen Einheit schon viel weiter gediehen, als die Beamten im Bundeskanzleramt vermuten." Teltschik schlägt eine möglichst baldige Begegnung zwischen dem Bundeskanzler und Generalsekretär Gorbatschow vor. „Denn ‚schier Unglaubliches' ist für Teltschik nun ‚in Gang gekommen'."

22. November 1989: Helga-Zepp-LaRouche veröffentlicht ein Flugblatt, das in hoher Auflage an den deutsch-deutschen Grenzübergängen verteilt wird. Überschrift: „Geliebtes Deutschland, weiter so — mit Zuversicht". Darin wird die Idee dargelegt, wie die Perspektive der wirtschaftlichen Entwicklung Polens mit westlicher Hilfe die friedliche Revolution zum Angelpunkt für die Entwicklung des ganzen Ostens und der Entwicklungsländer machen kann.

23. November 1989: Kohl trifft sich mit seinem für Öffentlichkeitsarbeit zuständigen Mitarbeiterstab. Teltschik regt an, der Kanzler müsse während der Debatte über den Bundeshaushalt in der kommenden Woche einen realistischen Weg zur deutschen Wiedervereinigung aufzeigen. Seiters und Duisberg bezweifeln, ob es angesichts der Reaktionen im westlichen Ausland und der möglichen Wirkungen auf die Bevölkerung der DDR taktisch klug ist, den Kanzler jetzt mit einem Wiedervereinigungsplan an die Öffentlichkeit treten zu lassen. Schließlich wird ein Plan ausgearbeitet und Kohl vorgelegt.[10]

Entgegen sonstiger Gepflogenheiten werden weder der Koalitionspartner noch die Westmächte vorher in Kenntnis gesetzt. Nur Bush wird der Text eine Stunde vor Beginn der Rede nach Washington gekabelt.

27. November 1989: Schreiben des Bundeskanzlers Kohl an Staatspräsident Mitterrand. Kohl schlägt Mitterrand einen Arbeitskalender für das weitere Vorgehen bis 1993 vor, der deutlich macht, daß Kohl das Ende der D-Mark möglichst weit hinausschieben will. Der Europäische Rat solle „spätestens im Dezember 1992“ feststellen, daß „die Gemeinschaft institutionelle Vorkehrungen getroffen hat, um in den Folgejahren entsprechend der tatsächlich erreichten wirtschafts- und währungspolitischen Konvergenz nächste Schritte auf dem Weg zur Wirtschafts- und Währungsunion und zur Europäischen Union einleiten zu können.“

---

10. Ein faksimilierter Auszug des für die Sonderedition nicht zur Verfügung gestellten „Original-Entwurfs“ für das Zehn-Punkte-Programm zur deutschen Einheit, versehen mit handschriftlichen Ergänzungen des Bundeskanzlers Kohl, findet sich in: Helmut Kohl, *Ich wollte Deutschland Einheit*, Seite 162.

Eine 50-köpfige Delegation aus den USA, die sogenannte „Benjamin-Franklin-Brigade" des Schiller-Instituts, besucht die „alte und künftige Hauptstadt Berlin und demonstriert vor dem Brandenburger Tor und am Checkpoint Charlie für die deutsche Einheit in Freiheit. Der Besuch der amerikanischen Delegation erfolgt auf Einladung Helga Zepp-LaRouches, die richtig einschätzt, welche Bedeutung die Zustimmung der amerikanischen Öffentlichkeit zur Wiedervereinigung noch haben wird.

28. November 1989: Mit dem Zehn-Punkte-Programm[11] legt Kohl ein Konzept zur langfristigen Einigung Deutschlands vor, das nach allen Seiten abgefedert ist: Einbettung in den europäischen Integrationsprozeß, Unterstützung der DDR bei ihren wirtschaftlichen Schwierigkeiten, Öffnung der Europäischen Gemeinschaft gegenüber Osteuropa und Rückversicherung gegenüber dem Westen, es werde keine Alleingänge in der deutschen Frage geben.

Die Regierung Bush bewertet den Zehn-Punkte-Plan in erster Linie als „Anstachelung zur Wiedervereinigung". Übereinstimmung herrscht in dem Urteil: Der Kanzler hat mit dem Plan die Handlungsinitiative ergriffen. Sie muß von amerikanischer Seite gebremst werden, um Gorbatschow nicht zu unbedachten Reaktionen zu provozieren.[12] „Thatcher und Mitterrand sind äußerst verstimmt über das einseitige Vorpreschen Kohls. Einen solchen Alleingang von deutscher Seite sind die Westmächte schon lange Zeit nicht mehr gewohnt."

---

11. Auszüge aus Kohls Rede siehe Seite 20.

29. November 1989: Ein weiteres Flugblatt von Helga Zepp-LaRouche erscheint mit dem Titel: „Was 80 Millionen Deutsche Gutes in der Welt bewirken können: Für ein christliches Europa der Vaterländer!" Darin wird die Verknüpfung der europäischen Industriezentren im Westen und im Osten vorgeschlagen. Dieses Gebiet etwa von der Größe Japans könne zur Lokomotive für die Weltwirtschaft werden. Die *Neue Solidarität* veröffentlicht Helga Zepp-LaRouches Vorschlag vom Oktober 1989, das Europäische Währungssystem zum Zwecke der wirtschaftlichen Entwicklung des Ostens und des Südens auszubauen.

Die Kapitulation: Maastricht statt „Produktives Dreieck"

30. November 1989: Alfred Herrhausen wird ermordet.

2. Dezember 1989: Helga Zepp-LaRouche gibt eine Erklärung ab, in der sie angesichts der Ermordung Herrhausens Bundeskanzler Kohl ihre volle Unterstützung in diesem Moment ausspricht und auf die geopolitischen Gründe für den Mord hinweist.

2./3. Dezember 1989: Beim Gipfeltreffen zwischen Bush und Gorbatschow auf dem Kreuzer „Maxim Gorki" vor Malta signalisiert der amerikanische Präsident Gorbatschow, er werde keine Schritte zur Beschleunigung der deutschen Frage unternehmen.

---

12. Zelikow/Rice, *Germany Unified and Europe Transformed*, Seite 118-121.

Memorandum von Kanzlerberater Joachim Bitterlich für Kohl über die Antwort Mitterrands. Er vertritt die Auffassung, Mitterrand halte Kohls Forderung nach mehr Rechten für das Europäische Parlament für „ein Ablenkungsmanöver von der Währungsunion", und seine Bedenken zur Stabilität handele der französische Präsident „auffällig" mit „Allgemeinplätzen" ab.

Mitterrands Antwort macht deutlich, daß er seine Zustimmung zur „Konföderation", noch nicht einmal der Wiedervereinigung, an die Entscheidung für die Währungsunion knüpft, und zwar schon beim Straßburger Gipfel des Europäischen Rates am 8.-9. Dezember.

3. Dezember 1989: Treffen Kohl-Bush in Laeken bei Brüssel. Bush legt Kohl auf drei Zugeständnisse fest, darunter, daß es keine Alternative zur Entwicklung der europäischen Integration und der Einbindung Deutschlands in der NATO gibt.

4. Dezember 1989: Lyndon LaRouche veröffentlicht den Artikel „Der Mittelstand als Lokomotive für Osteuropa", in dem er die Bedeutung solcher hochproduktiven kleinen und mittelgroßen Betriebe für die künftige Wirtschaftsentwicklung in der DDR, Polen, der Tschechoslowakei und Ungarn unterstreicht.

6. Dezember 1989: In einem Brief an Bundeskanzler Helmut Kohl schreibt Helga Zepp-LaRouche u.a.: „Der Straßburger Gipfel muß eine klare Alternative zu dem Konzept des Supermächte-Kondominats setzen. Dies ist am besten dadurch möglich, daß sich die Vertreter Kontinentaleuropas klar zu der Verpflichtung entschließen, das Europa der nationalen souveränen

Vaterländer zu einer Bastion des wirtschaftlichen und technologischen Fortschritts auszubauen.

Gerade wenn die beiden Supermächte an monetaristischen bzw. kollektivistischen Wirtschaftskonzepten festhalten wollen, ist es von höchster Bedeutung, daß Westeuropa den „Dritten Weg" in der Wirtschaftspolitik zeigt, der bisher immer zu erfolgreichen industriellen Revolutionen geführt hat, nämlich eine Wirtschaftspolitik in der Tradition von Jean-Baptiste Colbert und Friedrich List. Ein Kernstück dieser Politik muß die Rettung Polens sein, und diese Absicht könnte auf keine bessere Weise bekundet werden als durch die Ankündigung des sofortigen Baus einer zweigleisigen Schnellbahnverbindung von Paris über Berlin nach Warschau als einer unerläßlichen Voraussetzung für den Aufbau eines produktiven Mittelstands in Polen.

In Straßburg sollte die Absicht deutlich ausgesprochen werden, Kontinentaleuropa zu einer Supermacht des wirtschaftlichen Fortschritts und des Friedens zu entwickeln, an der alle reformwilligen Staaten des Ostblocks eingeladen sind teilzunehmen. Angesichts des bevorstehenden harten Winters im Ostblock ist es dringend notwendig, eine Perspektive des Kulturoptimismus zu weisen, die auch für das sowjetische Militär eine Alternative zu militärischen Lösungen darstellt."

8.-9. Dezember 1989: Gipfel des Europäischen Rates in Straßburg. „Niemals zuvor hat der Kanzler ‚einen EG-Gipfel in so eisiger Atmosphäre miterlebt'. Er muß eine ‚fast tribunalartige Befragung' zu seinen Absichten des Zehn-Punkte-Plans über sich ergehen lassen." Aber er stimmt der Währungsunion zum von Mitterrand gewünschten Datum zu. Kohl ist sich dabei bewußt: „Ein künftiger Verzicht auf die D-Mark stellt für deutsche Interessen ein Opfer dar." Die Selbsteindämmung ist gelungen.

12. Dezember 1989: Baker weist Kohl in einem Gespräch nachdrücklich darauf hin, die Bundesregierung solle die Entwicklung bitte nicht weiter forcieren.

Daß sich die Botschafter der Vier Mächte erstmals nach 20 Jahren wieder im Alliierten Kontrollratsgebäude in Berlin zusammensetzen, empfindet die Bundesregierung als einen Akt diplomatischer Degradierung. In Bonn herrscht große Skepsis, ob es „nicht doch zu einem Viermächtekomplott kommt".[13]

14. Dezember 1989: Beim Besuch in Budapest erklärt Kohl gegenüber Németh über die Lage in der DDR: „Es liegt der Geruch von Rache in der Luft; und zwar von der Spitze bis hinunter auf die lokale Ebene. Autoritätsverlust und totale Diskreditierung der Partei und des Staatssicherheitsapparats einschließlich der gesamten Verwaltung seien die Hauptprobleme."

19. Dezember 1989: Erster offizieller Besuch Kohls in der DDR in Dresden. „Als der Kanzler die jubelnden Menschenmassen bei seinem Empfang auf dem Flughafen in Dresden erlebt, ist ihm wohl schlagartig bewußt, welche Verantwortung er für die Menschen in der DDR trägt. Dresden ist für ihn das Schlüsselerlebnis auf dem Weg zur Einheit."

---

13. Hans-Dietrich Genscher, *Erinnerungen*, Seite 667.

Jahreswechsel 1989/1990: Die Bundesregierung stellt verschiedene Überlegungen an, wie es weitergehen soll. Eine neue auslandspolitische Strategie wird gebraucht. „Mit ihrer defensiven Wiedervereinigungsstrategie kommt sie nicht viel weiter." Kohl beschließt die Entwicklung voranzubringen, aber so, daß der „Druck von den Leuten auf der Straße in der DDR" ausgeht.

In seiner Neujahrsansprache sagt er: „Hat das Jahr 1989 die Deutschen ein gutes Stück näher gebracht" an die Wiedervereinigung, dann könnte das neue Jahrzehnt die Vollendung bringen und mindestens für die Deutschen „das glücklichste dieses Jahrhunderts" werden. Doch Kohl steckt in einem Dilemma. Er will weder die kommunistische Regierung in der DDR stabilisieren noch einen politischen Kollaps verursachen. Seine Hoffnung richtet sich auf freie Volkskammerwahlen und einen möglichst reibungslosen Machtwechsel, der Gelegenheit bietet, von der Konföderation zur Föderation überzugehen. Doch wie soll die Form der deutschen Wiedervereinigung aussehen? Und wie ist die Zustimmung der Sowjetunion zu erreichen?

Hätte Kohl gerade in diesem Zeitraum, der sich vom Fall der Mauer bis zum 3. Oktober 1990 und darüber hinaus erstreckt, den LaRouche-Plan für den Aufbau Polens und das Programm des „Produktiven Dreiecks" aufgegriffen und diese Perspektive in Fernsehansprachen an die Bevölkerung beider Teile Deutschlands aufgezeigt, dann hätte er das Gesetz des Handelns behalten. Die Begeisterung und die Unterstützung der Völker des Ostens wären ihm sicher gewesen. Mit dem Programm des „Produktiven Dreiecks" von 1989 und der „Eurasischen Landbrücke", das LaRouche 1991 nach dem Kollaps der Sowjetunion vorschlug, hätte man das Ost-West-Verhältnis auf eine Basis der Vernunft stellen und von allen geopolitischen Überbleibseln aus dem 19. und 20. Jahrhundert befreien können.

Aber letztlich erfordert die Durchsetzung dieser Vision für das 21. Jahrhundert Staatsmänner und -frauen, die sich geistig von den Axiomen der alten Ordnung von Versailles und Jalta befreien und eine gerechte neue Weltwirtschaftsordnung auf der Basis einer Prinzipiengemeinschaft souveräner Nationen durchsetzen wollen!

15. Januar 1990: Die staatlichen Organe der DDR haben völlig ihre Glaubwürdigkeit verloren, nachdem die Bevölkerung die Zentrale der Staatssicherheit in der Ost-Berliner Normannenstraße ungehindert gestürmt hat.

Mitte Januar 1990: Das Programm des „Produktiven Dreiecks, Paris-Berlin-Wien: Lokomotive für die Weltwirtschaft" wird veröffentlicht. Von einer Arbeitsgruppe des Schiller-Instituts ausgearbeitet, berücksichtigt es detaillierte Anregungen Lyndon LaRouches. Es wird an alle Staatschefs Europas verschickt und in den folgenden Wochen in einer Auflage von mehreren hunderttausend verteilt. Eine internationale Kampagne zur Durchsetzung des Programms beginnt und wird in den folgenden Monaten und Jahren auch in alle Länder Osteuropas hineingetragen.

Ende Januar 1990: Thatcher eskaliert die „Viertes-Reich-Kampagne" und befindet sich offenbar in einer Art Torschlußpanik, was die deutsche Frage angeht.

Die Macht in der DDR liegt in diesen Wochen auf der Straße. Ohne die Hilfe der Bundesrepublik droht der DDR Chaos. Das Programm des „Produktiven Dreiecks" ist jetzt das Gebot der Stunde, dem auch Polen sofort zugestimmt hätte.

7. Februar 1990: Helga Zepp-LaRouche schickt die Broschüre des Schiller-Instituts: *Das „produktive Dreieck" Paris-Berlin-Wien — Lokomotive der Weltwirtschaft* an Bundeskanzler Kohl. In ihrem Begleitschreiben betont sie: „Ich halte es für sehr dringend, daß Westeuropa in der jetzigen turbulenten strategischen Lage eine solche klare programmatische Perspektive aufzeigt, womit der Frieden gesichert werden kann."

8. Februar 1990: „Wenn die Union es zulasse," erklärt Kohl am Abend vor dem Bundesvorstand der CDU, „daß unser Land in dieser Schicksalsstunde aus finanziellen Ängsten vor der Einheit zurückweiche, dann dankt die Bundesrepublik vor der Geschichte ab."

Die Diskussion vom „direkten Übergang von der Planwirtschaft zur Marktwirtschaft" beruhte auf falschen ökonomischen Theorien. Statt dessen hätte die produktive Kreditschöpfung im Rahmen des „Produktiven Dreiecks" ein wirkliches Wachstum der realen Wirtschaft in Gang gesetzt.

14. Februar 1990: Helga Zepp-LaRouche veröffentlicht Gedanken zu einem Kulturprogramm für Deutschland, in der sie die Notwendigkeit betont, die wirtschaftliche Entwicklung des Ostens mit der Perspektive einer kulturellen Renaissance zu verknüpfen, die an der Weimarer Klassik, der „Schillerzeit", anknüpft.

19. Februar 1990: Vertreter der amerikanischen Bürgerrechtsbewegung von Dr. Martin Luther King unterstützen die friedliche Revolution der DDR. Amelia Boynton-Robinson und andere sprechen bei den Montagsdemonstrationen in Leipzig.

7. März 1990: In einen Brief an Bundeskanzler Helmut Kohl schreibt Helga Zepp-LaRouche u.a.: „Es wäre deshalb sehr wichtig, wenn Sie bei Ihren nächsten Reden die Ideale und Bezugspunkte aufgreifen, die am ehesten für die Menschen in der DDR zu verstehen sind, und die auch zugleich die Höhepunkte der deutschen Kultur darstellen, d.h. die Weimarer Klassik. Darauf können die Menschen stolz sein, und damit können sie sich identifizieren. Und genau einen solchen Stolz brauchen sie jetzt.

Ich habe gehört, wie Sie, Herr Bundeskanzler, gelegentlich auf Freiherr vom Stein Bezug genommen haben. Ein verbreitetes Studium dieser Gedanken erscheint mir gerade angesichts der neu aufgeflammten Debatte um die Relevanz des Wiener Kongresses als Konzept gegen die deutsche Einheit sehr wichtig.

Ich glaube zutiefst, daß die Menschen in Krisenzeiten etwas brauchen, an dem sie sich aufrichten können, und ich denke auch, daß Sie in der einzigartigen Position sind, den Menschen Hoffnung zu vermitteln."

21. August 1990: Helga Zepp-LaRouche schickt dem Bundeskanzler die inzwischen erschienene ausführlichere *EIRNA*-Studie über das „Produktive Dreieck Paris-Berlin-Wien". In ihrem Begleitschreiben heißt es u.a.: „Die beigefügte Studie empfehle ich Ihrer Aufmerksamkeit. Sie enthält einen Vorschlag eines umfassenden europäischen Infrastrukturprogramms als Voraussetzung für den wirtschaftlichen Aufbau Osteuropas. Dieses Konzept wurde auf Vorschlag meines Ehemanns Lyndon LaRouche ausgearbeitet und geht von der Idee aus, daß nur ein solches wirtschaftliches Entwicklungsprogramm, das auch die von einer schweren wirtschaftlichen Krise erschütterte Sowjetunion mit einbezieht, eine wirksame Politik zur Erhaltung des Friedens sein kann...

Die rasche Verwirklichung dieses Programms ist aus strategischen Gründen um so dringender, als es leider kaum zu widerlegende Hinweise dafür gibt, daß es sich bei der Golfkrise um ein von anglo-amerikanischen Interessen manipuliertes Szenario handelt, das vom selben Geist inspiriert ist wie die Ausfälle des ehemaligen Ministers Ridley. Es spricht einiges dafür, den Beginn der Aktivierung der gegenwärtigen Krise in verschiedenen Ereignissen im Februar dieses Jahres und damit als eine Reaktion auf die beginnende deutsch-sowjetische Verständigung zu sehen."

Die erwähnte Studie wird auch an alle Kabinettsmitglieder gesandt. Mehrere Minister lassen antworten:

29. August 1990: Der Bundesminister der Finanzen

„Sehr geehrte Frau Zepp-LaRouche,

für die Zusendung der Studie über den Ausbau eines umfassenden europäischen Infrastrukturprogramms danke ich Ihnen im Auftrag des Bundesministers der Finanzen. Ich habe mir erlaubt, die Studie an die zuständige Abteilung des Bundesfinanzministeriums weiterzuleiten.

Mit freundlichen Grüßen, Wolfgang Solzbacher."

3. September 1990: Der Bundesminister für Post und Telekommunikation

„Sehr geehrte Frau Helga Zepp-LaRouche,

im Namen von Herrn Bundesminister Dr. Schwarz-

Schilling danke ich Ihnen für Ihr Schreiben und die beigelegte *EIRNA*-Studie ‚Das produktive Dreieck Paris-Berlin-Wien'. Der Minister hat mich gebeten Ihnen zu antworten. Ihre Studie wird im Bundesministerium für Post und Telekommunikation geprüft und in die weiteren Überlegungen einbezogen werden.

Mit freundlichen Grüßen, Klaus Reischmann."

13. Februar 1990: Der Bundesminister für Arbeit und Sozialordnung

„Sehr geehrte Frau Zepp-LaRouche,

für die Broschüre „Das ‚produktive Dreieck' Paris-Berlin-Wien. Lokomotive der Weltwirtschaft", die Sie mir am 7. Februar 1990 übersandt haben, danke ich Ihnen. Ich habe sie an den zuständigen Bundesminister für Wirtschaft weitergeleitet.

Mit freundlichen Grüßen, i.A. (Dr. Fendrich)."

5. November 1991: In einem Brief an den Bundespräsidenten Dr. Richard von Weizsäcker schreibt Helga Zepp-LaRouche u.a.:

„Sehr geehrter Herr Präsident,

In der Anlage zu diesem Schreiben möchte ich Ihnen die Einladung zu der Berliner Konferenz des Schiller-Instituts zuschicken...

Gut ein Jahr nach der Erringung der formalen Souveränität hat Deutschland sich die politische Initiative aus der Hand nehmen lassen. Unter massivem Druck durch die USA und Großbritannien hat die deutsche Regierung in entscheidenden Fragen kapituliert und verfolgt derzeit eine Politik, die den deutschen Interessen entgegengesetzt ist...

Versteht man in Bonn denn wirklich nicht, daß es zur sicheren Katastrophe führen wird, wenn das bankrotte anglo-amerikanische Modell des IWF auf die Republiken der früheren Sowjetunion ausgedehnt wird? Wenn wir verhindern wollen, daß bald ganz Europa in einen Krieg hineingezogen wird, dann müssen IWF und GATT weg und durch eine vernünftige Wirtschaftspolitik ersetzt werden...

Deutschland muß statt dessen selber den Kurs der Weltwirtschaft in eine andere Richtung lenken und den Schluß aus der Erkenntnis ziehen, daß der Finanzkrach um so schlimmer werden wird, je länger er verschoben wird. Vor allem muß jene Habgier aus der Wirtschaftspolitik verschwinden, die Manager und Bankiers aus dem Westen in den neuen Bundesländern so oft praktizieren und damit so viel Bitterkeit verursacht haben. Es muß Schluß sein mit dem, was der Papst gerade in Brasilien als den ‚wilden Kapitalismus' denunziert hat, ‚dessen beherrschendes Merkmal das zügellose Gewinnstreben ist, bei damit einhergehender Mißachtung des ursprünglichen Wertes der Arbeit und der Würde des Arbeiters'...

Das Programm für ein integriertes gesamteurasisches Infrastrukturprogramm liegt seit zwei Jahren auf dem Tisch. Es ist der Vorschlag meines Ehemanns Lyndon LaRouches, das sogenannte ‚produktive Dreieck Paris-Berlin-Wien' durch ein Schnellbahnsystem zu integrieren und von ihm ausgehend ‚Entwicklungskorridore' nach Warschau, durch das Baltikum nach St. Petersburg, nach Moskau, Kiew, bis nach Sibirien, in den Transkaukasus, den Balkan, aber auch nach Sizilien und über Spanien nach Gibraltar als Brückenkopf nach Afrika zu verwirklichen...

Die Finanzierung für ein so großangelegtes Projekt kann natürlich nicht ausschließlich aus dem privaten Sektor kommen. Wir brauchen deshalb eine Rückkehr zu einem Nationalbanksystem, wie es am ausführlichsten vom ersten Finanzminister der USA, Alexander Hamilton, beschrieben und angewandt und seitdem immer dann imitiert wurde, wenn eine erfolgreiche industrielle Revolution in Gang gesetzt werden sollte. Friedrich List und der deutsche Zollverein befanden sich in dieser Tradition, ebenso wie die Regierung Lincolns, die Meiji-Restauration in Japan und das MITI heute...

Wenn das Programm des ‚produktiven Dreiecks' verwirklicht wird, dann kann Europa zur Lokomotive der Weltwirtschaft werden und die dringende Entwicklung der südlichen Hemisphäre in Gang setzen. Wir brauchen ähnliche Infrastrukturprogramme in Afrika, Asien und Iberoamerika als Voraussetzung für die Entwicklung von Industrie und Landwirtschaft dort...

Wenn die politische Initiative für eine gerechte Weltwirtschaftsordnung von Deutschland ausginge, dann wäre das alles andere als ein ‚deutscher Alleingang'. Wenn Deutschland ein Signal setzte, würden auf der Stelle — bis auf vielleicht ganz wenige Ausnahmen — alle Staaten des Ostens und des Südens, aber auch Kontinentaleuropas folgen. Auf der Seite der Deutschen wäre dann die absolute Mehrheit der Menschheit."

1975: LaRouche schlägt Internationale Entwicklungsbank vor

Auf einer Pressekonferenz in Bonn am 24. April 1975 erläuterte Lyndon LaRouche seinen Plan für eine Internationale Entwicklungsbank (IEB). Eine ausführlichere Darstellung erfolgte wenig später in einer Broschüre mit dem Titel „IDB, How the International Development Bank Will Work", die auch in deutscher Übersetzung erschien.

An der Pressekonferenz nahmen 20 Journalisten teil, darunter Vertreter der *New York Times, Corriere della Sera,* des amerikanischen Fernsehsenders *CBS* sowie der Agenturen *Reuters, UPI, AFP* und andere. Nicht zuletzt wegen einer massiven Verleumdungskampagne gegen LaRouche durch das amerikanische Außenministerium wurde jedoch nirgends über diese Pressekonferenz berichtet. Trotzdem fand der IEB-Vorschlag dank der Anstrengungen LaRouches und seiner Mitarbeiter internationale Verbreitung. LaRouche sagte damals in Bonn u.a.:

„Wir schlagen die sofortige Einrichtung einer Internationalen Entwicklungsbank als dreiseitiges Abkommen zwischen den drei wichtigsten Sektoren vor, dem industrialisierten kapitalistischen Sektor, dem sogenannten Entwicklungssektor und den sozialistischen Ländern. Die Bank würde Kredite und

Wechsel einlösen, die aufgrund von Abkommen zwischen Staaten und Staatengruppen ausgegeben worden sind. Sie funktionierte damit als Rediskont-Bank für solche Kredite und Wechsel, welche an Firmen ausgegeben wurden, die Güter für im Rahmen der IEB vereinbarte Projekte geliefert haben.

Beispielsweise haben einige Schlüsselländer im Entwicklungssektor von den Industrieländern Abkommen über drei Bereiche verlangt: Energie, Rohstoffe und Nahrungsmittel. Wir kritisieren an dieser Forderung, daß sie sich lediglich auf drei statt vier Bereiche beschränkt. Der vierte Bereich sollte ‚Entwicklung' umfassen. Unsere Bemerkungen hierzu sind keineswegs willkürlich: Unter der Voraussetzung, daß bedeutende Kreise im industrialisierten Sektor annehmbare Initiativen vorschlagen, wären die ausschlaggebenden Leute in der sogenannten ‚Dritten Welt' sofort bereit, mit den Industrieländern in Arbeitsgespräche über ein allgemeines Abkommen, das diese vier Punkte umfaßt, einzutreten.

Auf der Grundlage von Studien unserer eigenen Organisation und Diskussionen mit Regierungen und einflußreichen politischen Kräften in der ‚Dritten Welt' über diese Studien sind wir zu der Überzeugung gelangt, daß die Bemühungen einer Internationalen Entwicklungsbank vor dem Hintergrund des gegenwärtig gewünschten und möglichen Konsumniveaus im Entwicklungssektor hinreichten, um im entwickelten Sektor eine höhere industrielle Wachstumsrate zu bewirken, als wir sie in den vergangenen 25 Jahren hatten.

Die Umsetzung des hier vorgeschlagenen Programms erfordert allerdings, daß man bestimmte, oft vernachlässigte Grundelemente der politischen Ökonomie versteht. Ohne das Verständnis dieser Prinzipien könnten wir uns nicht aus einer Lage befreien, die unweigerlich in das schlimmste Desaster der menschlichen Geschichte münden würde.

Die Grundtatsache, von der alle politische Ökonomie abhängt, ist zugleich der Wesenszug der Wirtschaft: Wenn man die Produktionsmittel richtig einsetzt und den persönlichen Verbrauch richtig gestaltet, dann übersteigt die Gesamtproduktion die Primärkosten. Die zweite, für diese Lösung wichtige Grundtatsache ist die, daß jede allgemeine Entwicklung, einschließlich industrieller Entwicklung, davon abhängt, ob eine mehr als ausreichende Menge von Nahrungsmitteln angemessener Qualität zu gesamtgesellschaftlich gesehen niedrigen Preisen hergestellt werden kann. In dem Maße, wie diese beiden Prinzipien beachtet werden und die zu diesem Zweck erforderliche Technologie entwickelt wird, ist es möglich, in großem Umfang langfristigen Kredit zu schöpfen, ohne inflationäre Auswirkungen befürchten zu müssen.

Wir betonen, daß wir uns in dieser Zeit gleichzeitig auf die industrielle Entwicklung und eine steigende Nahrungsmittelproduktion konzentrieren müssen. In dem Maße, wie langfristige Entwicklungskredite an den Entwicklungssektor dem raschen Anstieg der Weltnahrungsmittelproduktion Vorrang geben, wobei die Menge wie auch die gesellschaftliche Produktivität ansteigen müssen, kann Kredit mit einer Laufzeit von 10-15 Jahren in jeder Höhe ausgegeben werden. Denn er wäre durch die gesteigerte Nahrungsmittelproduktion, die steigende Zahl produktiver Arbeitskräfte und die wachsende Produktivität der menschlichen Arbeit im allgemeinen gedeckt.

Die neue Bank wird sich unmittelbar mit folgendem Problem konfrontiert sehen. Zusätzlich zu dem unmittelbaren Potential einer wesentlichen Steigerung der landwirtschaftlichen Produktion und der Produktion im allgemeinen, gibt es drei Regionen im Entwicklungssektor, die ungeheure Möglichkeiten zur Erhöhung der Nahrungsmittelproduktion bieten. Eine davon, die Region am Rio de la Plata in Südamerika, eignet sich besonders gut, um schon kurzfristig zur agro-industriellen Wachstumsregion zu werden. Die beiden anderen, die Sahelzone und die Region Indien-Bangladesch-Pakistan, stellen potentiell eine der wichtigsten Regionen zur Nahrungsmittelproduktion der ganzen Welt dar, es wird aber 10 bis 15 Jahre massiver Entwicklungsanstrengungen bedürfen, um das enorme Überschußpotential zu realisieren. Unser Problem ist es deshalb, Entwicklungsgelder etwa in Höhe einer Viertelbillion Transfer-Rubel pro Jahr aufzubringen, und zwar hauptsächlich in Form niedrigverzinster Kredite und Schenkungen, wobei die Laufzeit der Kredite 10 bis 15 Jahre betragen sollte.

Zunächst auftauchende scheinbare Schwierigkeiten, solche Programme durchzuführen, bestehen in Wirklichkeit nicht. In dem Maße, wie die industrialisierten Sektoren hohe Überschüsse über die erforderlichen Reinvestitionen im eigenen Sektor hinaus erzielen können, kann dieser Überschußanteil ohne negative wirtschaftliche Auswirkungen als Kredit oder Schenkung abgegeben werden. Das einzig wirkliche Problem liegt in der Erhöhung des wirtschaftlichen Outputs auf das erforderliche Maß..."

Hartmut Cramer

„Sieg in Colombo!"

1976 stand die Welt vor einem politischen Neubeginn, einer neuen gerechten Weltwirtschaftsordnung.

Im April 1975 löste Lyndon LaRouche mit seinem Vorschlag für eine Internationale Entwicklungsbank (IEB) eine weltweite Diskussion über die notwendige Reorganisierung des bankrotten IWF-Systems und die sofortige Errichtung einer neuen, gerechten Weltwirtschaftsordnung aus. Gut 15 Monate später kam es auf der 5. Konferenz der Nichtpaktgebundenen Staaten in Colombo, der Hauptstadt Sri Lankas, zu einem ersten großen Durchbruch: 85 Staaten, die rund zwei Milliarden Menschen repräsentierten, forderten in der Abschlußresolution am 19. August offiziell eine „Neue Weltwirtschaftsordnung" und als deren „wesentliches Element" ein „neues universelles Finanz- und Währungssystem".

Um auch ein wirksames Druckmittel zur Realisierung dieser sehr weitgehenden Forderungen in der Hand zu haben, hatten sich die in Colombo versammelten Staatschefs weiterhin darauf geeinigt (ohne das in der Schlußresolution ausdrücklich zu erwähnen), kurzfristig ein Moratorium auf die Auslandsschulden des Entwicklungssektors zu erklären, falls die Industriestaaten bei den laufenden „Nord-Süd-Verhandlungen" in Paris nicht auf das historische Angebot von Colombo eingehen sollten.

Vorausgegangen war diesem bahnbrechenden Ereignis eine bis dahin beispiellose Mobilisierung der von LaRouche gegründeten politischen Bewegung auf allen Kontinenten. Einerseits wurde über den IEB-Vorschlag mit praktisch allen wichtigen Repräsentanten des Entwicklungssektors intensiv diskutiert: Damals durchlief die LaRouche-Bewegung ein geradezu explosionsartiges Wachstum auf dem gesamten lateinamerikanischen Kontinent, eröffnete Büros in Asien und intensivierte die politischen Kontakte am Hauptsitz der Vereinten Nationen in New York sowie bei der „Nord-Süd-Konferenz“ in Paris. Aber auch in den entwickelten Industriestaaten selbst wurde diese Diskussion „in alle Poren der Gesellschaft“ getragen: in den USA und Westeuropa, wo LaRouche sich mit seiner Organisation bereits den Status einer „politischen Institution“ erkämpft hatte.

Selbst die hartgesottensten Pressevertreter in den Industriestaaten, die bis dahin alles daran gesetzt hatten, LaRouches programmatische Vorschläge zu unterdrücken (und diese Praxis auch weiterhin nach Kräften beibehielten), mußten hinter vorgehaltener Hand zugeben, daß sich LaRouche im August 1976 mit seinen „illusionären“ Vorschlägen auf der ganzen Linie durchgesetzt hatte.

Im einzelnen forderten die führenden Vertreter des Entwicklungssektors, allen voran die damalige indische Ministerpräsidentin Indira Gandhi:

1. die unmittelbare Suspension der Zahlung von Auslandsschulden „der ärmsten Länder sowie jener Länder, die imperialistischem Druck unterworfen waren“,
2. ein „neues universelles Währungssystem“, das die bankrotte Weltbank und den IWF ablösen sollte,

3. die Schaffung neuer Liquidität, die automatisch an die Bedürfnisse für weltweite Entwicklung gekoppelt sein soll,
4. das Einbeziehen der Staatengemeinschaft der ganzen Welt in dieses „universelle System“ durch Dreieckhandelsverträge zwischen dem Entwicklungssektor, den damaligen sozialistischen Ländern und den entwickelten Industriestaaten der OECD (Organisation für wirtschaftliche Zusammenarbeit und Entwicklung).

Die Schlußresolution des Gipfeltreffens enthielt auch die (vom damaligen vietnamesischen Ministerpräsidenten Pham Van Dong eingebrachte) Idee, sämtliche Pläne zur Schaffung eines „Wirtschaftsblocks der Dritten Welt“ zusammenzufassen und auf dieser Basis einen gemeinsamen Standpunkt für „Verhandlungen mit den kapitalistischen Industriestaaten und den Comecon-Staaten“ auszuarbeiten. Dies entsprach tatsächlich dem ersten Schritt zur Schaffung einer internationalen Entwicklungsbank, wie sie Lyndon LaRouche im Vorjahr vorgeschlagen hatte. Wie weit die Überlegungen in diese Richtung damals auf internationaler Ebene gingen, geht daraus hervor, daß der politische Ausschuß der Nichtpaktgebundenen Staaten den damaligen italienischen Ministerpräsidenten Andreotti offiziell als „Vermittler“ zwischen dem Entwicklungssektor und Westeuropa vorschlug und Andreotti diesen Vorschlag auch akzeptierte!

Auch der damalige amerikanische Präsident Ford stand diesen Vorstellungen (zunächst zumindest) nicht ablehnend gegenüber — ganz im Gegensatz zu seinem Außenminister Henry Kissinger, der den Entwicklungsländern damals unverhüllt mit einem „Handels-“ und vor allem „Nahrungsmittelembargo“

drohte. Unmittelbar nach dem Ende des Colombo-Gipfels verlautete aus dem Weißen Haus, die Regierung Ford betrachte die Erklärung von Schuldenmoratorien auf öffentliche und private Dollarschulden durch die Dritte Welt „strikt als Angelegenheit des privaten Sektors". Inoffiziell hieß es, das Weiße Haus werde gegen Länder, die eine Zahlung ihrer Schulden verweigerten, keine Vergeltungsmaßnahmen ergreifen.

Wie stark damals die internationalen Privatbanken um ihre nackte Existenz fürchten mußten, wird an der (privat geäußerten) Einschätzung eines Mitarbeiters des amerikanischen Präsidenten deutlich, der schlichtweg erklärte: „Die Regierung würde sich keinesfalls für die Banken ins Zeug werfen. Ich wäre sehr überrascht, wenn ein Handelsembargo erfolgen würde. Die aus Regierungsmitteln finanzierten Getreidelieferungen würden beispielsweise mit Sicherheit fortgesetzt." Präsident Ford persönlich erklärte auf dem republikanischen Wahlparteitag in Kansas City, der während des Colombo-Gipfels stattfand und auf dem er von seiner Partei zum Präsidentschaftskandidaten für die Wahl Anfang November gekürt wurde, seine Regierung werde unter keinen Umständen ein Handelsembargo vorschlagen.

Die Gruppe der nichtpaktgebundenen Staaten drängte auf eine rasche Annahme ihres Programms durch einen oder mehrere OECD-Staaten. In Westeuropa konzentrierten sich ihre Bemühungen vor allem auf Italien, das schon aus Selbstinteresse — es wollte möglichst schnell die drückende Last von damals 19 Mrd. Dollar Auslandsschulden loswerden — den Vorstellungen dieser Staatengruppe sehr nahe stand. Als ein erster Schritt zur Übernahme der Position von Colombo wurde gewertet, daß der italienische Außenminister Forlani am 20. August 1976 die Gründung einer (finanziell relativ gut ausgestatteten) „Organisation für technische Zusammenarbeit mit den Entwicklungsländern" bekanntgab. Auch die damalige japanische Regierung Miki, welche die traditionellen Exportinteressen des Landes vertrat, war sehr an der Realisierung der Beschlüsse von Colombo interessiert.

Damals wie heute kam den USA die Schlüsselrolle bei der Errichtung eines neuen Weltwährungssystems zu. Um die politischen Gewichte zugunsten der IEB zu verschieben und Washington zu bewegen, der Schlußresolution von Colombo offiziell zuzustimmen, richtete Lyndon LaRouche, nachdem er seine „äußerste Genugtuung" über das Ergebnis des Colombo-Gipfels erklärt hatte, im Rahmen des Präsidentschaftswahlkampfes eine Botschaft an Präsident Ford, in der er dringend zu sofortigen Schritten riet, damit es über die Aussicht auf ein Schuldenmoratorium des Entwicklungssektors nicht zu einer Panik käme. Ford solle sich in einer Fernsehansprache an die Nation wenden und die Bedeutung des auf der Colombo-Konferenz verabschiedeten Programms erläutern. Bei diesem Anlaß solle er betonen, daß die US-Regierung darauf vorbereitet sei, auf einer „rationalen Basis über notwendige Maßnahmen mit dem Entwicklungssektor zu verhandeln, im Sinne des wahren nationalen Interesses der USA als führender Industriemacht der Welt".

Intensive Aktivitäten kennzeichneten das Bild der kommenden Wochen. Die nichtpaktgebundenen Staaten unter der Führung Indiens, Algeriens und des kleinen Guyana wollten nach dem Durchbruch von Colombo durch die tatsächliche Erklärung eines Moratoriums auf die rund 200 Mrd. Dollar Auslandsschulden des Entwicklungssektors das alte, bankrotte

IWF-System stürzen und politische Verhandlungen über ein neues Weltwährungssystem erzwingen. Gleichzeitig setzten die internationale Finanzwelt und US-Außenminister Henry Kissinger alles daran, die in Colombo gebildete „Front" aufzuweichen und die OECD-Staaten, die wie Italien, Japan, Frankreich und sogar die Schweiz Interesse an der Errichtung einer neuen gerechten Weltwirtschaftsordnung bekundet hatten, zu isolieren und destabilisieren. Kissinger spielte auf Zeit und suchte mit Forderungen nach „Fall zu Fall-Entscheidungen" sowie einer langwierigen „Serie von Verhandlungen" ein gemeinsames, entschlossenes Vorgehen des Entwicklungssektors bei den geplanten Abschlußgesprächen der „Nord-Süd-Konferenz" Mitte September 1976 in Paris zu verhindern. Kissinger und seine Auftraggeber in der Londoner City taten auch alles, um Präsident Ford von einer öffentlichen positiven Stellungnahme zur Colombo-Resolution abzubringen — wobei in ihren Hinterköpfen bereits der von der mächtigen Trilateralen Kommission als nächster US-Präsident auserwählte Jimmy Carter herumspukte.

Wie nahe die Welt damals an einem politischen Neubeginn stand, welcher der Menschheit mit der Errichtung einer neuen gerechten Weltwirtschaftsordnung eine völlig neue Zukunftsperspektive eröffnet hätte, zeigte sich bei der 31. Vollversammlung der Vereinten Nationen, die Ende September 1976 in New York begann. Am Montag dem 27. September tat der damalige Außenminister Guyanas, Dr. Frederick Wills, das „Undenkbare" und forderte dort öffentlich die Ablösung des IWF-Systems durch die IEB, wobei er die Argumentation Lyndon LaRouches einbezog. Wörtlich sagte Wills:

„Herr Präsident, die Sicherheit der Entwicklungsländer ist unauflösbar mit ihrem wirtschaftlichen Überleben und wirtschaftlichem Fortschritt verknüpft. Meine Delegation glaubt, daß es keinen sinnvollen Fortschritt geben kann, ohne daß die neue Weltwirtschaftsordnung ... eingeführt wird ... Der IWF und das Währungssystem von Bretton Woods müssen alternativen Strukturen wie internationalen Entwicklungsbanken Platz machen ...

Das brennende Problem der Schulden und der Schuldendienste hat ein besonderes Gewicht bekommen. Die Entwicklungsländer können es sich nicht leisten, von ihren grundlegenden Forderungen abzugehen, die sie in ... Colombo gestellt haben, als sie Maßnahmen zur Umschuldung und Moratorien gefordert haben. Wir müssen allen Versuchen entgegenwirken, dieses Problem mit der Spaltertaktik eines Fall-zu-Fall-Ansatzes lösen zu wollen. Wir können es uns nicht leisten, eine Hypothek auf die Zukunft ungeborener Generationen zu nehmen und sie an die Verpflichtung bürdenhafter Kapitalrückzahlungen und zerstörerischer Schuldendienste zu verpfänden. Die Zeit für ein Schuldenmoratorium ist gekommen."

Daß der Entwicklungssektor mit seiner Haltung nicht alleine stand und Verbündete in den Industriestaaten hatte, geht aus der Rede des damaligen italienischen Außenministers Forlani hervor, der am 1. Oktober 1976 vor dem gleichen UN-Gremium den „Geist der Offenheit und Zusammenarbeit Italiens mit den Entwicklungsländern" betonte. Forlani erklärte u.a.: „Italien ist überzeugt von der auch in Colombo betonten Notwendigkeit, eine neue internationale Wirtschaftsordnung zu erreichen, die jedem Land den Weg zur Entwicklung eröffnen wird ... Dieses Ziel kann nur in einem Wirtschaftssystem erreicht werden, das die grundlegenden Probleme Rohstoffe,

Handel, Verschuldung der Entwicklungsländer und Technologietransfer gelöst hat ... Italien beabsichtigt, innerhalb der Europäischen Gemeinschaft, aber auch unabhängig jede mögliche Anstrengung zu unternehmen, um in dieser Richtung Fortschritte zu erzielen."

Bei den Abschlußgesprächen der „Nord-Süd-Konferenz" in Paris Mitte September war der endgültige Durchbruch greifbar nahe. Der Entwicklungssektor trat, wie in Colombo verabredet, mit einer Stimme auf und war fest entschlossen, erforderlichenfalls das Druckmittel Schuldenmoratorium einzusetzen. Die acht Industriestaaten, die in Paris den entwickelten Sektor vertraten, hatten dagegen keine einheitliche Strategie. Während vor allem Italien, aber auch Japan und Gastgeber Frankreich gewillt waren, auf der Grundlage der Schlußresolution von Colombo in ernsthafte Verhandlungen über ein neues Währungssystem einzutreten, vertraten US-Außenminister Kissinger und Großbritannien die kompromißlose Haltung der internationalen Finanzinteressen.

Bis zum 13. September sah es nach einem endgültigen Durchbruch für die neue Weltwirtschaftsordnung aus. Doch an diesem Tag brach Großbritannien die bis dahin geltende stillschweigende Übereinkunft zwischen den Industriestaaten und dem Entwicklungssektor, in Paris „unverzüglich" über ein „Gesamtlösungspaket" der Schuldenfrage zu verhandeln und stellte sich auf die Seite Kissingers, der statt dessen Gespräche „zu einem späteren Zeitpunkt" über „Einzelfälle" forderte. Damit gab es grünes Licht für Kissingers Sabotagepolitik, der nun seine „Spaltertaktik" von „Einzelfall-Verhandlungen frühestens im Dezember" allen anderen Industriestaaten aufzwang und dadurch die Pariser Verhandlungen zum Platzen brachte. Anstatt den historischen Durchbruch in ein neues zukunftsträchtiges Zeitalter zu feiern, mußten die Delegationen ihre Koffer packen und zu weiteren Verhandlungen ins Hauptquartier der UNO nach New York ziehen.

Dort haben sich dann im weiteren Verlauf trotz des heroischen Einsatzes führender Repräsentanten des Entwicklungssektors — die herausragende Persönlichkeit unter ihnen war Guyanas Außenminister Dr. Frederick Wills, der später auf Betreiben Kissingers aus Amt und Heimatland vertrieben wurde — sowie allerletzter Versuche seitens einiger Industriestaaten wie Italien leider die Kreise durchgesetzt, die die unselige „Kanonenbootdiplomatie" wiederaufleben ließen. Brutale Härte auf seiten der Kontrolleure des IWF-Systems, Zögern und Feigheit auf Seiten Kontinentaleuropas und Japans sowie eine Mischung aus Unentschlossenheit, Unterwerfung und Verrat bei zu vielen Entwicklungsländern haben in diesen entscheidenden Sommer- und Herbstmonaten des Jahres 1976 eine große historische Chance zunichte gemacht und damit großes Leid über die Menschheit gebracht.

Der Kampf der Blockfreien für Entwicklung

Auszüge aus der politischen Schlußresolution des Gipfeltreffens in Colombo

Am 20. August 1976 druckte die algerische Tageszeitung Al Moujahid *die Schlußresolution von Colombo ab. Westliche Pressevertreter — so äußerte sich in Deutschland zum Beispiel der damalige Chef vom Dienst von* dpa *gegenüber Helga Zepp-LaRouche — hielten diese bahnbrechende Erklärung für „nicht berichtenswert", so daß ihre (auszugsweise) Veröffentlichung in den Industriestaaten nur auf politischen Druck bzw. in den Publikationen der LaRouche-Bewegung erfolgte. Es folgen die wichtigsten Teile der damals in der* Neuen Solidarität *abgedruckten Übersetzung dieser historischen Resolution vom 19. August 1976:*

Einführung

... Die Staatsoberhäupter der nichtpaktgebundenen Staaten sind der Meinung, daß wirtschaftliche Probleme die schwerwiegendsten in den internationalen Beziehungen geworden sind ... Die Entwicklungsländer sind Opfer dieser weltweiten Krise ... Es wird immer offensichtlicher, daß das jetzige System die Entwicklung der Entwicklungsländer nicht leistet, noch die Eliminierung von Hunger, Krankheiten und Analphabetentum beschleunigen kann ... Ebenso ist die Errichtung der neuen Weltwirtschaftsordnung von höchster politischer Wichtigkeit ... Die Hauptaufgabe der Entwicklungsländer ist, den Widerstand jener zu brechen, die sich dem Kampf um die Wirtschaft der Entwicklungsländer entgegenstellen ...

Der Kampf für Freiheit und Unabhängigkeit — die jetzige internationale wirtschaftliche Lage und die Perspektiven für die Entwicklungsländer

1. Die Staatsoberhäupter haben sich intensiv mit den flagranten Ungerechtigkeiten beschäftigt, welche die internationale wirtschaftliche Struktur zur Folge hat ... Von verschiedenen internationalen Organisationen sind viele Resolutionen in Bezug auf die Errichtung der neuen Weltwirtschaftsordnung verabschiedet worden, doch gab es kein sichtbares Anzeichen ihrer Durchsetzung.
2. Die Entwicklungsländer sehen sich heute einer Krise gegenüber, die sowohl die Realisierung wie die Beibehaltung eines minimalen Lebensstandards betrifft.
3. Deviseneinnahmen der Entwicklungsländer sind im wesentlichen von den Exporten ihrer Rohstoffe abhängig.

(...)

5. Das Zahlungsbilanzdefizit der Entwicklungsländer ist phänomenal angestiegen:

1973:	12,2 Mrd. Dollar
1974:	33,5 Mrd. Dollar
1975:	40,0 Mrd. Dollar

Für 1980 wird diese Summe auf 112 Mrd. Dollar geschätzt. Die Entwicklungsländer haben ihre Reserven erschöpft und bedeutende Auslandsschulden aufgehäuft. 1973 betrug die geschätzte Auslandsverschuldung mehr als 100 Mrd. Dollar, und es wird erwartet, daß diese Zahl sich bis Ende 1976 mehr als verdoppeln wird.

6. Die Tatsache, daß menschliche und materielle Ressourcen fortwährend aus gesellschaftlichen und wirtschaftlichen Aktivitäten in den Rüstungswettlauf gezogen werden, bedroht den Weltfrieden. Somit bedroht auch die gegenwärtige Krise den Weltfrieden.
7. Industrialisierung ist ein dynamisches Entwicklungsinstrument, das mit dem gesellschaftlichen und wirtschaftlichen Fortschritt der Entwicklungsländer übereinstimmt. Es ist mit der Förderung und Erweiterung des Austausches zwischen Entwicklungs- und Industrieländern verbunden ... Die Errichtung geeigneter Industrien und die Steigerung der Zusammenarbeit zur Errichtung einer gesunden technischen Grundlage in unseren Ländern muß beschleunigt werden.
8. Die ungenügende Durchsetzung der politischen Maßnahmen, die durch die internationale Entwicklungsstrategie festgelegt sind — was auf den Mangel an politischem Willen in den meisten entwickelten Ländern zurückzuführen ist — kommt zu der wirtschaftlichen Krise hinzu ... Das ist der Grund, warum Hunger, Krankheiten (usw.) noch immer ein anhaltendes Problem der Dritten Welt darstellen.

   (...)

10. Die Abwesenheit eines gerechten internationalen Währungssystems ruft profunde Sorge hervor und verschlimmert die wirtschaftlichen Probleme ... Die Versuche, dieses System innerhalb des Rahmens bestehender Währungsbeziehungen zu reformieren ... haben nur Fehlschläge hervorge-

bracht ... Die Staatsoberhäupter ... betonen erneut, daß die Lösung der wirtschaftlichen Probleme der Entwicklungsländer die Errichtung eines universalen und gerechten neuen Währungssystems erfordert.

11. Nützlichkeit und Gerechtigkeit des zu errichtenden Systems wird von der Kontrolle abhängen, die die internationale Gemeinschaft über die Bedingungen zur Schaffung und Anwendung zusätzlicher Liquidität ausübt, wobei die Interessen der Entwicklungsländer in Rechnung gestellt werden müssen. Deshalb müssen wir vorrangig solche Liquidität schaffen, die automatisch an die Finanzbedürfnisse der Entwicklungsländer geknüpft ist, und sicherstellen, daß die betreffenden Länder rechtmäßig an dem Entscheidungsprozeß beteiligt werden.

(...)

13. Die Konferenz der nichtpaktgebundenen Staaten stellt mit Besorgnis fest, daß bisher auf der Pariser („Nord-Süd-")Konferenz kein Fortschritt erzielt wurde. Die entwickelten Länder werden für das evtl. Scheitern der Pariser Konferenz verantwortlich gemacht werden.

(...)

15. Die Staatsoberhäupter ... sind der festen Überzeugung, daß nur eine totale Umstrukturierung der internationalen wirtschaftlichen Beziehungen dank der Einführung einer neuen Weltwirtschaftsordnung den Entwicklungsländern eine akzeptable Entwicklung sichern kann.
16. (Dieser Punkt drückt die Hoffnung aus, daß die internationale Zusammenarbeit fortgeführt wird, mit dem Ziel) der universellen Realisierung der neuen internationalen Wirtschaftsordnung ... Die

Verwirklichung der einmütig verabschiedeten Entscheidung ist eine Hauptaufgabe der internationalen Gemeinschaft.

17. Die Staatsoberhäupter betonen nochmals, daß der Kampf für politische Unabhängigkeit und die Ausübung ihrer Souveränität nicht von dem Kampf für wirtschaftliche Emanzipation losgelöst werden kann ... Die wirtschaftlichen Probleme werden jetzt bei den internationalen Verhandlungen im Mittelpunkt der internationalen Politik stehen. Dauerhafter Frieden und Sicherheit sind international nicht möglich ohne die Schaffung einer gerechten Gesellschaft, die ihren Mitgliedern wirtschaftliche und soziale Sicherheit bietet ... Für die Entwicklungsländer bedeutet dies folgendes: a) individuelle Autonomie ... b) Intensivierung der Zusammenarbeit ... c) Bestärkung der Solidarität ...

Die neue Weltwirtschaftsordnung

1. Die Staatsoberhäupter ... sind fest davon überzeugt, daß nur eine vollständige Umstrukturierung der internationalen wirtschaftlichen Beziehungen die Wirtschaftsprobleme der Welt lösen kann. Die Schwäche und wiederholten Fehlschläge der bestehenden Wirtschaftsordnung sind durch die jüngsten Serien von Krisen in den entwickelten Ländern unter Beweis gestellt worden: Zusammenbruch des Währungssystems, Auftauchen restriktiver und protektionistischer Politik, Rezession, Inflation, Arbeitslosigkeit usw. ... Insbesondere dieser Zustand der Krise hat in dramatischer Weise die gegenseitige Abhängigkeit der konstituierenden Elemente der Weltwirtschaft deutlich gemacht und

den notwendigen Anstoß zum Entwurf einer neuen Weltwirtschaftsordnung gegeben.

2. Die Staatsoberhäupter ... fordern die Errichtung einer neuen Weltwirtschaftsordnung, die weitreichende Initiativen, konkrete Neuerungen und globale Lösungen verlangt und die unvereinbar ist mit den fragmentarischen und improvisierten Reformen, die die gegenwärtigen wirtschaftlichen Schwierigkeiten unter Kontrolle halten sollen.
3. Die Staatsoberhäupter ... verurteilen die inakzeptable Politik und Praxis der transnationalen Unternehmen ...
4. Sie bekräftigen das Recht eines jeden Landes, seine Souveränität auszuüben ...
5. Sie bekräftigen, daß nur eine solche vollständige Umstrukturierung der internationalen wirtschaftlichen Beziehungen eine dauerhafte Lösung bringen kann ... Sie bekräftigen ihre eindeutige Entschlossenheit, durch gemeinsames Handeln die Errichtung und Durchsetzung einer neuen Weltwirtschaftsordnung zu erreichen, wie sie in verschiedenen anderen Resolutionen angestrebt und ausgeführt wird. Sie muß folgendes beinhalten:
   a) Grundsätzliche Umstrukturierung des gesamten internationalen Handelsapparates, um eine Indexierung und Verbesserung der *terms of trade* zu erreichen ...
   b) Weitgehende Umstrukturierung der Weltproduktion auf der Basis einer neuen internationalen Arbeitsteilung mit Hilfe folgender Mittel: Verbesserung des Zugangs für Industrieprodukte der Entwicklungsländer, Transfer von Technologie ...
   c) Eine radikale Überholung der internationalen Währungsvereinbarungen, die durch den Mangel eines rationalen, gerechten und universalen

Systems, die Anarchie des Floatings, das Anwachsen der Liquidität ... Inflation gekennzeichnet sind ... Das neue System muß die dominierende Rolle internationaler Währungen im Entscheidungsprozeß abschaffen und eine Verbindung zwischen Liquiditätsschöpfung und Entwicklungsfinanzierung herstellen.

d) Garantie für einen adäquaten Transfer von Ressourcen.

e) Vorrangige Festlegung einer befriedigenden Lösung für das Problem der öffentlichen Verschuldung, besonders für die am wenigsten entwickelten und am meisten betroffenen Länder.

f) Unterstützung zu günstigen Bedingungen oder die gewünschten Ressourcen und geeigneten Technologien zur Ermöglichung von Investitionen, um die Steigerung der Lebensmittelproduktion und landwirtschaftlichen Produktionsmittel in den Entwicklungsländern zu sichern ...

Kollektive Autonomie

Unter Betonung der Tatsache, daß das Prinzip der Autonomie mit der neuen Weltwirtschaftsordnung nicht nur vereinbar, sondern ein bestärkender Faktor zwischen den Entwicklungsländern ist, parallel zur Intensivierung des Handels der Entwicklungsländer untereinander, ist es wünschenswert, daß die nichtpaktgebundenen Staaten ihre wirtschaftlichen Beziehungen mit anderen Ländern, und zwar den kapitalistischen wie sozialistischen, ausbauen.

Verflechtung der Weltwirtschaft

... Internationale Zusammenarbeit ist heute zu einer unabdingbaren Notwendigkeit geworden ...

Die Staatsoberhäupter erkennen, daß die Einführung einer neuen Ära fairer und ausgeglichener Beziehungen die Verantwortung aller ist, doch fällt diese insbesondere denen zu, die die wirtschaftliche Macht innehaben. Darüber hinaus erfordert die Schaffung einer neuen Weltwirtschaftsordnung auf Seiten der entwickelten Länder entschiedene und wirksame Maßnahmen in allen Hauptbereichen internationaler Wirtschaftsbeziehungen. Die entwickelte Welt kann unter keinem noch so gearteten Vorwand länger ihrer Verantwortung entfliehen, und sie kann es sich nicht mehr leisten, die grundsätzlich unteilbare Natur des Wohlstandes der Welt fehlzudeuten.

Die Staatsoberhäupter ... fordern deshalb die entwickelte Welt auf, überzeugend ihren Glauben an das Prinzip der weltweiten Verflechtung auszudrücken, indem sie eine Reihe von Maßnahmen beschließen, die allein es erlauben werden, eine authentische internationale Zusammenarbeit und die Schaffung der neuen Weltwirtschaftsordnung zu ermöglichen ...

Schlußfolgerung

(Dies) ist ein neuer Schritt zur Errichtung der neuen Weltwirtschaftsordnung und insbesondere des wesentlichen Elementes einer solchen neuen Ordnung, eines neuen Währungs- und Finanzsystems ...

Die Geschichte von LaRouches SDI-Strategie

In den USA und vielleicht noch stärker anderswo wird die Strategische Verteidigungsinitiative (SDI) mit dem Namen Lyndon LaRouche verknüpft, das gilt für seine Freunde wie für seine Feinde. Die SDI berührt wie kein anderes Thema grundlegende strategische Fragen, die nicht nur für die nationale Sicherheit der USA, sondern für die Sicherheit weltweit von Bedeutung sind.

Die Sowjetunion ist auseinandergefallen, den „globalen nuklearen Showdown" zwischen Warschauer Pakt und NATO gibt es nicht mehr. Das heutige Rußland sieht sich statt dessen mit einer existentiellen wirtschaftlichen und politischen Krise konfrontiert, in der die Kontrolle von über 10 000 Nuklearwaffen des Landes nicht mehr sichergestellt ist. Gleichzeitig zerfällt das seit 1968 gültige internationale System über die Nichtweiterverbreitung von Atomwaffen, wie die jüngsten Nukleartests in Indien und Pakistan zeigen.

Von diesen beiden südasiatischen Ländern geht keine nukleare Bedrohung aus; sie nehmen lediglich ihr Recht wahr, als souveräne Nationen das zu tun, was sie für ihre nationale Sicherheit und die Entwicklung morderner Technologien als notwendig erachten. Auf welcher Grundlage könnte man Indien, einer Nation mit fast einer Milliarde Menschen und einer kontinuierlich wachsenden Wirtschaft, ein Recht verweigern, das der „Atom-Club" — die Vereinigten Staaten, China, Rußland, Frankreich und Großbritannien — für sich selbst in Anspruch nehmen?

Das Nonproliferationssystem — basierend auf dem Vertrag über die Nichtweitergabe von Atomwaffen (NPT) von 1968 und dem späteren Vertrag über Atomtestverbote (CTBT) — ist nicht nur diskriminierend, es funktioniert auch ganz einfach nicht. Trotz des Atomwaffensperrvertrages verfügt z.B. Israel über ein erhebliches Arsenal von Nuklearwaffen, und etwa 13 weitere Staaten wären unmittelbar in der Lage, Nuklearwaffen zu produzieren. Während es einerseits sinnlos ist zu versuchen, die Verbreitung der Nuklearwaffentechnologie aufzuhalten — sie kann nicht einfach „verboten" werden —, so ist es doch gleichermaßen unverantwortlich, keine wirksamen Mittel zur Verteidigung gegen Massenvernichtungswaffen und deren Trägersysteme zu entwickeln. Niemand kann ausschließen, daß kriminelle Regimes nicht eines Tages Nuklearwaffen als Mittel der Erpressung verwenden oder sie in einer Konfrontation oder gar in einem Aggressionskrieg einsetzen. Doch Atomwaffen sind keine „ultimativen Waffen"; es gibt Mittel, sich effektiv gegen sie zu verteidigen und sie „unwirksam und überflüssig" zu machen, wie sich Präsident Ronald Reagan in seiner berühmten Rede vom 23. März 1983 ausdrückte, mit der er das SDI-Programm ankündigte. Und heute, 15 Jahre später, ist das strategische Kernkonzept der SDI noch aktueller, sinnvoller und notwendiger als je zuvor.

Der strategische Hintergrund der SDI-Revolution

Um die strategische Revolution, die LaRouche mit der SDI-Politik verfolgte, wirklich verstehen zu können, muß man den Ursprung der gegenteiligen Politik kennen.

Seit Mitte der 70er Jahre hatte LaRouche vor einer potentiell katastrophalen Diskrepanz zwischen der Militärdoktrin des Westens und der Militärdoktrin der Sowjets gewarnt. Seit den 50er Jahren und besonders mit dem Aufkommen sogenannter „utopischer" Militärdoktrinen Ende der 60er, Anfang der 70er Jahre setzte sich im westlichen strategischen Denken zunehmend die Ansicht durch, ein thermonuklearer Weltkrieg mit der Sowjetunion sei „undenkbar" — die damit einhergehenden Verluste wären derart hoch, daß ein solcher Krieg für beide Seiten absolut inakzeptabel sei. Folglich sollte die Militärdoktrin darauf abzielen, eine adäquate „nukleare Abschreckung" zu gewährleisten. Das strategische Ziel wurde die *„gesicherte gegenseitige Zerstörung* [Mutually Assured Destruction, *MAD*]. Gleichzeitig solle man sich darauf vorbereiten, bewaffnete Konflikte „unterhalb der atomaren Schwelle" zu führen.

Die Sowjets hatten eine völlig andere Militärdoktrin. Zwar versuchten sie ihre strategischen Ziele ohne einen allgemeinen Nuklearkrieg mit den USA zu erreichen, doch die sowjetische Führung betrachtete einen solchen Krieg als eine sehr reale Möglichkeit, und die umfassende Vorbereitung und Planung für den Fall eines solchen Nuklearkriegs hatte höchste Priorität. Dementsprechend war die sowjetische Politik darauf ausgerichtet, die industriellen, technologischen, logistischen und militärischen Grundlagen dafür zu schaffen, einen „totalen“ Atomkrieg führen und gegebenenfalls auch *gewinnen* zu können.

Nur in wenigen Bereichen war die Divergenz zwischen den unterschiedlichen strategischen Einschätzungen so extrem wie im Bereich der Zivilverteidigung und der Raketenabwehr [engl. Ballistic Missile Defense, *BMD*]. Während es die sowjetische Militärführung als selbstverständlich ansah, Raketenabwehrtechnologien zu entwickeln, war die Mehrheit der westlichen Strategieplaner entschieden gegen die Weiterentwicklung der Raketenabwehrtechnologie, denn diese sei eine Bedrohung für das „Gleichgewicht des nuklearen Schreckens“, das die Grundlage globaler Stabilität und Sicherheit sei. Ein typischer Vertreter der „utopischen“ Militärstrategie war Henry Kissinger, der für den 1972 unterzeichneten amerikanisch-sowjetischen Raketenabwehr-Vertrag (ABM) verantwortlich ist. In dem ABM-Vertrag sollte die Entwicklung einsatzfähiger Anti-Raketenwaffen verhindert oder zumindest erheblich verzögert werden.

LaRouche und seine Mitarbeiter betonten wiederholt, angesichts des sowjetischen Festhaltens an einer Nuklearkriegsgewinnstrategie waren nicht nur der ABM-Vertrag, sondern auch die folgenden SALT-Vereinbarungen und ähnliche vermeintliche „Abrüstungs“-Vereinbarungen nichts anderes als Wunschdenken und Illusion. Dies wird dann klar, wenn man die britisch gesteuerten geopolitischen Manipulationen berücksichtigt, die den Hintergrund der westlichen Militärstrategie bildeten. Bei der feindlichen Front- und Konfrontationsstellung zwischen den Vereinigten Staaten und der Sowjetunion gab es nämlich eine „dritte Partei“ — jene oligarchische Gruppierung mit Zentrum in Großbritannien, die von Leuten wie Bertrand Russell repräsentiert wurde. Diese oligarchische Gruppierung „spielte“ nämlich den Ost-West-Konflikt — und zwar auf beiden Seiten. Ihr ging es um globale geopolitische Kontrolle zur letzlichen Beseitigung der Nationalstaaten. Der Schrecken von Hiroshima und Nagasaki, die Furcht vor der schrecklichen vernichtenden Macht der Atombombe als angeblich „ultimativer Waffe“, gegen die keine Verteidigung möglich sein würde, dienten als Hebel, um Regierungen und Völker soweit einzuschüchtern, daß sie supranationale Institutionen — eine Art „Weltregierung“ — akzeptieren würden. Ein solches supranationales, neomalthusianisches Weltregime sollte eine Politik der Bevölkerungskontrolle und Unterdrückung des technischen Fortschritts durchsetzen.

Ein Hauptbestandteil dieser oligarchischen Politik war der „kulturelle Paradigmawandel“ im Westen: die „Rock-Drogen-Sex-Gegenkultur“ sowie die „grüne“ Anti-Technologie-Bewegung gegen die traditionellen Werte einer industrieorientierten Volkswirtschaft. Die bloße Akzeptanz der MAD-Doktrin bedeutete, der täglichen Bedrohung nuklearer Auslöschung hilflos ausgeliefert zu sein, und das war einer der Hauptfaktoren für den um sich greifenden Kulturpessimismus in der Jugend.

Damit wird deutlich, daß LaRouches neue strategische Doktrin zur raschestmöglichen Entwicklung einer strategischen Raketenabwehr sehr viel mehr bedeutete, als nur einen grundlegenden Defekt der westlichen Militärpolitik gegenüber der Sowjetunion zu beheben. LaRouches SDI-Politik war viel mehr als ein bloßes Rüstungsprogramm; sie bedeutete die Rückkehr zu einer nationalstaatlichen Politik mit rapidem wissenschaftlichem und technologischem Fortschritt und Industriewachstum. LaRouches SDI-Strategie zielte auf das Herzstück der britischen Politik geopolitischer Manipulationen in der Nachkriegszeit.

Ganz wesentlich für den Hintergrund von LaRouches SDI-Politik ist, daß er ausführliche Gespräche mit hochrangigen Vertretern der sowjetischen Regierung führte, bei denen es darum ging, wie mit der *gemeinsamen* Entwicklung und Stationierung eines auf „neuen physikalischen Prinzipien" basierenden Raketenabwehrsystems das zunehmend instabile System der nuklearen Abschreckung überwunden werden könnte. Ironischerweise war es die brüske Zurückweisung dieses Angebots im Anschluß an Präsident Reagans Ankündigung der SDI-Politik im März 1983, die den wirtschaftlichen Kollaps und den politischen Untergang des Sowjetimperiums besiegelte.

Die Vorgeschichte der SDI

Bereits 1955 hatten die Vereinigten Staaten damit begonnen, Anti-Raketen-Raketen zu entwickeln. Anfang der 60er Jahre gab es in den USA genaue Pläne für ein landesweites Abwehrsystem gegen ballistische Raketen mit der Bezeichnung *Sentinel*, bestehend aus den nuklear bestückten Abwehrraketen *Spartan* und *Sprint*. Schon 1958 beschrieb der deutsche Luftfahrtwissenschaftler Eugen Sänger in einer Studie die inhärenten Mängel von Abfangraketen, die als „kinetische" Raketenabwehrsysteme bezeichnet werden, und forderte die Entwicklung von Waffensystemen, die gerichtete Energiestrahlen zur Abwehr ballistischer Raketen einsetzen. Sowjetische Pläne zur Entwicklung solcher Waffen wurden 1963 in Marschall W. D. Sokolowskijs Standardwerk „Die sowjetische Militärstrategie" veröffentlicht. Mit dem sowjetisch-amerikanischen ABM-Vertrag war zwar die Stationierung „kinetischer" Abfangraketen vom Tisch, doch

Raketenabwehrsysteme auf Grundlage „neuer physikalischer Prinzipien" fielen nicht unter diesen Vertrag.

Sowohl die USA als auch die Sowjetunion betrieben Forschungsarbeiten zur Entwicklung von Raketenabwehrsystemen auf der Basis neuer physikalischer Prinzipien — Strahlenwaffen bzw. Waffensysteme mit gerichteter Energie. Besonders die Sowjets forschten auf diesem Gebiet intensiv. Das offizielle Washington unter Kissinger-Ford und Brzezinski-Carter versuchte die Fortschritte der Sowjets in diesem Bereich aus der strategischen Diskussion in den Vereinigten Staaten und innerhalb der NATO herauszuhalten. Als der amerikanische Luftwaffengeneral George Keegan 1977 öffentlich seine Besorgnis über die Arbeiten der Sowjets mit gerichteten Energiesystemen äußerte, erteilten ihm seine Vorgesetzten eine schroffe Abfuhr.

LaRouches Kampagne „Sputnik der 70er Jahre"

LaRouches leidenschaftliches Interesse an fortgeschrittener Physik hatten ihn und eine Gruppe befreundeter Naturwissenschaftler dazu gebracht, 1974 das FEF (Fusions-Energie-Forum) ins Leben zu rufen. Die sich häufenden Berichte über sowjetische Fortschritte in den Bereichen Plasmaphysik und Technologien mit gerichteter Energie wurden von LaRouche und seinen Freunden intensiv diskutiert. Er kam zu dem Schluß, daß die wissenschaftlichen, technologischen und militärischen Implikationen dieser Fortschritte auf russischer Seite eine derart enorme Herausforderung für die USA darstellten, daß ein neuer „Sputnik-Schock" bevorstünde. Auf LaRouches Initiative hin wurde am 31. Mai 1977 eine Broschüre mit dem Titel *„Sputnik der 70er Jahre: die Wissenschaft hinter den sowjetischen Strahlenwaffen"* veröffentlicht, die sich mit den Durchbrüchen der Sowjets in fortgeschrittener Physik befaßten. LaRouche forderte, die Vereinigten Staaten sollten eine nationale Anstrengung in den Pionierbereichen der fortgeschrittenen Physik unternehmen, nicht zuletzt auch wegen der enormen *militärischen* Implikationen der wissenschaftlichen Fortschritte in der Sowjetunion.

LaRouche wollte ein derartiges nationales Forschungs- und Entwicklungsprogramm auch aus *kulturellen* Gründen. Er wollte den Kulturpessimismus, der mit dem MAD-System des „Gleichgewichts des Schreckens" einherging, zurückdrängen. Er wollte den Malthusianismus und die Hysterie gegen die Kernenergie beenden, die nicht nur in den USA, sondern mehr noch in Europa zur Zeit der Carter-Ära grassierten. Deshalb beschränkte er sich nicht darauf, nur einige vertrauliche Memoranden in politischen und militärischen Führungskreisen zirkulieren zu lassen, um diese auf die sowjetische Herausforderung aufmerksam zu machen. LaRouche wollte, daß die amerikanische Bevölkerung über diese Entwicklung Kenntnis erhielt; die Bevölkerung mußte über die „großen Fragen" der nationalen und internationalen Politik unterrichtet und aufgeklärt sein. Das ist der Grund dafür, warum in den USA die Broschüre „Sputnik der 70er Jahre" zu Tausenden verbreitet wurde.

LaRouche kann auf der anderen Seite auch größtes Stillschweigen bewahren. Der Leser wäre sehr erstaunt, würden hier die Namen all der politischen und militärischen Führungspersönlichkeiten veröffentlicht, mit denen LaRouche international in den Jahren 1977 bis 1985 zusammentraf und den strategischen Komplex, der nach 1983 als SDI bekannt wurde, diskutierte.

Die Herausforderung der sowjetischen Wissenschaftsdurchbrüche und deren militärische Implikationen anzunehmen, wurde das zentrale politische Thema von LaRouches Präsidentschaftskampagne im Jahre 1980. Seine Wahlplattform enthielt an prominenter Stelle die Forderung nach einem *Strahlenwaffensystem zur Raketenabwehr*. Am 15. August 1979 veröffentlichte LaRouche eine Wahlkampferklärung zur Militärpolitik, darin hieß es: „Für eine LaRouche-Administration“ werde einer der „wichtigsten Punkte der Militärpolitik“ die „Entwicklung modernster Waffen“ sein, mit denen „anfliegende Raketen in der Stratosphäre abgeschossen werden können.“ Man beachte, daß diese Erklärung Präsident Reagans Rede vom 23. März 1983, in der er das SDI-Programm ankündigte, um 44 Monate vorausging.

LaRouches Kampf gegen MAD

Um zu verstehen, wie es LaRouche möglich war, das SDI-Konzept zu entwickeln, muß man sich seine Arbeiten über Staatskunst und Militärstrategie seit Mitte der 70er Jahre ansehen. LaRouche hatte erkannt, daß die Fortschritte in der Physik und angewandten Technologie soweit gediehen waren, daß die Entwicklung von Raketenabwehrsystemen mit gerichteter Energie auf einer soliden wissenschaftlich-technologischen Grundlage stand. Darüber hinaus hatte LaRouche systematisch die Strategie der „nuklearen Abschreckung“ — MAD — und deren Abkömmling, die NATO-Doktrin der „flexiblen Antwort“, durchgearbeitet. Sozusagen die Zwillingsschwester der Doktrin der „nuklearen Abschreckung“ ist natürlich das politische und strategische System der „Rüstungskontrolle“ mit seinen verschiedenen Vertrags-Komplexen wie ABM, SALT, INF [über die atomaren Mittelstreckenraketen SS20/Pershing II in Europa] und START.

LaRouche war der wichtigste konzeptionelle Gegenpol zur Schule der „nuklearen Abschreckung/Rüstungskontrolle“ und ihren Repräsentanten McGeorge Bundy, Henry Kissinger, Robert McNamara, Zbigniew Brzezinski, James Schlesinger und Cyrus Vance. Das strategische System der nuklearen Abschreckung machte nuklear bestückte Angriffsraketen ganz gleich welcher Reichweite zur „absoluten Waffe“. Das strategische System wurde zwar technologisch verfeinert (MIRVing, cruise missiles, Stealth), doch *qualitativ* neue Abwehr- oder Angriffswaffen zu entwickeln, mit denen atomare Angriffsraketen neutralisiert oder ersetzt werden könnten, war unter dem System der atomaren Abschreckung buchstäblich verboten.

Stattdessen bildeten die Länder, die über Nuklearwaffen verfügten, eine Art „Schicksalsgemeinschaft“ auf der Grundlage, sich gegenseitig atomar vernichten zu können. Das „Gleichgewicht des nuklearen Schreckens“ gewährleistete die Integrität für die Territorien der Supermächte, aber nicht notwendigerweise für deren Verbündete oder andere befreundete dritte Länder. Die Menge der Nuklearwaffen konnte wohl mit Abrüstungsabkommen reduziert werden, doch der Wirkungsmechanismus der MAD-Doktrin mußte unter allen Umständen gewahrt bleiben. Mit dem ABM-Vertrag von 1972 sollte das System der nuklearen Abschreckung vor dem technologischen Fortschritt geschützt werden, während mit SALT I und SALT II die atomaren Angriffsarsenale quantitativ restrukturiert wurden. LaRouche lehnte das System der nuklearen Abschreckung ab, indem er erstens darauf verwies, daß die politisch-militärische Führung der Sowjetunion niemals wirklich das System der Abschreckung übernommen hatte, sondern eine Kriegsgewinnstrategie verfolgte. Ein Sieg sollte notfalls mit atomaren Waffen, vorzugsweise aber mit nichtatomaren oder „post-nuklearen" Mitteln erreicht werden. LaRouche beschäftigte sich eingehend mit dem Buch *Sowjetische Militärstrategie* von Marschall Sokolowskij und der damals aufkommenden neuen sowjetischen Militärdoktrin, die entscheidend von Marschall Nikolai Ogarkow bestimmt wurde. LaRouche verwies auf die marginale, kontinuierlich zunehmende atomare Angriffsüberlegenheit der Sowjets, ihre Bemühungen zur strategischen Verteidigung, ihre Kriegsfähigkeiten im Weltraum, ihr Zivilschutzprogramm und ihre konsequente „konventionelle" Aufrüstung. Im sogenannten „konventionellen" Bereich legte Ogarkow den Schwerpunkt zunehmend auf postnukleare, fortgeschrittene Waffensysteme auf der Grundlage neuer physikalischer Prinzipien und eine entsprechende Einsatzplanung vor allem der Luftlande- und Spezialverbände.

Zweitens machte LaRouche auf eine zunehmende Demotivierung im amerikanischen Militär und parallele Demoralisierungstendenzen in der NATO insgesamt aufmerksam. Wenn unter dem MAD-System „die Abschreckung versagen" sollte, dann bliebe als einzige Möglichkeit ein selbstmörderischer nuklearer Holocaust; dies stellte nicht gerade eine gute Grundlage für die Kampfmoral der NATO-Streitkräfte dar. In seinen Schriften und Reden verwies LaRouche auf die zahlreichen politisch-strategischen Desaster der amerikanischen Sicherheitspolitik: die Nichtanschaffung des *B-1*-Bombers, die Aufgabe der Neutronenwaffe, die Konfusion um die nuklearen Mittelstreckenraketen (INF) in Europa, Carters Nikaragua-Politik, den Sturz des Schah im Iran und die fehlgeschlagene Geiselbefreiung in Teheran.

LaRouche warnte, daß Amerikas *logistische Tiefe*, sein industriell-technologisches Fundament, die eigentliche Grundlage der Kriegführung, immer mehr ausgehöhlt wurde. Er verurteilte die Neuorientierung der US-Militärstrategie auf „begrenzte" Kriege oder „Kabinettskriege" in Europa und der Dritten Welt. Die Kriege in Afghanistan, Nikaragua, am Persischen Golf und auf dem Balkan in der darauffolgenden Zeit haben die Warnungen LaRouches vollauf bestätigt.

Drittens betonte LaRouche, daß unter dem System der nuklearen Abschreckung nicht nur das Militär, sondern auch die Bevölkerung in den USA und noch mehr in den anderen NATO-Ländern immer weiter in die Demoralisierung getrieben werden würde. Die perverse Logik, einen Krieg nur mit der Androhung eines nuklearen Holocausts vermeiden zu können, mußte zwangsläufig zu Kulturpessimismus und einer zunehmenden „Ohne-Mich-Haltung" führen. „Friedensbewegungen" aller Art schossen in den 70er und 80er Jahren in fast allen NATO-Ländern wie Pilze aus dem Boden. Sie fanden Massenunterstützung und wurden sämtlich von sowjetischen und Ostblockgeheimdiensten gesteuert. Deren Experten für psychologische Kriegführung nutzten geschickt das sehr reale Dilemma aus, das mit der MAD-Doktrin entstanden war: Die Aussicht auf einen nuklearen Holocaust, wenn die Abschreckung versagte; Verteidigung schien jeden Sinn verloren zu haben.

LaRouches positiver Ausweg aus dem MAD-Dilemma war eine Militärstrategie, die auf einer militärtechnologischen Revolution im Zusammenhang mit

Systemen gerichteter Energie basierte. Nach Feuerkraft (Energiedichte des Strahls) und Mobilität (Lichtgeschwindigkeit oder nahezu Lichtgeschwindigkeit) übertreffen Strahlenwaffensysteme die schnellsten Atomraketen um Größenordnungen.

Was ist eine *Große Strategie*?

Ein Raketenabwehrsystem (BMD) auf der Grundlage gerichteter Energie bedeutet die strategische Rehabilitierung der Verteidigung. Ein solches System beseitigt die angebliche Allgewalt nuklearer Angriffswaffen. Militärstrategie und echte Kriegsvermeidung gründen sich wieder auf die Dynamik technologischen Fortschritts und logistischer Tiefe. LaRouches Entwurf einer Militärstrategie für die USA auf Grundlage eines BMD-Systems mit gerichteter Energie entstand aus seiner intensiven Beschäftigung mit der Geschichte der Militärwissenschaft. Es gibt einen wahren Reichtum an Vorträgen und Aufsätzen von LaRouche zu militärwissenschaftlichen Fragen. Seine strategischen Konzepte gründen sich auf die geistige Auseinandersetzung mit den Werken Carnots, Scharnhorsts und Schlieffens. Er studierte eingehend den amerikanischen Unabhängigkeitskrieg, die Geschichte der Militärakademie Westpoint, besonders in der ersten Hälfte des neunzehnten Jahrhunderts, und den amerikanischen Bürgerkrieg. Er analysierte die Inkompetenz der Militärführungen aller Kriegsparteien im Ersten Weltkrieg. Und er beschäftigte sich eingehend mit dem sowjetrussischen militärstrategischen Denken von Tuchatschewskij über die sowjetischen Befehlshaber im Zweiten Weltkrieg bis Sokolowskij und Ogarkow. Auf amerikanischer Seite konzentrierte er sich vor allem auf den herausragenden Militärführer

General Douglas MacArthur im Zweiten Weltkrieg.

Den stärksten Einfluß auf LaRouches militärstrategisches Denken hatte wahrscheinlich Lazare Carnot, über den er schreibt: „Insgesamt basierten Carnots Reformen auf zwei zentralen republikanischen Prinzipien: Dem Ruf der Bürger zu den Waffen und dem Einsatz von Wissenschaft und Technologie zur Beschleunigung des wirtschaftlichen Fortschritts und zur Erhöhung von Mobilität und Feuerkraft im Krieg."

Von diesem militärgeschichtlichen Standpunkt aus gelang es LaRouche, die „utopische" Schule anglo-amerikanischen militärstrategischen Denkens wirksam zu attackieren. Er stellte fest, daß die nach dem Zweiten Weltkrieg entstandene „Abschreckungs"-Schule historisch auf die oligarchische „Kabinettskriegführung" zurückgeht. Die strategischen Grundannahmen, die der Kabinettskriegführung zugrundeliegen, sind Stagnation, Begrenzung und starre Regeln, während Bevölkerung und Armee letztlich in einem Zustand von Passivität und Fatalismus verbleiben. Mit anderen Worten, diese Art der Kriegführung ist das genaue Gegenteil der Vorgehensweise von Carnot.

Während McGeorge Bundy, McNamara und Kissinger mehr damit beschäftigt waren, die MAD-Doktrin politisch zu verkaufen, war Bertrand Russell der eigentliche Vater der Abschreckungs-Schule, ein Mann böser Talente. Vor allem durch die Konferenzen der sogenannten Pugwash-Bewegung etablierte Russell in den 50er Jahren das System der nuklearen Abschreckung als der international hegemonialen strategischen Doktrin.

LaRouches strategisches Konzept ist offensichtlich kein enges, rein militärtechnisches Konzept. Für ihn „ist Krieg nicht die Gesamtsumme einzelner Schlachten“, sondern „die Totalität des Aufeinanderprallens der gesellschaftlichen, wirtschaftlichen, kulturellen und militärischen Fähigkeiten“ der feindlichen Mächte. Politik, wirtschaftliche Leistungsfähigkeit und Kultur machen „90% der Strategie“ aus, und im modernen Krieg sind nur 10% der Gesamtanstrengungen der eigentliche Kampf. Ob es zum Ausbruch eines Krieges kommt oder nicht, und, falls es zum Krieg kommt, ob dieser dann Sieg oder Niederlage bringt, das alles hängt ganz grundlegend von der Politik, der wirtschaftlichen Entwicklung und der Kultur ab — und das ist die Essenz „Großer Strategie“.

Nur aufgrund seiner ganzheitlichen Vorstellung von Strategie ist außerdem LaRouches einzigartige Fähigkeit verständlich, innovative Konzepte in dem Bereich der Militärstrategie und der politischen Analyse zu entwickeln. Viele Militär- und Nachrichtenexperten, die LaRouche respektieren, sind jedesmal wieder überrascht, wenn LaRouche scheinbar unzusammenhängende Fragen der Kultur und der Wirtschaft mit militärischen und nachrichtendienstlichen Konzepten „vermischt“. Und sie sind noch mehr verblüfft, daß LaRouche in der Lage ist, *neue Ideen* über Militärfragen zu entwickeln, wozu selbst „Experten“ mit umfassendem Spezialwissen meist nicht in der Lage sind.

In LaRouches *Grand Strategy* muß jede Nation ein moralisches Ziel, eine Mission in der Welt verfolgen. Für LaRouche existiert eine Nation nicht an und für sich, sie kann sich nicht mit dem materiellen Wohlergehen der Bevölkerung zufrieden geben und sich ansonsten aus den Weltproblemen heraushalten. Eine Nation darf nicht wegschauen, wenn es Ungerechtigkeiten innerhalb oder außerhalb ihrer Grenzen gibt.

Entsprechend sah LaRouche in seiner Strahlenwaffenstrategie nicht nur die Überwindung der atomaren

Bedrohung durch die Sowjets. Eine Strahlenwaffen-Verteidigungsstrategie bedeutete für LaRouche, der Wissenschaft neue Pioniergebiete zu eröffnen, insbesondere die Erforschung des Weltraums. Sie bedeutete auch, dem malthusianischen Kulturpessimismus ein Ende zu setzen und mit der Einführung neuer Produktionsmethoden der „dritten industriellen Revolution" die angeschlagene Realwirtschaft im Weltmaßstab zu erneuern. Der amerikanische Kernphysiker Edward Teller bezeichnete im Oktober 1982 eine Raketenabwehr mit Strahlenwaffen als einmalige Chance, die „gemeinsamen Ziele der Menschheit" zu verwirklichen.

LaRouches Strahlenwaffen-Kampagne 1981-83

Nach dem Abtritt Jimmy Carters und dem Beginn von Ronald Reagans Präsidentschaft intensivierte LaRouche seine politischen Bemühungen, die US-Regierung zu einer politischen Entscheidung für eine Strahlenwaffenstrategie zu bewegen. Am 20. Juli 1981 veröffentlichte LaRouche ein weiteres militärpolitisches Papier, in dem es um die konkreten Voraussetzungen für ein Strahlenwaffenverteidigungssystem ging: die technische Anlage zur Erzeugung gerichteter Energie als solche, die Energiequelle, Sensoren zur Zielerfassung und -verfolgung, Feuerleitsysteme, Satellitenplattformen usw. LaRouches politische Freunde und seine Unterstützer von der FEF organisierten zahlreiche Seminare und öffentliche Veranstaltungen in den USA zum Thema Strahlenwaffenverteidigung.

Die wichtigste dieser Veranstaltungen war ein *EIR*-Seminar in Washington im Februar 1982, an dem eine große Anzahl von Offiziellen aus der Regierung und dem Militär sowie Repräsentanten ausländischer Botschaften teilnahmen. LaRouche referierte über seine Strahlenwaffen-Strategie. Der Vortrag erschien einen Monat später unter dem Titel „Nur Strahlenwaffen können die Kissinger-Ära des gegenseitigen thermonuklearen Terrors beenden".

LaRouches Strahlenwaffen-Kampagne fiel in die Zeit ständig weiter eskalierender politischer Spannungen im Zuge der Stationierung atomarer Mittelstreckenraketen (INF) in Europa. Die Kampagnen in den USA für ein „nuclear freeze" und „no first use" sowie die Massenaktivitäten der westeuropäischen „Friedensbewegungen" hatten Hochkonjunktur. Ende 1982 sprachen LaRouche und seine Mitarbeiter auf gutbesuchten Seminaren in Bonn, München, Paris, Straßburg, Mailand, Brüssel, Madrid und Stockholm zum Thema Strahlenwaffen. Hochstehende westeuropäische Militärs und Politiker baten LaRouche und seine Mitarbeiter, sie über das Konzept der Strahlenwaffen-Verteidigung zu informieren.

Als Präsident Reagan dann am 23. März 1983 seine inzwischen berühmte Fernsehansprache hielt, in der er die amerikanischen Wissenschaftler dazu aufforderte, die militärischen Mittel zu entwickeln, um die auf die USA und ihre Verbündeten gerichteten Atomraketen „impotent und obsolet" zu machen, waren die meisten der offiziellen militärischen und politischen Vertreter in Ost wie West zutiefst schockiert. In Washington waren der Kongreß sowie die Regierungs- und Militärbürokratie auf eine solche Präsidialdirektive, mit der die MAD-Doktrin in der Tat abgeschafft worden wäre, in keiner Weise vorbereitet. Wir wissen heute, daß in den Stunden vor der Ausstrahlung von Reagans Rede Außenminister George Shultz und andere fieberhafte Anstrengungen unternahmen, den

SDI-Teil aus der bereits vorbereiteten Fernsehrede wieder herauszunehmen.

In der Frage der SDI wußten die Medien innerhalb und außerhalb der USA nicht, an wen sie sich wenden sollten. Sie mußten sich an LaRouches Mitarbeiter wenden, denn keine anderen Personen konnte ihnen zu diesem Thema kompetente Informationen geben. Spezialisten von *EIR* und FEF wurden von vielen Radio- und Fernsehsendern interviewt. Schriftmaterial von *EIR* und FEF über SDI zirkulierte in großer Auflage in den Vereinigten Staaten und Europa. Zwischen 1983 und 1985 erschienen über dieses Thema Bücher in englischer, deutscher und italienischer Sprache. Bekannte sicherheitspolitische Publikationen in verschiedenen NATO-Ländern veröffentlichten von *EIR*- und FEF-Mitarbeitern verfaßte Artikel über die SDI.

Doch schon kurz danach lancierte Generalleutnant a.D. Danny Graham, der vom Luftwaffengeheimdienst kommend bei der „neo-konservativen" Heritage Foundation untergekommen war, seine Initiative „High Frontier". Grahams eindeutige Absicht war es, den technologischen und strategischen Inhalt der SDI so zu verbiegen, daß es ihrer Diskreditierung gleichkam. Er behauptete, daß alleine sogenannte „kinetische" Systeme — Anti-Raketen-Raketen — eine realistische Chance zur Raketenabwehr böten. Dies obgleich solche kinetischen Systeme aus physikalisch-technischen Gründen niemals einen massenhaften Angriff atomarer Raketen abwehren könnten, denn es fehlt ihnen die überlegene Feuerkraft und Geschwindigkeit von Strahlenwaffen. Jahre später zeigte sich mit der *Patriot*-Abwehrrakete während des Golfkrieges, daß Anti-Raketen-Raketen noch nicht einmal gegen ein paar veraltete irakische Scud-Raketen wirksam waren. Graham bezeichnete die auf gerichteter Energie basierenden Strahlenwaffensysteme als nicht finanzierbare technische „Zukunftsmusik“.

LaRouche erkannte sofort, daß Reagans Rede vom 23. März 1983 ein strategischer *punctum saliens* war. LaRouche wußte, daß ein Strahlenwaffenverteidigungssystem als umfassendes Paket mit all seinen wissenschaftlichen, technologischen, militärischen, politischen und kulturellen Komponenten einen qualitativen Phasenwechsel in der Politik der Vereinigten Staaten und des Westens insgesamt markieren könnte.

Am 23. März 1983 war das außen- und sicherheitspolitische Establishment nicht auf der Hut gewesen. Das gleiche galt für Moskau. In Absprache mit dem Nationalen Sicherheitsrat hatte LaRouche zwischen Winter 1982 und Frühjahr 1983 vertrauliche Gespräche mit Vertretern der sowjetischen Regierung geführt. Im Mittelpunkt dieser Diskussionen stand LaRouches Strahlenwaffen-Paket. Die sowjetische Seite hatte schnell die „strategische Revolution“ erkannt, die LaRouches Vorschlag bedeutete, und bestritt auch dessen Realisierbarkeit nicht. Dennoch wurde von den Sowjets die Möglichkeit kategorisch ausgeschlossen, daß sich die US-Regierung jemals diese Strategie zu eigen machen könnte. Nach dem März 1983 betrachteten die Sowjets LaRouche dann nicht mehr lediglich als Ärgernis mit anregenden Ideen, sondern als einen Todfeind, der neutralisiert werden müßte.

Anglo-Amerikaner und Sowjets mobilisieren gegen SDI

Bereits vier Tage nach Reagans Fernsehrede begann KPdSU-Generalsekretär Jurij Andropow Reagans SDI-Vorschlag vehement als „hirnverbrannt“ zu attackieren. Und im April 1983 hatte die politisch-militärische Führung der UdSSR ihre Reaktion auf die SDI endgültig formuliert: Unter keinen Umständen werde die Sowjetunion den Übergang zu einem strategischen Regime akzeptieren, bei dem die SDI eine wesentliche Rolle spielte. Amerikanische Vorschläge in Richtung einer „parallelen Entwicklung und Stationierung" strategischer Abwehrsysteme in den Vereinigten Staaten und Sowjetrußland wurden kategorisch abgelehnt. Die Sowjets wußten ganz genau, daß die SDI, jenseits der von ihr bewirkten militärtechnologischen und strategischen Revolution, einscheidende Folgewirkungen auf die gesamte amerikanische Politik und Wirtschaft haben würde.

Henry Kissinger selbst beklagte auf einem Treffen der Trilateralen Kommission am 20. April 1983 in Rom, daß das anglo-amerikanische Establishment, das über Jahrzehnte die westliche Strategie bestimmt hatte, durch die SDI an die Seite gedrängt werden würde. Er und sein Umkreis erkannten, daß LaRouche dabei war, entscheidenden Einfluß auf die Regierung Reagan zu gewinnen. Es bestand damit die Gefahr, daß die fest etablierte MAD-Doktrin nuklearer Abschreckung über den Haufen geworfen würde. Es ist bekannt, daß Premierministerin Margaret Thatcher einige Tage nach Reagans Fernsehrede eine lautstarke Auseinandersetzung mit dem amerikanischen Präsidenten hatte und ihm vorwarf, mit der SDI die britischen Nuklearstreitkräfte — und damit die britische Stellung in der Weltpolitik — untergraben zu wollen. Auch der französische Präsident François Mitterrand wandte sich scharf gegen die SDI.

Hohe Vertreter des US-Außenministeriums ließen ausländische Regierungen auf Anfrage wissen, sie sollten Präsident Reagans Rede „nicht ernst nehmen".

Vizepräsident George Bush gab sich zwar den Anschein, als stehe er bezüglich der SDI loyal zu Reagan, doch wissen wir, daß er alles in seiner Macht Stehende tat, um die SDI in der Regierung „zurechtzustutzen", wie Kissinger es empfohlen hatte.

Die russische Führung war entschlossen, jede Form von politischem und diplomatischem Druck sowie militärische Nötigung einzusetzen, um die SDI zu Fall zu bringen. Alle sowjetischen Geheimdienstkanäle, Medienkontakte, „nützliche Idioten" oder Friedensbewegte in den Vereinigten Staaten und dem Westen generell wurden zum Kampf gegen die Fürsprecher der SDI aktiviert. Mehr noch als auf äußeren politischen und militärischen Druck setzte die sowjetische Führung auf „interne Absprachen" mit ihren traditionellen Partnern im anglo-amerikanischen Establishment. Mit Hilfe diskreter Vereinbarungen hoffte sie, die SDI noch im Keim zu ersticken.

Wir wissen nicht, welche einzelnen Geheimbegegnungen zwischen sowjetischen und amerikanischen Establishmentvertretern in der Zeit April-Mai 1983 stattfanden. Wir wissen nur, daß sich Georgij Arbatow, Leiter des einflußreichen USA-Kanada-Instituts in Moskau, am 27. April 1983 mit Brent Scowcroft, dem damaligen Vizechef von Kissinger Associates, in Denver (Colorado) getroffen hat. Am 26. Mai 1983 flog Averell Harriman, eine Schlüsselfigur des angloamerikanischen Establishments nach Moskau, um mit Andropow zu sprechen. Vom 24.-28. Mai 1983 fand in Minnesota eine hochrangig besetzte sowjetisch-amerikanische Konferenz statt, auf der über die SDI diskutiert wurde.

Am 24. April 1983 hatte Andropow selbst dem *Spiegel* ein Interview gegeben, in dem er die Hauptpunkte für eine Art Anti-SDI-Koalition mit dem anglo-amerikanischen Establishment darlegte. Die SDI nannte er „gefährliches Abenteurertum". Gegen ein Abrücken von der SDI würde die Sowjetunion den USA neue, weitreichende nukleare Abrüstungsvereinbarungen anbieten. Die sowjetisch-amerikanischen Beziehungen sollten zu einer neuen Art geopolitischem Kondominat aufgewertet werden, was auch regionales Krisenmanagement beinhaltete. Schließlich, so Andropow, sei die Sowjetunion eine „Kontinentalmacht", die andere strategische Interessen gegenüber Westeuropa und Westasien hätte als die „Seemacht" USA. Andererseits drückte Andropow sein „Verständnis" aus, daß es den Vereinigten Staaten nicht „gleichgültig" sein könnte, „welche Art Regierung in Nikaragua existiert". Im Rahmen dieser Vorgaben, meinte Andropow, suche die Sowjetunion nach einer „gemeinsamen Sprache mit der amerikanischen Seite".

Das anglo-amerikanische Establishment erledigte seine „Hausaufgaben" prompt: Die „mittelamerikanische Falle", wie LaRouche sich ausdrückte, wurde zum entscheidenden Flankenmanöver der sowjetischen Führung zusammen mit dem anglo-amerikanischen Establishment in ihrem gemeinsamen Feldzug gegen die SDI. Nikaragua wurde zur außenpolitischen Zwangsvorstellung der Regierung Reagan, wodurch andere strategische Probleme immer mehr beiseite gedrängt wurden. Dabei spielte Vizepräsident Bush mit seiner Sonderzuständigkeit für verdeckte Operationen eine führende Rolle. Am 13. Oktober 1983 trat der Sicherheitsberater des Präsidenten William Clark, ein wichtiger Fürsprecher der SDI in der Regierung Reagan, zurück. Am 8. Dezember 1983 wurde Lord Carrington zum NATO-Generalsekretär ernannt. Als hoher Vertreter des britischen oligarchischen Establishments und Mitglied von Kissinger Associates war er ein erbitterter Gegner der SDI.

Die kombinierten Bemühungen des sowjetischen und anglo-amerikanischen Establishments, die SDI „zurechtzustutzen", zeigten Ende 1983 deutliche Früchte. In diesem Jahr kam es zu einer dramatischen Eskalation von Terrorismus, Destabilisierungsaktionen und anderen Operationen zur Entfachung von Spannungen und Konflikten: der Mord an dem PLO-Politiker Issam Sartawi, die Anschläge gegen die US-Botschaft und -Kasernen in Beirut, verstärkte sowjetische Waffenlieferungen an Nikaragua, der US-Militäreinsatz in Grenada, der Abschuß eines südkoreanischen Verkehrsflugzeuges und der Mord an vier südkoreanischen Kabinettsmitgliedern durch ein nordkoreanisches Kommando in Rangun (Burma). Im Oktober 1983 fand in Bonn die größte Friedensdemonstration gegen die Stationierung der Pershing-Raketen statt. Im November brach die Sowjetunion sämtliche Abrüstungsgespräche ab und verlegte U-Boote mit Atomraketen vor die amerikanische Küste.

Trotz dieser massiven, konzertierten Sabotagebemühungen konnten die SDI-Gegner ein reales Problem nicht aus der Welt schaffen: *Die SDI war in der amerikanisches Bevölkerung äußerst beliebt*, und LaRouche spielte nach wie vor eine entscheidende Rolle dabei. Außerdem vermochten es die Sabotagebemühungen nicht, den Aufbau einer SDI-Forschungsinfrastruktur zu verhindern. Unter dem Dach der Strategic Defense Initiative Organization (SDIO) von Gen. James Abrahamson wurden signifikante technische Durchbrüche erzielt.

Die internationale Kampagne gegen SDI und LaRouche

Am 26. Oktober 1983 erschien in der sowjetischen Wochenzeitschrift *Literaturnaja Gaseta* ein Artikel des KGB-Publizisten Fjodor Burlatzkij, der behauptete, die SDI — nach seiner Bezeichnung der „Krieg der Sterne“ — könnte zum *casus belli* für die Sowjetunion werden. Genauso vehement zog er über LaRouche wegen dessen Einsatz für die SDI her.

Im Herbst 1983 und Frühjahr 1984 sprach LaRouche in Bonn, Rom und Paris auf drei wichtigen Seminaren über „Strahlenwaffen: Die strategischen Implikationen für Europa“. Die Seminare wurden von hochrangigen Militärs, Vertretern von Politik und Wirtschaft sowie der Medien besucht. In allen drei Vorträgen stellte LaRouche seine Vorstellungen über die Zukunft der Atlantischen Allianz vor: Der Abkömmling der nuklearen Abschreckung, auch bekannt als „Flexible Reaktion“, müsse durch eine auf Strahlenwaffentechnologie basierende Strategie ersetzt werden, mit der Westeuropa — insbesondere Deutschland — verteidigt werden könne, ohne daß dabei Verteidigung Selbstzerstörung bedeute. Dies könne nur durch eine europäische Taktische Verteidigungsinitiative (TDI) in Ergänzung der amerikanischen SDI geschehen.

Die sowjetische Antwort auf LaRouche ließ nicht lange auf sich warten. Auf der *EIR*-Konferenz über SDI am 9. November 1983 in Rom, auf der LaRouche sprach, erschienen nicht weniger als zehn sowjetische Diplomaten und Medienvertreter. Am 15. November veröffentlichte die sowjetische Regierungszeitung *Iswestija* einen beißenden Schmähartikel über LaRouche mit dem Titel „Hexensabbat im Hotel Majestic“.

Die Konferenzteilnehmer wurden als „Steinzeitmenschen“ tituliert, die gekommen wären, um sich LaRouches „kriminelle“ Propaganda anzuhören, „den Weltraum mit Lasern und anderen ‘totalen Waffen’ anzufüllen.“ LaRouche, so *Iswestija,* veranstalte „Hexensabbate“ in Rom und anderen europäischen Städten, um die Europäer dazu zu verleiten, sich an der „Militarisierung des Weltraums“ zu beteiligen.

Am 12. März 1984 erschien in *Iswestija* ein weiterer Artikel über die „skandalösen Beziehungen“ der Reagan-Administration zu LaRouche. Als *NBC-TV* nachfragte, schrieb die sowjetische Regierungszeitung, „waren ihre Beweise [über die Zusammenarbeit mit LaRouche] so gewichtig, daß das Weiße Haus gar nicht erst versuchte, sie zu leugnen.“ *Iswestija* bedachte LaRouche mit Charakterisierungen wie „Diener der herrschenden Klasse“, „Faschist“ und „Agent des Großkapitals“.

Am 2. April 1984 bezeichnete *Prawda* eine SDI-Konferenz in Paris, auf der LaRouche sprach, als „Kolloquium von Mördern“. Zwei Tage lang wäre auf der Pariser Konferenz in „geschäftsmäßiger Atmosphäre“ darüber diskutiert worden, was „die effektivsten Methoden des Völkermords“ seien. LaRouche und seine „CIA-kontrollierten“ Anhänger debattierten darüber, „wie man mit einem Schlag Länder auslöscht, deren politische Systeme ihren Herren nicht passen, um gleichzeitig das Mekka des Kapitalismus — die Vereinigten Staaten — [durch die SDI] zu schützen“, schimpfte das KPdSU-Parteiorgan.

Diese Breitseite wilder sowjetischer Attacken auf LaRouche hielt bis Ende der achtziger Jahre an und wurde zunehmend von Verleumdungen in den „linken“ und „liberalen“ Establishmentmedien in den USA wie in Westeuropa begleitet. Die sowjetische

Obsession mit der SDI wurde erneut auf dem Gipfeltreffen zwischen Präsident Reagan und KPdSU-Generalsekretär Gorbatschow in Reykjavik im Oktober 1986 sichtbar. Gorbatschow ließ das Treffen platzen, weil Reagan immer noch nicht bereit war, die SDI fallenzulassen.

Zu diesem Zeitpunkt war es dem anglo-amerikanischen Establishment allerdings bereits gelungen, die SDI weitgehend zu verwässern und „zurechtzustutzen". Die Mittel für die SDI wurden zusammengestrichen, und die Forschungsausrichtung der SDIO verlagerte sich zunehmend auf kinetische Systeme und weg von Lasern, Teilchenstrahlen und anderen auf neuen physikalischen Prinzipien beruhenden Waffentypen. Die Planung für Raketenabwehrsysteme verlagerte sich immer mehr weg vom strategischen Bereich hin zu nur noch operativ-taktischen Aufgabenstellungen. Am 10. Jahrestag der Rede Reagans vom 23. März 1983 sagte Admiral James Watkins, früherer Chef der US-Marine und ehemaliger Energieminister, daß die SDI deswegen nicht verwirklicht worden sei, „weil wir nach 1985 keine Politik für sie festlegten". Watkins meinte: „Es ist typisch für dieses Land, sich fast an die Spitze, fast auf den Gipfel des Mount Everest vorzuarbeiten, und dann zurückzuschrecken."

Zehn Jahre später, im April 1993, wurde ironischerweise die Wirksamkeit von Strahlenwaffen als Verteidigung gegen Kernwaffen — in den 80er Jahren hysterisch von der Sowjetführung dämonisiert — und deren Beitrag zur globalen strategischen Stabilität von Präsident Jelzin auf seinem Gipfeltreffen mit Präsident Clinton in Vancouver (Kanada) eingeräumt. Als die russische Führung vorfühlte, ob die US-Regierung an einer Zusammenarbeit bei Strahlenwaffensystemen interessiert sei, wurde der Vorstoß — diesmal von der amerikanischen Seite — abgeblockt.

Nachdem im Oktober 1986 der Iran-Contra-Skandal ausbrach, wurde Präsident Reagan zur „lahmen Ente“, während sich das eigentliche Machtzentrum der Regierung auf Vizepräsident Bush verlagerte. Die Hauptverantwortung für die wahrhaft kriminellen, mörderischen Aktivitäten, die sich im Rahmen des Iran-Contra-Komplexes ereigneten, liegt bei George Bush, der seit 1981 im Weißen Haus die Aufsicht über „verdeckte Operationen“ führte. Aber Bush ging aus dem Iran-Contra-Skandal fast völlig unbeschädigt hervor und wurde am 20. Januar 1989 Präsident. Während der Bush-Jahre wurde die SDI an den Rand der militärstrategischen Diskussion gedrängt; man beschäftigte sich lieber mit der „neuen Weltordnung“ und dem Golf-Krieg. Und während der Bush-Jahre wurde LaRouche nach einem der skandalösesten politischen Schauprozesse in der amerikanischen Rechtsgeschichte ins Gefängnis geworfen.

Doch weder das SDI-Programm, das 1993 in Abwehrprogramm gegen ballistische Raketen — BMD — umbenannt worden war, noch LaRouche verschwanden von der Bildfläche.

Ein Neuanfang?

LaRouche hat immer wieder betont, daß man Atomwaffen, andere Massenvernichtungswaffen und deren Abschußsysteme nicht verbieten könne. Es gibt sie und wird sie geben; ihre Weiterverbreitung läßt sich nicht verhindern. Der amerikanische Kernphysiker und Militärexperte Edward Teller, der entscheidenden Anteil an der Entwicklung der ersten amerikanischen Wasserstoffbombe hatte und zusammen mit LaRouche zu den wenigen Personen gehörte, die Präsident

Reagan davon überzeugten, seine SDI-Direktive am 23. März 1983 auszusprechen, sagte folgendes über die jüngsten indischen Atomtests: „Offenbar besitzen die Regierungen, die für fast die Hälfte der Weltbevölkerung verantwortlich sind, jetzt bereits nukleare Sprengsätze. *Somit ist die Weiterverbreitung eine vollendete Tatsache.* Wir sollten uns nach Wegen umsehen, damit zu leben. Wir sollten darüber nachzudenken beginnen, nicht was wir uns wünschen, sondern was die Realität ist."

Die Initiative für einen Neuanfang in der Proliferationspolitik muß sicherlich von den USA ausgehen. Nur die USA haben das Gewicht, eine Neugestaltung der strategischen Weltordnung wie auch des Weltfinanzsystems einzuleiten. Und nur die Vereinigten Staaten sind wirtschaftlich und technologisch in einer Position, schnellstmöglich effektive SDI-Systeme zu produzieren, um das zweifellos bestehende „Restrisiko" auszuschalten, das in der Verbreitung von Massenvernichtungswaffen steckt. Beispielsweise befindet sich in den USA das luftgestützte Lasersystem (*ABL*) in einem fortgeschrittenen Entwicklungsstadium. Das in eine Boeing 747 eingebaute Strahlenwaffensystem besteht aus einem chemischen Laser und einer adaptiven Optik, die den Laserstrahl in der Atmosphäre fokussiert hält. Das ABL kann Raketen in der Aufstiegsphase in einer Höhe von 12 km und einer Entfernung von 500 km und mehr zerstören.

Das ABL ist ein gutes Beispiel dafür, daß es durchaus schnelle und wirksame Möglichkeiten gibt, gefährlichen Situationen entgegenzutreten, die sich aus der Verbreitung von Massenvernichtungswaffen ergeben. Doch wie eben gesagt, die Vereinigten Staaten müssen den ersten Schritt tun, auch wenn Rußland trotz seiner schweren Krise nach wie vor eine

Vielzahl von Plänen und Prototypen für eine Strahlenwaffenverteidigung besitzt. Aber es gibt noch andere Länder in unterschiedlichen Phasen der wirtschaftlichen Entwicklung, die das Potential haben, sich durch Strahlenwaffen zu schützen.

SDI-Abwehrsysteme bieten außerdem zwei wesentliche wirtschaftliche Vorteile. Strahlenwaffen sind aus physikalischen Gründen den „langsamen“ Abfangraketen nicht nur technisch überlegen, sie sind auch billiger. Mit Hilfe von konzentrierten Energiepulsen können Strahlenwaffen Angriffsraketen mit „Kosten pro Abschuß“ zerstören, die weitaus unter den Herstellungskosten von Angriffs- wie Abfangraketen liegen.

Gerichtete Energiestrahlen sind eine Schrittmachertechnologie für die Industrie. Bereits heute machen Werkzeugmaschinen, die mit energiereichen Strahlen arbeiten, erhebliche Fortschritte. Die ungeheure wirtschaftliche Bedeutung von Hochenergietechnologien war bereits Anfang der 80er Jahre ein zentraler Aspekt in LaRouches SDI-Strategie. Trotz allen Geredes über die nachindustrielle „Informationsgesellschaft“ hängt das Wachstum der Weltwirtschaft und ein höherer Lebensstandard für die Weltbevölkerung tatsächlich mehr denn je von einer Ausweitung der Industrieproduktion, der Infrastruktur und der Energieherstellung ab. Die kommende dritte industrielle Revolution wird die volle Nutzung des elektromagnetischen Spektrums bedeuten, zum Beispiel Laser-Werkzeugmaschinen, Kern- und Kernfusionsenergie, Magnetschwebebahnen (wie im Konzept der Eurasischen Landbrücke vorgesehen) und Raumfahrt. Oftmals in der Geschichte haben neue Technologien zunächst große Veränderungen im militärischen Bereich erzeugt, um dann die Wirtschaft insgesamt dramatisch voranzubringen.

Wie LaRouche wiederholt in den letzten Jahren gesagt hat: Abwehrsysteme gegen Massenvernichtungswaffen auf Grundlage gerichteter Energie — egal ob zu Land, zu Wasser, in der Luft oder im Weltraum stationiert — sind technologisch möglich, strategisch notwendig und moralisch zwingend geboten.

LaRouche sagte bereits 1988 die deutsche Wiedervereinigung voraus

Auf einer Pressekonferenz im Berliner Hotel Bristol Kempinski unterbreitete Lyndon LaRouche am 12. Oktober 1988 einen bahnbrechenden Entwurf: Washington solle der Sowjetunion Unterstützung bei der Bewältigung der verheerenden Versorgungskrise im gesamten Ostblock zusagen und dafür als Gegenleistung Konzessionen hinsichtlich der Westbeziehungen Polens und der deutschen Wiedervereinigung verlangen.

Längere Passagen seiner Berliner Erklärung wurden anschließend in einer halbstündigen nationalen Fernsehsendung in den USA verbreitet.

Ich möchte heute darüber sprechen, welche Rolle die amerikanische Politik für die Aussichten der deutschen Wiedervereinigung spielen kann. Ich kann mir keinen besseren Ort als Berlin vorstellen, um diesen Vorschlag vorzustellen.

Von Beruf bin ich Wirtschaftswissenschaftler in der Tradition von Gottfried Wilhelm Leibniz und Friedrich List in Deutschland sowie von Alexander Hamilton und der Brüder Carey in Amerika. Auch meine politischen Grundsätze teile ich mit Leibniz, List und Hamilton, aber auch mit Friedrich Schiller und Wilhelm von Humboldt. Wie die Gründerväter der Vereinigten Staaten glaube ich ohne Einschränkungen an die Notwendigkeit vollkommen souverä-

LaRouche im Berliner Kempinski-Hotel am 12. Oktober 1988

ner Nationalstaaten und lehne deshalb alle supranationalen Einrichtungen, die die Souveränität einer Nation untergraben, ab. Wie Schiller glaube ich, daß jeder Mensch, der eine schöne Seele werden will, ein wahrer Patriot und zugleich Weltbürger sein muß.

In den vergangenen 15 Jahre bin ich ein ausgewiesener Fachmann in den außenpolitischen Angelegenheiten meines Landes geworden. Infolge dieser Arbeit habe ich in einigen Kreisen meiner Regierung in Fragen der Außenpolitik und Strategie wachsenden Einfluß gewonnen. So arbeitete ich in den Jahren 1982 und 1983 zusammen mit dem Nationalen Sicherheitsrat am Konzept jener Politik, die später Initiative zur Strategischen Verteidigung, kurz SDI, genannt wurde. Auch wenn die Einzelheiten dieser Zusammenarbeit vertraulich sind, so kann ich doch sagen, daß meine Ansichten über die gegenwärtige strategische Lage heute in den USA mehr Einfluß haben als zu irgendeinem früheren Zeitpunkt.

Deshalb kann ich Ihnen versichern, daß das, was ich Ihnen nun zum Thema einer möglichen deutschen Wiedervereinigung sagen werde, sehr sorgfältig von relevanten Kreisen in den Vereinigten Staaten geprüft werden wird.

Viele Menschen sind heute der Meinung, daß unter den richtigen Bedingungen die Zeit gekommen ist, erste Schritte hin zu einer baldigen deutschen Wiedervereinigung einzuleiten. Es ist offensichtlich, daß Berlin dann wieder die deutsche Hauptstadt werden sollte.

Für Amerikaner, Deutsche und alle Europäer stellt sich die Frage: Wird Deutschland wiedervereinigt, indem die Bundesrepublik und West-Berlin in die ökonomische Einflußsphäre des Ostblocks eingebunden werden, oder gibt es einen anderen Weg? Anders ausgedrückt, wird ein wiedervereinigtes Deutschland Teil eines Europas vom Atlantik zum Ural sein, wie es Präsident de Gaulle vorschwebte, oder eines Europa vom Ural bis zum Atlantik, wie es Gorbatschow anstrebt?

Ich sehe die Möglichkeit für eine Wiedervereinigung nach de Gaulles Vorstellungen. Diese Möglichkeit ergibt sich aus der verheerenden weltweiten Nahrungsmittelkrise, die seit einigen Monaten offen zum Ausbruch gekommen ist und die die Weltpolitik mindestens für die nächsten zwei Jahre bestimmen wird.

Die weltweite Ernährungskrise

Die Wirtschaft des Ostblocks erzeugt nur noch schreckliche Fehlleistungen. In der westeuropäischen Kultur hat es sich erwiesen, daß die Erfolge von Ländern mit Großindustrie von modernen bäuerlichen Familienbetrieben und dem Mittelstand abhängen. Die sowjetische Kultur in ihrer heutigen Form schafft es nicht, diese Lehren zu übernehmen. Trotz aller

Reformversuche und trotz reichlicher westlicher Kredite hat die Wirtschaft des Ostblock einen Punkt erreicht, an dem es selbst dann weiter bergab ginge, wenn es keine Nahrungsmittelkrise gäbe.

Für die nächsten dreißig bis vierzig Jahre scheint mir ein wirklicher Frieden zwischen den Vereinigten Staaten und der Sowjetunion nicht möglich. Das Beste, das wir im Namen des Friedens tun können, ist, einen neuen allgemeinen Krieg zwischen den beiden Weltmächten zu verhindern. Diese Kriegsvermeidung muß sich teilweise auf die Stärke unserer Waffen und unseren politischen Willen stützen. Sie muß aber auch darauf beruhen, unsere wirtschaftliche Stärke zurückzugewinnen.

Während wir Moskau davon abhalten müssen, sich in gefährliche militärische Abenteuer zu stürzen, müssen wir zugleich eine Lehre beherzigen, die ein großer Militärwissenschaftler, Nicolo Macchiavelli, vor knapp vier Jahrhunderten aufstellte: Man muß dem Gegner einen sicheren Fluchtweg offenlassen. Wir müssen unsere Volkswirtschaften soweit wieder aufbauen, daß wir den Nationen des sowjetischen Blocks einen Ausweg aus ihrem schrecklichen wirtschaftlichen Elend anbieten können.

Ich möchte ein konkretes Beispiel anführen.

Wegen der Nahrungsmittelkrise regte ich kürzlich an, eine internationale Vereinigung mit dem Namen „Food for Peace“ (Nahrungsmittel für den Frieden) zu gründen. Die Gründungskonferenz hat kürzlich in Chikago stattgefunden, und die Vereinigung gewinnt in den USA und anderen Nationen, aus denen Delegierte kamen, viele Mitglieder.

In meiner Unterstützung von „Nahrungsmittel für den Frieden“ betonte ich, daß der Sowjetblock im nächsten Jahr ungefähr 80 Millionen Tonnen Getreide importieren muß. Und das ist nur das absolute Minimum, um die Grundbedürfnisse der Bevölkerung zu befriedigen. Auch China erlebt eine verheerende Nahrungsmittelkrise. Die Reserven sind erschöpft. Die USA haben keine Nahrungsmittelreserven mehr, und dank der Europäischen Kommission in Brüssel sind die Reserven Westeuropas inzwischen verschwindend gering. Im kommenden Jahr werden auch die bislang stetig zunehmenden Importe aus der Dritten Welt in die USA und nach Westeuropa versiegen, da die Erzeugung in großen Teilen des Entwicklungssektors zusammengebrochen ist.

1988 wird die weltweite Getreideerzeugung 1,6 bis 1,7 Mrd. Tonnen betragen — katastrophal niedrig. Um 1989 und 1990 die politische und strategische Stabilität zu sichern, brauchen wir jährlich ungefähr 2,4 bis 2,6 Mrd. Tonnen Getreide. Damit ließe sich der sowjetische Minimalbedarf decken. Ohne eine annähernde solche Menge wäre das unmöglich.

Wenn sich die Nationen des Westens zu einem landwirtschaftlichen Notprogramm entschlössen, könnten sie die Erzeugung dieser Menge Getreide gemeinsam sicherstellen. Es wäre eine gewaltige Anstrengung und bedeutete, die gegenwärtige Agrarpolitik der meisten Regierungen und supranationalen Institutionen über Bord zu werfen, doch es ist machbar. Wenn es uns damit ernst ist, die Kriegsgefahr in den nächsten zwei Jahren zu bannen, dann muß genau dies geschehen.

Entschlösse sich der Westen zu einer solchen Politik der Nahrungsmittelversorgung und zur Lösung anderer wichtiger Wirtschaftsfragen, würden Bedingungen entstehen, unter denen eine Wiedervereinigung Deutschlands im Sinne der Deutschen beiderseits der Mauer vollzogen werden könnte. Ich schlage vor, daß die nächste Regierung der Vereinigten Staaten dies zum wichtigsten Teil ihrer Außenpolitik gegenüber Mitteleuropa macht.

Wirtschaftlicher Wiederaufbau Osteuropas

Ich werde meiner Regierung folgende konkrete Perspektive vorschlagen. Wir werden Moskau sagen: Wir helfen euch. Wir werden uns dafür einsetzen, daß internationale Abkommen im Sinne der Politik „Nahrungsmittel für den Frieden" geschlossen werden, deren Ziel es ist, daß weder die Menschen im Ostblock noch in den Entwicklungsländern hungern.

In Antwort auf unseren guten Willen sollten wir dann gemeinsam etwas tun, um beispielhaft die wirtschaftliche Krise im gesamten Sowjetblock lösen zu helfen. Die Vereinigten Staaten und Westeuropa sollten deswegen beim erfolgreichen Wiederaufbau der polnischen Wirtschaft zusammenarbeiten. Es wird keine Einmischung in das politische Regierungssystem geben, sondern lediglich eine Art Marshallplanhilfe für die polnische Industrie und Landwirtschaft. Wenn die Deutschen dem zustimmen, sollte mit der Wiedervereinigung der Wirtschaft beider Teile Deutschlands begonnen werden. Das würde zugleich der „punctum saliens" für die westliche Hilfe beim Wiederaufbau Polens.

Die Vereinigten Staaten und die Bundesrepublik Deutschland sollten dem Sowjetblock erklären: „Zeigen wir, was wir mit diesem Projekt, das Sie wirklich nichts kostet, für die Völker Osteuropas tun können. Urteilen Sie dann selbst anhand der Ergebnisse, ob Sie dieses Beispiel auch in anderen Fällen anwenden wollen."

Noch zwei weitere Punkte möchte ich anführen.

Die nächsten beiden Jahre werden die gefährlichsten Jahre in der europäischen Geschichte werden; dasselbe gilt für die ganze Welt. Bereits jetzt droht in Afrika ganzen Nationen wie Uganda die völlige Vernichtung. Ein Massenwahn, wie ihn Europa seit den finsteren Tagen des 14. Jahrhunderts nicht mehr erlebte, hat Kambodscha bereits ruiniert, droht heute den Nahen Osten zu ergreifen und ist mehr oder weniger in allen Teilen der Welt auf dem Vormarsch. Wegen der Krisen, die sich in den kommenden Jahren dramatisch verschlimmern werden, wächst die Gefahr eines neuen Weltkrieges wie nie zuvor. Die Politik der Regierungen in den nächsten zwei Jahren wird das Schicksal der Menschheit im nächsten Jahrhundert und darüber hinaus bestimmen.

Es gab in der Geschichte vergleichbare, wenn auch nicht identische Krisenzeiten. Doch soweit wir wissen, ereigneten sie sich niemals gleichzeitig auf globaler Ebene.

Ich möchte an das berühmte Beispiel eines Deutschen aus der Weimarer Zeit erinnern. Der Herr war von der Unausweichlichkeit eines Zweiten Weltkrieges überzeugt. So suchte er in der Welt nach einem Ort, an den er sich mit seiner Familie vor dem kommenden Krieg in Sicherheit bringen könnte. Als der Krieg ausbrach, lebte er mit seiner Familie auf der Insel Guadalcanal, auf den entlegenen Salomonen. (Die Insel wurde 1942 von japanischen Streitkräften besetzt und später in schweren Kämpfen von der Amerikanern zurückerobert, d.Red.)

Es gibt keinen sicheren Schlupfwinkel, in den sich jemand in einer krisengeschüttelten Welt ohne Nahrungsmittel zurückziehen könnte. Man kann sich vor der Politik nicht verstecken und sich lediglich um die eigene Karriere und Familie kümmern, bis die Stürme vorbei sind. Es gibt keinen Platz, an dem man sich verstecken könnte. Es gibt keinen Platz für die politischen Pragmatiker an den Regierungsspitzen. Wenn wir überleben wollen, müssen wir kühne und einfallsreiche Entscheidungen treffen, die zugleich richtig sein müssen. Es ist an der Zeit, daß die Vereinigten Staaten gegenüber Mitteleuropa kühne Entscheidungen fällen.

Auch wenn hier kein sowjetischer Vertreter anwesend ist, können wir sicher sein, daß der gesamte Inhalt meiner Ausführungen binnen weniger Stunden in Moskau sein und dort auf hoher Ebene durchdacht werden wird. Die sowjetische Führung hat in ihren Zeitungen und an anderer Stelle viele Male geäußert, daß sie mich unter den wichtigen heutigen Persönlichkeiten für ihren Hauptgegner hält. Nichtsdestoweniger betrachtet mich Moskau mit einer merkwürdigen Faszination; und seit Präsident Reagan die SDI ankündigte, hält man im Kreml alles, was ich politisch von mir gebe, für einflußreich und sehr glaubwürdig.

In Moskau wird man meine jetzige Erklärung lesen. Dann werden die sowjetischen Führer wie gewöhnlich abwarten, welches Echo dieser Bericht in Kreisen des amerikanischen Establishments und der Regierung hervorruft. Sobald sie aus diesen Kreisen ein entsprechendes Signal auffangen, werden die Herren in Moskau meinen Vorschlag sehr ernst nehmen und anfangen, die Meinungen darüber in den USA und Europa zu erforschen.

Deutschlands souveräne Entscheidung

Was mich betrifft, so denke ich, daß die Deutschen souverän über das Schicksal ihrer Nation bestimmen sollen. Meine Funktion liegt darin, das Entscheidungsspektrum der Deutschen zu vergrößern. Darum bin ich nach Berlin gekommen, von wo aus dieser Vortrag in Moskau und anderenorts die größte Wirkung erzielen wird.

Ich möchte mit der folgenden Bemerkung schließen: Moskau haßt mich, aber auf ihre eigene merkwürdige Weise glauben die Sowjets, daß ich Wort halte. Moskau wird zu Recht glauben, daß meine Absichten ihnen gegenüber genau die sind, die ich Ihnen heute hier darlege. Ich hoffe deshalb, daß das, was ich hier und heute in Gang setze, ein nützlicher Beitrag sein wird, daß Deutschland sein souveränes Recht auf die Wahl seines eigenen Schicksals wahrnimmt.

Ich kenne meine deutschen Freunde und Bekannten recht gut und teile die Ansichten jener, die Deutschland im ehrenden Angedenken an Leibniz, Schiller, Beethoven, Humboldt und den großen Staatsmann der Freiheit, Freiherr vom Stein, halten. Wenn ich auch Deutschlands Entscheidung nicht sicher vorhersagen kann, glaube ich doch, wenn das, was ich hier heute initiiert habe, zum Erfolg gebracht wird, das Reichstagsgebäude der Sitz des künftigen deutschen Parlaments und das wunderschöne Charlottenburger Schloß Regierungssitz sein wird.

Ergeben sich die Bedingungen, unter denen das geschieht, so wird Präsident de Gaulles Traum von einem Europa vom Atlantik bis zum Ural das friedliche Ergebnis geduldiger dreißigjähriger Staatskunst sein. Ein dauerhafter Frieden würde in Europa und der Welt dann noch zu Lebzeiten jener herrschen, die heute gerade die Universitäten verlassen.

Heute bin ich auch ein Berliner.

Rüdiger Rumpf

Das Attentat auf Alfred Herrhausen: Mord als Mittel der (Geo)politik

Drei Wochen nachdem der Fall der Mauer Deutschland in einen Freudentaumel versetzt hatte, erschütterte ein terroristisches Bombenattentat die Republik, dessen Auswirkungen bis zum heutigen Tag spürbar sind. Zwar war unmittelbar nach der Tat bereits deutlich, daß mit Alfred Herrhausen eine der bedeutendsten Persönlichkeiten Deutschlands und darüber hinaus der internationalen Finanzwelt ermordet worden war, jedoch blieben die eigentlichen Hintergründe dieses Attentats sowie seine tatsächlichen Auswirkungen verschleiert, sie wurden zumindest nicht öffentlich erörtert. Die Politik schien sich von der Ermordung eines wichtigen und engen Beraters des Bundeskanzlers nicht sehr beeindrucken zu lassen, der Zug Richtung Wiedervereinigung — wenn auch nicht annähernd so schnell wie sie tatsächlich verwirklicht wurde — schien ins Rollen zu kommen.

Zunächst einmal gelang es, der Öffentlichkeit mit der vorgeblich authentischen Tatbekennung der „Rote Armee Fraktion" (RAF) ein glaubwürdiges Paket von Scheininformationen zu verkaufen, das angesichts der langen Geschichte der RAF als bombende und schießende Truppe irregeleiteter Desperados im Untergrund zunächst schlüssig zu sein erschien. Warum sollte die Terrorbande, die den Staat bereits seit zwei Jahrzehnten bekämpft, nicht auch noch den Chef der größten und wichtigsten Bank Deutschlands ermorden? Hatte die Bande es nicht auch geschafft, seit zweieinhalb Jahrzehnten immer neue Köpfe hervorzubringen, deren nunmehr „dritte Generation" — die erste war völlig zerschlagen worden, zum Teil schon verstorben, die zweite war entweder in Haft oder seit Jahren verschwunden — sogar den Fahndungsbehörden völlig unbekannt zu sein schien? Selbst nach dem Eingeständnis von Generalbundesanwalt Kurt Rebmann gab es seit Mitte der 80er Jahre keinen einzigen Sachbeweis für die Täterschaft einer tatsächlich identifizierbaren Person im Zusammenhang mit den der „RAF" zugeschriebenen Terroraktivitäten.

Der Fall der Mauer gebiert Ungeheuer

Man muß es wohl als ironische Wendung der Geschichte bezeichnen, daß ausgerechnet der unblutige Sturz der SED-Diktatur dazu führte, daß einige der bestgehüteten Geheimnisse der hiesigen Nomenklatura hinter dem zerrissenen eisernen Vorhang zum Vorschein kamen. Dies geschah, als die frisch im Frühjahr 1990 gewählte letzte DDR-Regierung anfing, auf dem eigenen Territorium plötzlich den größten Teil der seit Jahren gesuchten RAF-Terroristen zu verhaften und an die Sicherheitsbehörden der Bundesrepublik Deutschland auszuliefern. Bald stellte sich heraus, daß diese Personen, die überall auf den Terroristen-Fahndungsplakaten („Vorsicht Schußwaffen!") abgebildet waren, sich keineswegs zu einem Urlaub in der DDR aufgehalten hatten, sondern völlig abgeschottet als DDR-Bürger im sozialistischen Alltagsgrau gelebt hatten. Nach einigen Mediengeplänkeln über die Frage, ob dann nicht die DDR schon von Anfang an die eigentliche Drahtzieherin des Terrorismus in der Bundesrepublik gewesen sein könnte, stellte sich heraus, daß zwar hier und da durchaus Mielkes Staatssicherheitsapparat Schützen- und wohl auch Fluchthilfe geleistet hat, aber beileibe nicht als Initiator oder Auftraggeber der RAF der ersten und zweiten Generation bezeichnet werden konnte. Auch konnte in den bisherigen Strafverfahren gegen die RAF-Aussteiger, die inzwischen weitgehend ihre Strafen abgesessen haben, die anklagende Bundesanwaltschaft keine Beweise für eine irgendwie geartete Unterstützung der Terrortruppe in der Zeit vor ihrer „Einbürgerung" in der damaligen DDR vorbringen.

Die Bundesregierung hat stets abgestritten, vom Aufenthalt der RAF-Kader in der DDR gewußt zu haben. Die Autoren des „RAF-Phantoms — Wozu Politik und Wirtschaft Terroristen brauchen"[1] haben in ihrem erstmals 1992 erschienenen Buch geschrieben, daß die Bundesregierung auf eine Anfrage des *Westdeutschen Rundfunks* vom 5. Juli 1990 geantwortet hat: „Das Bundeskanzleramt hat erst durch die Festnahmen im Juni 1990 vom Aufenthalt der ‚RAF'-Mitglieder in der DDR erfahren." Die Autoren wiesen durch Abdruck eines Aktenvermerks der Abteilung Terrorismus des BKA aus dem Jahre 1986 nach, daß dies nicht sein kann. Auch das Abstreiten einer Absprache zwischen DDR-Regierung und Bundesregierung[2] hat

---

1. Gerhard Wisnewski, Wolfgang Landgraeber, Ekkehard Sieker, *Das RAF-Phantom*, Droemersche Verlagsanstalt Th. Knaur Nachf., München, erw. Neuauflage 1997.
2. *RAF-Phantom*, Seite 383, Bezug auf Bundestagsdrucksache vom 8. April 1992.

unter diesen Umständen keine Glaubwürdigkeit. In dem Zusammenhang ist der Hinweis der Autoren des „RAF-Phantoms" wichtig, daß der ehemalige BND-Chef und spätere Außenminister Klaus Kinkel 1992 persönlich versuchte, dem damaligen *Stern-TV*-Team den Bericht über die Regierungsabsprachen zwischen Bundesrepublik Deutschland und DDR zu den RAF-Aussteigern auszureden, indem er darauf hinwies, daß eine solche Absprache „de jure mit der Unterstützung einer terroristischen Vereinigung gleichzusetzen" sei. Zweifelsohne eine Ansicht, der man sich nicht völlig verschließen kann. Auch ist in dem „RAF-Phantom" auf die Aussage des ehemaligen CIA-Missionschefs (1976 bis 1979) an der amerikanischen Botschaft in Bonn George A. Carver hingewiesen worden.[3] Carver ließ in der *tageszeitung* vom 27. März 1992 keinen Zweifel daran, daß die deutschen Sicherheitsbehörden schon Anfang der 80er Jahre von den RAF-Aussteigern in der DDR wußten. Mehrfach sei dies zwischen amerikanischem und westdeutschem Geheimdienst erörtert worden.

Wenn aber zehn der meistgesuchten Terroristen, einschließlich der jahrelang als Führungskader gemutmaßten Inge Viett, die wohl tatsächlich zu den ursprünglichen Kontaktleuten der Stasi in der westdeutschen und West-Berliner Terroristenszene zählte, mit den spektakulären Terroranschlägen einer „Rote Armee Fraktion" seit 1984 nachweislich nichts zu tun hatten, stellt sich zwangsläufig die Frage, wer denn dann die sagenumwobene dritte Generation der RAF war?

---

3. *RAF-Phantom*, Seite 381.

In den auf die Wiedervereinigung folgenden Jahren führte jeder Versuch der Bundesregierung und ihrer Behörden, einen Nachweis für die Existenz dieser „dritten Generation" zu führen, zu immer peinlicheren Enthüllungen wie die Präsentation des angeblichen Kronzeugen Siegfried Nonne und auch katastrophalen Ereignissen wie 1993 in Bad Kleinen. Jeder dieser Versuche führte dazu, ein wenig mehr der Wahrheit ans Licht zu bringen, die da heißt, daß es keine „dritte Generation der RAF" gegeben hat. Nach langen Jahren der Schwierigkeiten, die Öffentlichkeit an diese Wahrheit zu gewöhnen, ließ das Bundesinnenministerium nun die Katze aus dem Sack.

Am 29. Juli 1998 berichtete die *Süddeutsche Zeitung* unter der Überschrift „‚Rote Armee Fraktion' besteht aus drei Leuten" über eine vertrauliche Analyse des Bundesamts für Verfassungsschutz („Die Auflösung der RAF"), die nach der sogenannten Selbstauflösungserklärung der RAF von April 1998 entstanden ist. In der 38 Seiten umfassenden Analyse heißt es, daß selbst bei den mit Haftbefehl gesuchten mutmaßlichen RAF-Mitgliedern sich mittlerweile „Zweifel an der tatsächlichen Zugehörigkeit zum Kreis der Illegalen ergeben" hätten. Dazu wird auch Andrea Klump gezählt, die an dem Mordanschlag auf Alfred Herrhausen beteiligt gewesen sein soll.

Der lange als Haupttäter beim Herrhausen-Attentat offensichtlich unschuldig verfolgte Christoph Seidler hatte sich bereits Ende 1996 den Behörden gestellt, die daraufhin den Haftbefehl gegen ihn aufheben mußten. Seidler hatte nichts mit der „RAF" zu tun.

Wer aber hat die brutalen Morde einschließlich des Attentats auf Herrhausen begangen, wenn nicht die Truppe von „Desperados", wie sie von den Sicherheitsbehörden oft charakterisiert wurden? War es möglich, daß sich in der elektronisch erfaßten Bundesrepublik im Zeitraum von 1985 bis Ende 1989 eine Terrororganisation erfolgreich der Feststellung ihrer persönlichen Zusammensetzung entziehen konnte? War es möglich, daß eine Terrororganisation bei keinem ihrer zahlreichen Verbrechen ein Haar, einen Speichelrest, ein identifizierbares Kleidungsstück, wenigstens das Fragment eines Fingerabdrucks, einen verlassenen Unterschlupf, verzweifelt suchende Angehörige oder sonst etwas hinterlassen hätte, das einer Einkreisung hätte dienen können? Wohl kaum. Selbst in den inzwischen verstrichenen neun Jahren seit dem Attentat haben Tausende von Terroristenfahndern keinen brauchbaren Hinweis auf die Täter liefern können.

Immerhin hatten Zeugen am Ort der Ermordung Herrhausens — nach Angaben der Sicherheitsbehörden hatten die Terroristen eine Sprengfalle gebaut — bis zu einem Dutzend Leute gleichzeitig gesehen, es mußten also eine erhebliche Anzahl von Personen an der Vorbereitung und Ausführung des Bombenattentats beteiligt gewesen sein, jedoch wissen die Sicherheitsbehörden eigenem Bekunden zufolge nicht, wer das gewesen sein könnte. Das ist um so erstaunlicher, als die gesamte Gegend um den Ort des Anschlages einer intensiven Beobachtung durch örtliche Polizei, Landeskriminalamt, privatem Sicherheitsdienst und wegen der Bedeutung der Persönlichkeit sicherlich auch des hessischen Verfassungsschutzamtes sowie des Bundeskriminalamtes unterlag. Während aber Hausmeister und andere zufällige Zeugen eine Vielzahl von Joggern und anderen Personen am Tatort bemerkten, war sämtlichen offiziellen Sicherheitsspezialisten selbst eine halbe Stunde vor dem Anschlag nichts aufgefallen. Wenn man berücksichtigt, daß in der Zeit vor dem Anschlag am 30. November 1989 bis zu fünf Personen den Ort des Anschlages als Baustelle mit Absperrung eingerichtet hatten und mit Hammer und Meißel eine Rinne in den Asphalt schlugen, in dem sie das Kabel für die angebliche Zündvorrichtung verlegten, mutet diese Art behördlicher Wahrnehmungsstörung schon erstaunlich an.

Der damalige Bundesinnenminister Wolfgang Schäuble lehnte vor dem Innenausschuß des Deutschen Bundestages eine Woche nach dem Anschlag jede Auskunft über Untersuchungsergebnisse mit dem Hinweis auf die noch laufenden Ermittlungen ab und gab lediglich zu Protokoll, daß die „Substanz des Täterschreibens in einem Gegensatz steht zur Schwere und technischen Perfektion des Anschlages." Sogar dem ebenfalls von dem Innenausschuß des Deutschen Bundestages am 7. Dezember 1989 vernommenen ehemaligen Präsidenten des Bundesamtes für Verfassungsschutz Richard Meier war bekannt, daß „man durch eine Begehung der näheren Umgebung des Tatortes eine halbe Stunde vor Alfred Herrhausens Abfahrt mit geübtem Auge hätte sehen können, daß zwei junge Männer in Joggingkleidung mit einem Hörgerät im Ohr, also in Sprechverbindung zueinander, an einem Fahrrad hantierten". [4]

Auch provozierte Meier vor dem besagten Innenausschuß des Bundestages am 7. Dezember 1989 scharfe Kritik gegen seine Person, als er behauptete, das Vorausfahrzeug Herrhausens sei „abgezogen" worden. [5]

---

4. *RAF-Phantom,* Seite 113.
5. *RAF-Phantom,* Seite 112.

Wem war Herrhausen ein Dorn im Auge?

Wenn es als weitgehend ausgeschlossen erscheint, daß Alfred Herrhausen aus „politisch-ideologischen" Gründen von „verblendeten Desperados" umgebracht wurde, kommt zwangsläufig die Frage auf, wer denn dann ein Interesse an seiner Ausschaltung hatte. Zu dieser Frage hat der amerikanische Geheimdienstexperte Oberst a.D. Fletcher Prouty einen interessanten Beitrag geleistet. Prouty hatte in den sechziger Jahren Jim Garrison, dem Bezirksstaatsanwalt von New Orleans, der das Attentat auf den amerikanischen Präsidenten John F. Kennedy untersuchte, die entscheidenden Hinweise auf die Verschwörung hinter dem Mord gegeben. Anfang der 90er Jahre hatte Prouty dem amerikanischen Regisseur Oliver Stone bei dessen Verfilmung des Mordes an Kennedy die Hintergründe dieser Verschwörung erläutert. In dem Film selbst wird Prouty durch die Figur „Mr. X" verkörpert.

Prouty sieht zwischen den Morden an Kennedy und an Herrhausen erhebliche Parallelen: „Sein Tod (Herrhausens, d. Verf.) zu dieser Zeit... und die erschreckenden Umstände seines Todes... ähneln der Ermordung Präsident Kennedys 1963. Betrachtet man die enormen Ereignisse in der Sowjetunion, in Osteuropa und besonders in Deutschland, hat die Ermordung Herrhausens eine große Bedeutung. Er darf nicht als einer von vielen Terroranschlägen unter den Teppich gekehrt werden... Wirkliche Terroristen ermorden einen Bankpräsidenten nicht ohne Grund. Die meisten Terroristen sind bezahlte Schachfiguren und Werkzeuge großer Machtzentren. Irgendein großes Machtzentrum wollte den Vorstandssprecher der Deutschen Bank an dem Tag auf genau die Art und als Lektion für andere beseitigt sehen. Es muß in der Art und Weise seines Todes eine Botschaft gelegen haben."

Vorher hatte Prouty erklärt: „Es ist absolut erstaunlich, daß die brutale Ermordung dieses Mannes... Alfred Herrhausen... so plötzlich auch wieder aus den Schlagzeilen genommen wurde. Die Deutsche Bank in Deutschland ist zweifellos eine der wichtigsten Banken in der Welt und ihr Sprecher Herrhausen war einer der bedeutendsten Sprecher des Bankgewerbes auf der Welt. Er wäre eine Schlüsselfigur bei allen Entwicklungen in Osteuropa und der ehemaligen Sowjetunion gewesen."

An anderer Stelle hatte Prouty gesagt, daß der Schlüssel zu Herrhausens Ermordung in den ersten elf Seiten einer Rede gelegen habe, die Herrhausen am 4. Dezember 1989 in New York hatte halten wollen. In dieser Rede wollte Herrhausen den geradezu revolutionären Vorschlag unterbreiten, nach dem Vorbild der deutschen Kreditanstalt für Wiederaufbau, die nach dem Zweiten Weltkrieg die Deutschland aus dem Marshall-Plan zufließenden Finanzmittel sehr wirkungsvoll zur Wirtschaftsförderung verteilt hatte, eine Entwicklungsbank für Polen zu gründen und mit Finanzmitteln westlicher Banken auszustatten. Dadurch sollte Polen ein westlich finanzierter Wirtschaftsaufschwung ermöglicht werden, der zu diesem Zeitpunkt sehr unwahrscheinlich war, denn Polen ächzte unter einer enormen internationalen Schuldenlast, von der es sich aus eigener Kraft kaum hätte befreien können. Grundlage des von Herrhausen geplanten Wirtschaftsaufschwungs für Polen wären denn auch ein fast völliger Verzicht der westlichen Banken und Staaten auf das Eintreiben der ausstehenden Kredite gewesen. Offensichtlich deckte sich dieser Vorschlag weitgehend mit dem, den Lyndon LaRouche ein Jahr zuvor in Berlin gemacht hatte (siehe dazu den Beitrag auf S.126).

Wie Prouty hervorhob, reihte sich Herrhausen damit in eine Reihe von Politikern und Wirtschaftsführern ein, die alle aus demselben Grund ermordet worden seien, weil sie nämlich die Kontrolle der Welt durch das „Kondominat von Jalta" durchbrechen wollten. Dazu zählte Prouty John F. Kennedy, Aldo Moro, Enrico Mattei sowie Olof Palme.

Zweifelsohne hätte Herrhausen mit dieser nicht gehaltenen Rede ein weiteres Mal das herrschende Management in der sich anbahnenden katastrophalen Schuldenkrise in Frage gestellt, das über seine Institutionen Internationaler Währungsfonds (IWF) und Weltbank eine Politik betrieb (und noch betreibt), die dem Gedankengut Herrhausens oder LaRouches diametral gegenüberstand. Ziel der Politik dieser Institutionen war gerade nicht die wirtschaftliche Entwicklung der Schuldnerländer des IWF, zu denen auch Polen gehörte, sondern die Schuldner sollten durch sogenannte Struktur- und „Finanzreformen" in die Lage versetzt werden, ihre nach allen Maßstäben eigentlich unbezahlbaren Kredite zu bedienen, und sei es auf „Kosten des Lebens des Patienten," d.h. dessen Wirtschaft und Bevölkerung. Angesichts einer solchen Ausrichtung ist es nicht verwunderlich, daß diese Politik in der Tat in keinem Land der Erde ihre Wirkung verfehlt hat, denn in keinem Land hat es seit Beginn der Schuldenkrise vor über 30 Jahren eine nennenswerte wirtschaftliche Entwicklung gegeben. Das kann aber nicht verwundern, denn das letzte Jahr, in dem es einen Netto-Kapitaltransfer von den finanzstarken Industrieländern in die eigentlich fälschlich so genannten Entwicklungsländer gegeben hat, ist das Jahr 1964!

Herrhausen hatte auch auf der Jahrestagung des IWF zwei Jahre vor seiner Ermordung der Überzeugung Ausdruck verliehen, daß die einzige Möglichkeit zur Beendigung der Schuldenspirale nicht nur für Polen in einem zumindest teilweisen Schuldenmoratorium und einer anschließenden Hilfe zum wirtschaftlichen Aufbau der Schuldnerländer bestand. Mit dem Vorschlag hatte er erneut das Feuer der internationalen Finanzwelt auf sich gezogen. Der Herrhausen-Biograph Dieter Balkhausen[6] zitierte Herrhausen, der nach einem solchen Treffen recht fluchtartig Washington verlassen hatte mit den Worten, die Luft sei „bleihaltig" geworden. Auch bei anderen Gelegenheiten ließ Herrhausen erkennen, daß er sich in der Tat in der Rolle eines „Erneuerers" sah, dem schon Macchiavelli als Warnung mitgegeben habe, daß er die Nutznießer des alten Systems zum Gegner habe, während die möglichen Nutznießer des neuen Systems ihn bestenfalls halbherzig unterstützen würden. Das war vor 300 Jahren nicht anders als in der Gegenwart. Die Nutznießer des alten Systems waren mit Sicherheit die internationale Bankenwelt, für die ein Abschreiben ihrer Außenstände in der Dritten Welt einen existenzgefährdenden Einschnitt bedeutet hätte.

Die Deutsche Bank befand sich in der internationalen Bankenwelt in einer weitgehend einzigartigen Situation, da sie über Jahre ihre starken Erträge dazu benutzt hatte, ihre zweifelhaften Außenstände fast völlig abzuschreiben! Eine ernsthaft und öffentlich geführte Debatte darüber, daß die am höchsten ver-

---

6. Dieter Balkhausen, *Alfred Herrhausen, Macht, Politik und Moral*, ECON-Taschenbuch-Verlag, Düsseldorf, Wien 1992.

schuldeten Länder z.B. in Iberoamerika tatsächlich zahlungsunfähig waren, hätte völlig zwangsläufig dazu geführt, daß die internationalen Konkurrenten der Deutschen Bank ihre Außenstände hätten ebenfalls abschreiben müssen, jedoch ohne sich das leisten zu können. Eine Herabsetzung der Kreditwürdigkeit dieser Banken unter das Niveau, das für ein Engagement im internationalen Geschäft absolute Voraussetzung ist, wäre unerläßlich geworden.

Herrhausen war nicht der Erfinder dieser — angesichts der sonst herrschenden Praktiken im internationalen Bankwesen — außergewöhnlich progressiven Geschäftspolitik der Deutschen Bank. Schon Jahre vor Herrhausen war Werner Blessing vom Vorstand der Deutschen Bank durch öffentliche Kritik am Schuldenkrisenkonzept der weltweit führenden Banken und Finanzinstitutionen aufgefallen. Der Wirtschaftsjournalist Balkhausen notierte, daß Alfred Herrhausen sich von den Ausführungen Blessings zu diesem Thema beeindruckt zeigte. Blessing hatte — als Vorstandsmitglied der Deutschen Bank für Nordamerika zuständig — im Juni 1987 bekanntgegeben, daß sich sein Institut in Zukunft stärker auf dem amerikanischen Markt engagieren werde. Die Deutsche Bank wäre damals nach der Citicorp zweitgrößte Bank in den USA geworden.

Werner Blessing starb 1987 an einem Herzinfarkt. Herrhausens Nachfolger in der Position des Sprechers der Deutschen Bank buckelte nur Monate nach Herrhausens Ermordung: „Dagegen glaube ich, daß die berühmte Idee von der globalen Megabank ziemlich tot ist.“ Herrhausen hatte noch unmittelbar vor seinem Tod verdeutlicht, daß sich die Deutsche Bank zukünftig weltweit betätigen wollte. Erstmalig in der Geschichte der Bundesrepublik hatte die Deutsche

Bank ein international führendes Investmenthaus, Morgan-Grenfell in London, für fast drei Milliarden D-Mark aufgekauft und damit auf fast schon aggressiv scheinende Art und Weise demonstriert, daß die Beschränkung auf eine führende Rolle in Deutschland der Vergangenheit angehörte.

Ein großes Problem, wenn auch zunächst nicht offensichtlich, war die isolierte Position Herrhausens, die sich gerade aus der relativen Stärke der Deutschen Bank im Vergleich zu anderen, auch deutschen, Banken ergab. Obwohl alle deutschen Großbanken sich frühzeitig zu großzügigen Abschreibungen ihrer Außenstände an unsichere Länder gezwungen sahen und deshalb auch einer eventuellen Schuldenstreichung für die ärmsten Länder gelassen hätten entgegensehen können, hatte Herrhausen dort keine Anhänger. Bereits Blessings Ideen zu Schuldenreduktionen und Zinserlässen waren in Bankkreisen als „Schnapsideen" denunziert worden. Der als führender Herrhausen-Gegner geltende Walter Seipp, Vorstandssprecher der Commerzbank, hatte nicht nur Abneigung gegen Herrhausen, sondern die *Frankfurter Rundschau* bescheinigte ihm einen regelrechten Haß auf seine Kollegen von der großen Konkurrenz. Die Kritik aus Bankerkreisen warf Herrhausen schlicht vor, „unsolidarisch" zu sein.[7]

Herrhausen als Berater des Kanzlers

Es war vor dem Attentat weithin bekannt, daß Herrhausen bedeutenden Einfluß auf Bundeskanzler Helmut Kohl genommen hatte und die Ansichten des

---

7. Balkhausen, *Herrhausen. Macht, Politik und Moral*, Seite 162.

Kanzlers zu den Perspektiven einer möglichen Wiedervereinigung mitgeprägt hatte, wie dieser sie am 28. November 1989 in Form seines Zehn-Punkte-Programms dem Bundestag vortrug. Das dürfte in gleichem Maße für die Ansichten des Bundeskanzlers zu einer Wirtschafts- und Währungsunion zutreffend gewesen sein, für deren Verwirklichung Kohl eine politische Union europäischer Staaten als Voraussetzung vorsah; und die lag in sehr weiter Ferne.

Wie durch die zwischenzeitliche Veröffentlichung der geheimen Regierungsakten[8] bekannt geworden ist, hatte Kohl am 27. November 1989 dem auf eine baldige Festlegung eines Zeitrahmens für die Wirtschafts- und Währungsunion drängenden französischen Präsidenten François Mitterrand, der gleichzeitig auf die erforderliche Zustimmung der vier Mächte zu einer möglichen Wiedervereinigung Deutschlands pochte, die Schwierigkeiten und Bedenken auf dem Weg zur politischen Union geschildert. Insbesondere die „großen Divergenzen in der Stabilitätsentwicklung“ gefährdeten „das tatsächliche Erreichen der Konvergenzziele in der ersten Stufe“ der Währungsunion.

Am 30. November 1989 wurde Herrhausen, der wohl wichtigste Berater Kohls in Fragen einer europäischen Währungsunion, ermordet, während Mitterrand am selben Tage — der Brief ging am 1. Dezember 1989 in Bonn ein — kategorisch verlangte, daß „wir in Straßburg Entscheidungen treffen, die uns unmißverständlich auf den Weg der Wirtschafts- und Währungsunion verpflichten.“

---

8. *Dokumente zur Deutschlandpolitik, Deutsche Einheit. Sonderedition aus den Akten des Bundeskanzleramtes 1989/90*, Oldenbourg Verlag, München 1998.

Bereits am 5. Dezember rückte Kohl von seiner bisher ablehnenden Haltung ab. Das Treffen in Straßburg war für den 9. Dezember geplant. Kohl stimmte dort für den Beschluß, ein Jahr später die Regierungskonferenz zur Herstellung der Währungsunion einzusetzen — gegen die Interessen Deutschlands, wie er dem amerikanischen Außenminister James Baker drei Tage später eingestand. [9]

Alfred Herrhausen

Während zum Zeitpunkt der Ermordung Herrhausens die Kritik an der von ihm vertretenen Politik noch nicht offen hervorgebrochen war, sollte sich das im Frühjahr 1990 ändern. Die Sabotage der britischen Regierung Thatcher an den Bemühungen Bonns, die Wiedervereinigung zu erreichen, kulminierte in der Propagandakampagne gegen Deutschland als dem angeblich entstehenden „Vierten Reich" und dem unverschämten Versuch, Helmut Kohls und Adolf Hitlers Ambitionen gleichzusetzen (siehe dazu den Beitrag auf S.173).

Verglichen mit den fürchterlichen Verwüstungen der Weltkriege sind die Anstrengungen in einem

---

9. *Der Spiegel* 18/1998, Seite 108ff.

„Krieg geringer Intensität“ (low intensity warfare), im Volksmund auch als terroristische Kriegsführung bekannt, ein relativ geringer Aufwand. Wenn es aber doch gelingt, mit einer geradezu winzigen Anstrengung dem Gegner seinen eigenen Willen aufzuzwingen, beweist das doch eine weitaus bessere Beherrschung der Machtmittel, mit denen ein politischer Sieg, nämlich die Unterordnung eines Gegners unter den eigenen Willen, zu erreichen ist. Sicherlich ist es bei derartigen Aktionen wichtig, daß die Art und Weise der Tötung bzw. mehr oder weniger grausamen Hinrichtung eines nicht nur symbolischen Gegners — ihm muß schon eine strategische Rolle zukommen — eine Nachricht enthält, wie Prouty richtig sagte. Die Nachricht lautet: Es gibt vor uns, den Tätern, keinen Schutz, wir begehen unsere Taten sehr öffentlich und sind unangreifbar.

Allein schon die zeitliche Überlappung zwischen den weitgehend geheimen Verhandlungen angeblich befreundeter oder zumindest verbündeter Regierungen und der öffentlich geradezu zelebrierten Greueltat läßt keinen Zweifel daran, daß im Fall Herrhausen eine solche Nachricht an die regierende Kaste der Bundesrepublik Deutschland übermittelt wurde. Erschreckend ist aber im gleichen Maße, daß sich die Institutionen der Bundesrepublik durch ihre Bündnisverpflichtungen offensichtlich zur Verschleierung einer solchen Erpressung verpflichtet fühlten.

Es ist zu vermuten, daß die Nachricht, die mit der Ermordung des Beraters des Bundeskanzler in Währungs- und Wirtschaftsfragen Dr. Alfred Herrhausen übermittelt wurde, bis zum heutigen Tag nachwirkt. Nicht nur wird die Vertuschung der Hintergründe des Mordes aufrecht erhalten und die Aufklärung weiterhin verhindert. Fast noch schlimmer, es wird Herrhausen sein Platz in der Geschichte streitig gemacht und gerade seine Rolle als Berater des Bundeskanzler auf kaum glaubliche Art negiert. In der Dokumentation *Deutsche Einheit. Sonderedition aus den Akten des Bundeskanzleramtes 1989/90* wird Herrhausen nur einige Mal beiläufig in verschiedenen Zusammenhängen erwähnt, die Tatsache seiner Ermordung gar nur in einer Fußnote! Die Brisanz, die sich dahinter verbirgt, läßt der folgende Satz in der Vorbemerkung der Dokumentation zur Deutschen Einheit erahnen: „Auf einen Abdruck der vielschichtigen Materialien zur Vorgeschichte des Zehn-Punkte-Programms mußte verzichtet werden.“ Herrhausen hatte aber gerade in diesem entscheidenden Stadium der Auseinandersetzung um eine mögliche Wiedervereinigung großen Einfluß auf die Entwicklung gehabt.

Anno Hellenbroich

Spuren im Mordfall Rohwedder

Vor sieben Jahren, am 1. April 1991, wurde Dr. Detlev Karsten Rohwedder, der Chef der Treuhand, in seinem Haus in Düsseldorf-Oberkassel ermordet. Seine Frau wurde durch einen weiteren Schuß schwer verletzt. Bis heute sind die Täter nicht gefunden, Hintermänner nicht genannt, der Mord ungesühnt.

Noch am Gründonnerstag 1991, vier Tage vor den tödlichen Schüssen, hatte Rohwedders Ehefrau um verstärkten Polizeischutz gebeten. „Hier zieht sich etwas zusammen“, klagte sie bei der Düsseldorfer Polizei — vergeblich. In den Wochen vor der Tat hatten sich die Morddrohungen gegen ihren Mann gehäuft: Anonyme Briefschreiber und Anrufer meldeten sich.

Am Karfreitag wird auf die Berliner Treuhandfiliale an der Schneeglöckchenstraße ein Brandanschlag verübt. Verantwortlich dafür bekennt sich eine Gruppe mit dem Namen „Thomas Münzers wilder Haufen“. Entscheidend dabei ist, daß Rohwedders Name in dem Bekennerschreiben erwähnt ist, diese Information aber nicht rechtzeitig an die für Rohwedders Sicherheit zuständigen Dienststellen gelangt.

In Berlin hatte Rohwedder Sicherheitsstufe 1, in Düsseldorf wurde ihm jedoch nur Stufe 2 gegeben. Im Rahmen der Schutzmaßnahmen hatte man nur die Fenster im Erdgeschoß seines Hauses mit Panzerglas versehen, nicht aber die im ersten Stock. Ein fataler Fehler.

Schon seit geraumer Zeit wurden damals von Altkadern der SED, aber auch verstärkt in der allgemeinen Öffentlichkeit, die wachsenden wirtschaftlichen Schwierigkeiten im Wiedervereinigungsprozeß zu Unrecht der Treuhand und speziell ihrem Vorsitzenden Rohwedder angelastet; besonders die giftigen Angriffe aus den Gewerkschaften und seiner eigenen Partei, der SPD, verletzten Rohwedder sehr.

Im Ausland, insbesondere in Großbritannien und von französischen Kreisen um Mitterrand, wurde seit dem Fall der Mauer das Gespenst des „Vierten Reichs" an die Wand gemalt. Im Juli 1990 — nach der deutschen Währungsunion und im Blick auf die von Kohl betriebene Europäische Währungsunion — hatte der britische Industrieminister Nicholas Ridley im *Spectator* Äußerungen getan, die so empörend waren, daß er seinen Hut nehmen mußte. Allerdings hatte Ridley nur öffentlich ausgesprochen, was viele der geopolitisch fixierten Eliten dachten: Die deutschen Vorstöße in Richtung einer Europäischen Währungsunion seien „ein verbrecherisches deutsches Unterfangen zur Übernahme ganz Europas. Das muß vereitelt werden. Diese übereilte Machtübernahme der Deutschen auf der schlimmstmöglichen Grundlage, wobei die Franzosen sich den Deutschen gegenüber wie Pudel benehmen, ist absolut unerträglich. Ich bin nicht prinzipiell dagegen, Souveränität abzutreten, aber nicht an dieses Pack. Dann hätten wir sie, offen gesagt, gleich an Adolf Hitler abtreten können."

In dieser innen und außen aufgeputschten Stimmungslage traf der Mordanschlag, anderthalb Jahre nach der Ermordung des Chefs der Deutschen Bank Alfred Herrhausen, den entscheidenden Mann, der mit größter Leidenschaft einen sozialverträglichen Umbau der verrotteten DDR-Wirtschaft angepackt hatte. Erst nach Jahren wird wirklich deutlich, daß der gewaltsame Tod der beiden herausragenden Männer nicht nur eine für die gesamtdeutsche Entwicklung unersetzliche Lücke gerissen hat, sondern auch den Niedergang der deutschen Industrieelite massiv beschleunigte.

Rohwedder — ein Patriot

Am 16. November 1989 traf Rohwedder, damals Chef des Stahlriesen Hoesch, Professor Albert Jugel aus Dresden, der ihm in einem langen Gespräch schonungslos die wirtschaftliche Lage der DDR darstellt und ihn um Hilfe bittet, u.a. beim Aufbau eines Technologieparks in Dresden. Rohwedder bildet in seinem Unternehmen eine Arbeitsgruppe Deutschland („Chefsache"). Jugel notiert sich: „Dr. Rohwedder bildet unter seiner persönlichen Leitung ab 20.11.89 eine konzerninterne AG DDR-Kooperation zur Umsetzung der vorgeschlagenen Zusammenarbeit. Er beabsichtigt, am 18.12.1989 zu weiteren Kooperationsgesprächen nach Dresden zu kommen."

Jugel faßt die Gespräche zusammen und übergibt dieses Papier dem damaligen Ministerpräsidenten der DDR Hans Modrow. U.a. schreibt er: „Es wurden erörtert Möglichkeiten der Lohnarbeit von DDR-Betrieben für Hoesch sowie Kapitalbeteiligungen von Hoesch in der DDR. Dr. Rohwedder sagte hier jede erdenkliche Unterstützung zu, falls der demokratische Prozeß in der DDR in Richtung einer pluralistischen, demokratischen Gesellschaft läuft ... Verlagerung in die DDR ist einfacher und billiger als Aufbau von Kapazitäten in Portugal."

Am 16. Dezember 1989 wird in Dresden der Grundstein für das Technologiezentrum gelegt. Einen Tag später trifft Rohwedder — er ist mit Sohn Philipp und seinem Freund Lothar Loewe auf einer Wanderung „auf den Spuren des Siebenjährigen Krieges" — einen Vertreter des oppositionellen Neuen Forums. Das nächtliche Gespräch vermittelt ihm für die zukünftige Treuhand-Arbeit unersetzliches Wissen und Gespür für die Umbruchslage.

Am 1. März 1990 wird die Verordnung zur „Umwandlung von volkseigenen Kombinaten, Betrieben und Einrichtungen in Kapitalgesellschaften" im DDR-Ministerrat verabschiedet und die Gründung einer Anstalt zur treuhänderischen Verwaltung des Volkseigentums beschlossen; vier Tage nach Beginn der Währungs-, Wirtschafts- und Sozialunion der beiden deutschen Staaten wird Rohwedder am 4. Juni 1990 zum Vorsitzenden des Verwaltungsrates der Treuhandanstalt berufen. Zum Präsidenten der Treuhand wird wenige Tage später Bundesbahnchef Dr. Reiner Maria Gohlke ernannt, der aber bereits am 20. August das Handtuch wirft. Am 29. August wird Rohwedder Präsident der Treuhandanstalt.

In seiner Rede vor der Volkskammer hatte Rohwedder etwas für ihn sehr Typisches gesagt: „Erst kommen die Menschen, dann die Paragraphen." Damit begründete er seine Absicht, gegen das Treuhandgesetz zu verstoßen und keine branchenübergreifenden Aktiengesellschaften in den zukünftigen neuen Bundesländern aufzubauen. Erste Zwischenbilanz: 8000 VEBs sind umgewandelt in AGs und GmbHs. Am 3. Januar 1991 sind von den knapp 8000 Betrieben 500 privatisiert.

„Erst die Menschen, dann die Paragraphen"

Man hätte sicher keinen besseren Manager für die größte Industrieholding der Welt finden können als Rohwedder. Aufgewachsen im thüringischen Gotha, hat er dann im Westen Deutschlands 16 Jahre in politischer Verantwortung gestanden. 1972 wurde Rohwedder Mitglied der SPD, bei den Ministern Schmidt, Friedrichs und Lambsdorff stand er als Staatssekretär in Diensten. 1979 übernahm er den Job bei Hoesch und sanierte Anfang der 80er Jahre erfolgreich die krankende Stahlindustrie.

Ein typisches Beispiel für seine Art, unkonventionell Lösungen zu suchen, ist sein Antwortschreiben auf einen Offenen Brief des nordrhein-westfälischen Landesverbandes der Europäischen Arbeiterpartei, welcher auf Anregung der damaligen EAP-Vorsitzenden Helga Zepp-LaRouche ab November 1980 weit verteilt und auch an den Hoesch-Vorstand geschickt worden war. Im Kern wurde in diesem Brief die Notwendigkeit des Baus des Oxygen-Stahlwerks in Dortmund angesprochen, aber gleichzeitig auf die Bedeutung solcher Innovationen im Rahmen einer globalen Entwicklungsperspektive in der Tradition Friedrich Lists hingewiesen. Insbesondere wurde auf die sich abzeichnenden katastrophalen Folgen der Politik des Internationalen Währungsfonds (IWF) und die Chance, die in der Phase 2 des Europäischen Währungssystems lag, verwiesen. In seinem Antwortschreiben vom 9. Januar 1981 bedankt sich Dr. Rohwedder als Vorsitzender des Vorstands der Estel-Hoesch-Werke für den „eindringlichen Beitrag" dieses Briefes zur Erörterung der Lage des Ruhrgebiets und erwähnt die Begrenzung jedweder Lösung durch die „Umfeldbedingungen", etwa in „Hinblick auf eine Reform des IWF".

Zehn Jahre später, bei der Übernahme der Treuhandführung — „eine Aufgabe von furchterregender Dimension" (Rohwedder) — sind bei der Wiedervereinigung und der globalen Wirtschaftslage die Begrenzungen der Rahmenbedingungen noch viel einschneidender. In Diskussionen mit DGB-Vertretern sagte Rohwedder, dem in der Frage „Privatisieren und Sanieren" stets die sozialen Konsequenzen vor Augen standen: „Aber ich verspreche Ihnen — und daran wird sich nichts ändern, solange ich dieses Amt innehabe —, daß wir bei unseren Entscheidungen stets die sozialpolitischen Konsequenzen bedenken."

Reine Marktwirtschaft nicht möglich

Später meinte Rohwedder zu diesem Umgestaltungsprozeß im Kontext der wegbrechenden Ostmärkte (immerhin waren von den 4 Mio. Jobs, über die er zu entscheiden hatte, 1,5 Mio. vom Ostexport abhängig): „Ich habe eine hundertprozentige Privatisierung nie für möglich gehalten. Viele Unternehmen würden mit einer hohen staatlichen Beteiligungsquote aus dem Privatisierungsprozeß hervorgehen ... Eine reinrassige, gedanklich saubere und schnörkellose Marktwirtschaft" sei für Rohwedder im Osten nicht denkbar, war in der *Frankfurter Allgemeinen Zeitung* zu lesen.

Solche Grundüberzeugungen — ähnlich wie die von Alfred Herrhausen kurz vor seiner Ermordung vorgeschlagene Entwicklungsbank für Polen (einschließlich begrenzter Schuldenmoratoria) — stießen auf erbitterten Widerstand, ja Haß geopolitisch fixierter Kreise der Finanzoligarchie. Typische Kritik kam z.B. von der britischen Unternehmensberatung Economic Finance LTD, die den „Dilettantismus", „die Etablierung neuer, westlich orientierter Seilschaften" und „brutales Eigeninteresse" der Deutschen monierte. Economic-Finance-Geschäftsführer Peter Stähli beklagte sich, daß britische Investoren im Osten Deutschlands nicht so recht zum Zuge kämen. Solche Angriffe nutzten meist das wohlfeile Argument, insbesondere hemmten Bürokratismus und Hindernisse wie die Frage der Übernahme ökologischer Altlasten neue Investitionen.

Gegen Wirtschaftskriminalität

Die Probleme waren Rohwedder durchaus bewußt. Er wollte von vornherein sicherstellen, daß Korruption und Seilschaften unmöglich gemacht, zumindest aber eingedämmt wurden. In einer Vorstandssitzung sagte er: „Hier wird mit härtesten Bandagen gefochten. Hier wird, was die Treuhandanstalt und die Verwirklichung kommerzieller Interessen angeht, nun aber auch wirklich jede Scham beiseitegelegt. Manche Leute nehmen sich gegenüber der Treuhandanstalt Unverschämtheiten heraus, die in Westdeutschland schlechthin unmöglich wären." Dabei zielt er nicht nur auf die ostdeutschen Seilschaften ab: „Es gibt große Auswüchse an Wirtschaftskriminalität. Das sind aber alte und neue Seilschaften. Westdeutsche Geschäftemacher und alte Generaldirektoren. Das geht bis in die höchsten Etagen der deutschen Wirtschaft."

Aus diesen Gründen sucht sich Rohwedder auch für seine Stabsstelle „Recht" den geeigneten Mann, der solche Korruption entdecken und bekämpfen soll: Staatsanwalt Hans Richter aus Stuttgart.

In dem *WDR*-Film „Wer erschoß den Treuhandchef? Neue Spuren im Mordfall Rohwedder", der Anfang 1998 als zweiteilige Dokumentation gesendet wurde, wird Richter in einem Kommentar über den vier Tage vor dem Rohwedder-Mord erfolgten Anschlag auf die Berliner Treuhandfiliale zitiert: „Ein Anschlag auf dieses Büro eines solchen Bürgerbeauftragten, das waren renommierte unabhängige Persönlichkeiten, das ist abstrus gewesen. Und das ist es, was mich damals dazu gebracht hat, daß ... Leute, die verhindern wollen, daß Stasi-Seilschaften aufgedeckt werden, viel eher in Betracht kommen. Wir haben Anhaltspunkte dafür, daß bestimmte Unterlagen in dieser Niederlassung von Interesse sein könnten für Leute, die eine Aufdeckung von Vermögensverschiebungen verhindern wollen."

Politischer Auftragsmord

Der *WDR*-Film entwickelt die These, daß Rohwedder durch politischen Auftragsmord von bestimmten Stasi-Seilschaften umgebracht wurde, denen er das Handwerk legen wollte: „Fest steht: In der Endphase des SED-Staates haben ehemalige DDR-Wirtschaftskreise einen Großteil des alten Staats- und Parteivermögens beiseite geschafft und in alten DDR-Betrieben versteckt. Insgesamt geht es um rund sechs Milliarden Mark. Rohwedder hatte dieses System der Schiebung und der Geldwäsche durchschaut und bereitete Schritte vor, um effizient gegenzusteuern. Er wollte verhindern, daß verdächtige Firmen von alten Seilschaften weitergeführt werden, und bot diese Betriebe statt dessen auf den internationalen Märkten an."

Der Film zitiert dann erneut den Treuhand-Sonderermittler Hans Richter: „Ich denke, daß es die Stasi in dieser Zeit als Organisation nicht mehr gegeben hat. Aber es hat Gruppen gegeben, die eng mit der Stasi verbunden waren, in verschiedenen Wirtschaftsbranchen, die schon vorher mit dem Ausland zu tun gehabt haben, die ja ganz eng gehalten wurden, etwa die Außenhandelsbetriebe.“ Unserer Auffassung nach kommt Richter damit einer wichtigen Spur näher, die aber der Film nicht wirklich substantiiert.

Bereits im Oktober 1990 hatte Rohwedder sich scharf in einem Fernsehinterview gegen die neuen Seilschaften geäußert, wie der Film dokumentiert: „Man redet ja immer, man spricht von alten Seilschaften, Herr Lueg. Es gibt auch neue Seilschaften. Das sind dann die zwischen westdeutschen Geschäftemachern und alten VEB-Bonzen, die sich zusammengetan haben, um gemeinsame Geschäfte zu machen. Und das ist auch keine gute und sympathische Kombination. Aber wir haben da ein Auge drauf.“

Im ersten Untersuchungsbericht des Bundestages zur Arbeitsweise des Bereichs Kommerzielle Koordinierung unter seinem Chef Schalck-Golodkowski („Schalck-KoKo-Bericht“) ist ein Dokument vom 14. März 1985 abgedruckt, das an Schalcks Stellvertreter Oberst Hans Seidel gerichtet war. In dem Schreiben wird noch einmal die Dringlichkeit der Devisenbeschaffung für die DDR hervorgehoben und besonders sorgfältig die Frage der Auslandsverbindungen im NSW-Bereich („nichtsozialistisches Wirtschaftsgebiet“), insbesondere die Rolle vertrauensvoller Kontaktpersonen für geplante Tarngeschäfte aller Art dargestellt. In der Anlage zu diesem Schriftstück befinden sich Namen und Adressen vieler Geschäftsführer, Firmenchefs u.a., die zu diesem Kreis zählen. An erster Stelle prangt der Name Ottokar Hermann mit Firmen in der Schweiz — Lugano (Intrac und Befisa) und Zug (Buri) —, Westberlin oder Wien, aber auch auf den Kanarischen Inseln.

In dem Entwurfschreiben (mit handschriftlichen Ergänzungen) an Hans Seidel ist zu lesen: „In Durchsetzung der Weisung des Genossen Minister wurden durch den Bereich Kommerzielle Koordinierung spezielle Auslandsverbindungen geschaffen, um auch unter komplizierten Lagebedingungen bzw. in besonderen Spannungssituationen die Weiterführung der Tätigkeit des Bereichs zu sichern (Anlage)“ (Bericht S. 1184ff). Zu den Aufgaben werden gezählt: „Beschaffung/Import strategischer und militärisch wichtiger Materialien/Rohstoffe und Ausrüstungen/Waffen“.

Ottokar Hermann und die Ihle-Spedition

Egmont R. Koch beschreibt im Zusammenhang mit Ottokar Hermann in seinem Buch *Das geheime Kartell, BND, Schalck, Stasi & Co.* folgendes, in vieler Hinsicht wichtige Ereignis: „Ottokar Hermann übte aber gewissermaßen auch eine Überwachungs- und Kontrollfunktion im Auftrag des SED-Staates aus.“ So habe er z.B. 1976 das Speditionsunternehmen Ihle in Hamburg übernommen, ein Unternehmen, das bereits gute Geschäftsbeziehungen zur DDR-Speditionsfirma Deutrans unterhalten und das auch Waffen nach Südafrika transportiert haben soll.

Es sei jedoch zu Spannungen zwischen dem Geschäftsführer von Ihle, Uwe Harms, und seinen Ost-Berliner Bossen gekommen. „Im März 1987, nach einer Visite in der DDR, sprach sich Harms, angeblich ‚entnervt und verängstigt‘, bei einem Bekannten aus: Er sei von Schalck gegen seinen ausdrücklichen Willen mit einem Waffentransport beauftragt worden.

Die Lisowski (Leiterin der Abteilung Verkehr, einer der wichtigen Bereiche für die internationale verdeckte Arbeit des Schalck-Komplexes, *A. H.*) habe ihn daraufhin ‚massiv bedroht'. Uwe Harms befürchtete [nach Bezeugung des Bekannten], ‚daß die mich umlegen'. Etwa einen Monat später entdeckte die Hamburger Polizei im Apartment eines bolivianischen Zuhälters im ‚Sperrbezirk' St. Georg, in einem Plastiksack verschnürt, die Leiche von Uwe Harms."

Iran-Contragate und der Ost-West-Waffenhandel

Im gleichen Jahr hatten viele Personen ihr Wissen oder auch ihre Beteiligung an geheimen Waffengeschäften mit dem Leben bezahlen müssen. Schwedische Fahnder hatten 1985 erstmals bei Durchsuchungsaktionen Belege über ein geheimes internationales Waffen- und Sprengstoffhandels-Netz in verbotene Regionen gefunden. Details über die Lieferung („Dreiecksgeschäfte") von Waffen, die teilweise aus dem Ostblock stammten, an den Iran (im Krieg gegen den Irak) und die Contras (im Kampf gegen die Sandinisten) in Nikaragua, die vom damaligen amerikanischen Vizepräsidenten Bush über „private Kanäle" organisiert wurden, kamen an die erschreckte und empörte Öffentlichkeit.

So wurde am 14. Juni 1986 im panamaischen Hafen Balboa der Frachter *Pia Vesta* auf Ersuchen der peruanischen Behörden gestoppt und inspiziert. Versteckt unter 32 DDR-Lastwagen, der offiziellen Ladung des Schiffes, fanden die Kontrolleure 1500 Kalaschnikow-Schnellfeuergewehre und 1440 Raketenwerfer. Der Kapitän führte gleich zwei Ausfertigungen von Frachtbriefen mit sich, von denen einer

Peru, der andere El Salvador als Endabnehmer der Ware aufführte. Beladen worden war die *Pia Vesta* am 5. Mai im DDR-Überseehafen Rostock. Lieferant der Waffen war die KoKo-Firma Imes. Bezahlt wurde die heiße Fracht nach Mittelamerika übrigens von der in Genf ansässigen Treuhandfirma CSF, laut US-Dokumenten eine finanztechnische Schaltstelle im Iran-Contra-Netzwerk.

Iran-Contra und die Todesspur 1987

Am 21. März 1987 wurde der italienische General Georgieri von Terroristen ermordet. Die Turiner Zeitung *La Stampa* brachte die Morde an Georgieri und dem ein Jahr zuvor ermordeten schwedischen Ministerpräsidenten Palme mit den illegalen Waffengeschäften an den Iran in Verbindung. Am 15. Januar war der schwedische Konteradmiral Carl Algernon beim Sturz vor eine fahrende U-Bahn in Stockholm ums Leben gekommen. Algernon war Rüstungsinspekteur der Handelsabteilung im schwedischen Außenministerium und dort verantwortlich für die Ausgabe von Exportlizenzen für Waffenlieferungen. Er starb wenige Tage vor seiner geplanten Vernehmung zu den illegalen Waffenverkäufen der Firma Bofors an den Iran. Im Mai 1987 hatte Uwe Barschel einen mysteriösen Flugzeugabsturz knapp überlebt. Kurz vor seinem Tod hielt er sich auf den Kanarischen Inseln auf, um sich mit Adnan Kashoggi zu treffen.

Einblick in die geheimen Waffenlieferungen der DDR

In der Zeit nach der Wende haben Bürgerrechtler nur kurze Zeit etwas Licht in diese internationalen Praktiken bringen können, die bald darauf durch offizielle Sperrvermerke des BND oder anderer Stellen sowie die Eliminierung von Zeugen und Dokumenten jeder weiteren Nachforschung entzogen werden sollten.

Typisch ist die Aussage eines ehemaligen DDR-Offiziers, der im Januar 1991 in einem Interview über diese DDR-Praktiken im internationalen Waffen- und Militärberaterbereich anschaulich und glaubwürdig berichtet hat. Hier ein Auszug:

„N.N.: Diese Einsätze nannten sich ‚Sonderaufträge' und jeder Auftrag war für sich streng geheim, so geheim, daß die 7-10 Offiziere, die meist daran teilnahmen, manchmal noch im Flugzeug nicht wußten, wohin sie fliegen. Ich habe in der Regel ‚Lieferungen' begleitet. Wir wurden in Zivil zum Flughafen gebracht, Schönefeld, Marxwalde, Schkeuditz usw., wo für uns strengstes Kontaktverbot zum Personal bestand. Wir durften nicht einmal mit den Offizieren sprechen, die in anderen Flugzeugen mitflogen. Unsere Ladung bestand in der Regel aus Waffen und Munition. Ich selbst habe solche Lieferungen nach Angola, Mosambik, Äthiopien, Irak und Iran begleitet. Ich weiß von anderen Offizieren, daß sie unter anderem in Bangladesch, in Peru, Afghanistan, Jemen, Kuwait, Jordanien, Syrien und anderen Ländern waren. Die Transporte waren dann in der Regel mit einem Militärberater-Einsatz in den jeweiligen Ländern verbunden.

Der Waffentransport in den Irak war wieder ein sogenannter ‚Blindauftrag', d.h., wohin wir flogen, wußten wir erst, als wir schon in Bagdad waren, unsere Ladung bestand aus Waffen und Munition, das waren 11 Flüge 1981. Etwa 2 oder 3 Wochen nach Ende der Irak-Einsätze transportierten wir wieder Waffen und Munition, aber diesmal in den Iran, nach

Teheran. Das ging eine Woche lang. Tag und Nacht, etwa 5-6 Flüge. Außer uns, die wir in Zivil als Mitarbeiter (während der folgenden Einsätze als Militärberater, *A.H.*) des Außenministeriums auftraten, waren dort noch französische und Bundeswehr-Offiziere. Wir waren mit den Bundeswehr-Offizieren in einer Baracke untergebracht und bildeten jeweils Fallschirmjäger aus. Was die Franzosen im Iran gemacht haben, war nie herauszubekommen, wir sahen sie immer nur zur Ausbildung wegfahren."

Mordwaffe Rohwedders in Brüssel gefunden?

Anfang dieses Jahres hatte Generalbundesanwalt Nehm über einen „Zufallsfund" der Brüsseler Polizei vom April 1997 berichtet. Damals wurde eine Garage auf Anzeige des Eigentümers untersucht. Mieterin der Garage war eine belgische Staatsangehörige, die nach dort geführten Ermittlungen der belgischen terroristischen Vereinigung FRAPO zugerechnet wird, wie die Bundesanwaltschaft berichtete. Sie stand in Verbindung mit der ebenfalls belgischen terroristischen Vereinigung CCC, die ihrerseits zu Mitgliedern der terroristischen Action directe (Frankreich) und der RAF Kontakt unterhält. Nach Erkenntnissen der Ermittlungsbehörden gab es eine Zusammenarbeit zwischen Mitgliedern der Action Directe und der RAF, so zum Beispiel im Zusammenhang mit dem versuchten Sprengstoffanschlag auf die NATO-Schule in Oberammergau am 18. Dezember 1984 und beim Anschlag auf die U.S. Airbase im August 1985.

In der Garage wurden fünf Gewehre des Typs FN-FAL aus der Waffenfabrik „Fabrique National" sowie 28,5 kg Sprengstoff sichergestellt. Der Sprengstoff wurde am 4. Juni 1984 aus einem Steinbruch im belgischen Eccaussines gestohlen. Sprengstoff aus diesem Diebstahl hatte die RAF bei dem versuchten Anschlag auf die NATO-Schule in Oberammergau benutzt. Die sichergestellten Gewehre stammten aus einem von Mitgliedern der Action Directe in Vielsam in Belgien im Mai 1984 verübten Diebstahl. Die Bundesanwaltschaft hatte die belgischen Behörden gebeten, die gefundenen Waffen zu beschießen, um sie mit den beim Attentat auf Rohwedder und beim Anschlag auf die amerikanische Botschaft gefundenen Patronenhülsen zu vergleichen. Der Mord an Dr. Rohwedder, so die Bundesanwaltschaft, sei mit einem vollautomatischen Gewehr des Typs FN-FAL verübt worden, das nach kriminaltechnischen Vergleichsuntersuchungen auch bei dem Anschlag auf die amerikanische Botschaft in Bonn am 13. Februar 1991 verwendet wurde.

Verbindungen zum Mord an André Cools?

Drei Monate nach der Ermordung Rohwedders wurde André Cools, Führungsmitglied der belgischen Sozialisten und Vizepremier Belgiens, der „Boss" von Lüttich, dem Firmensitz der großen Waffenfabrik „Fabrique National", ermordet. Dieses Attentat ereignete sich nur wenige Tage nach Cools' Rückkehr aus der Schweiz, wo er angekündigt hatte, über einen großen Korruptionsskandal, in dem belgische Waffen- und Sprengstoffkartelle verwickelt seien, auszusagen.

Ein Jahr zuvor war bereits im März der Waffenkonstrukteur Gerald Bull vor seinem Haus in Brüssel ermordet worden. Seine Arbeitsunterlagen waren verschwunden, der Mord wurde bisher nicht aufgeklärt. Cools saß auch im Aufsichtsrat des Flughafens Bierset in der Nähe Lüttichs, der in der Zeit des Waffenembargos als Schleuse für Waffenlieferungen an den Irak und den Iran genutzt wurde.

In der Presse wurde auch die Frage aufgeworfen, ob Jean Gol, ehemaliger Verteidigungs-und Innenminister Belgiens, Vorsitzender der belgisch-israelischen Freundschaftsgesellschaft mit mutmaßlichen guten Beziehungen zum Mossad, nicht etwas Licht in dieses mörderische Geschäft bringen könnte, zumal er ein Cousin Schalck-Golodkowskis sei?

Die Öffentlichkeit hat ein Recht darauf, daß die Ermittlungen im Mordfall Rohwedder weitergehen. Es gilt, die Hintergründe des Schalck-Hermann-Komplexes und die internationalen Verbindungen jener Kräfte auszuleuchten, die einen erfolgreichen Aufbau Ost exemplarisch durch den Terrormord an Rohwedder vereiteln wollten.

Dieser Beitrag ist die stark gekürzte Fassung eines zweiteiligen Artikels, der in Neue Solidarität Nr. 12 und 13 vom 8. und 15.3.1998 erstmals veröffentlicht wurde.

Literatur

George Bush and the 12333 serial murder ring, EIR News Service, Washington 1996.

Faustrecht oder Völkerrecht? Amerika: Koloß auf tönernen Füßen, EIR-Nachrichtenagentur, Wiesbaden 1990.

Michael Jürgs, *Die Treuhändler. Wie Helden und Halunken die DDR verkauften*, München, Leipzig 1997.

Egmont R. Koch, *Das geheime Kartell. BND, Schalck, Stasi & Co.*, Hamburg 1992.

Erster Teilbericht des „Schalck"-Untersuchungsausschusses des Deutschen Bundestages, Oktober 1992.

Werner Czaschke und Clemens Schmidt, *Wer erschoß den Treuhandchef? Neue Spuren im Mordfall Rohwedder, WDR*-Feature, 1998.

telegraph, Hrsg. Umwelt-Bibliothek Berlin.

ANGELIKA BEYREUTHER-RAIMONDI

Das Programm des „Produktiven Dreiecks Paris-Berlin-Wien"

Lyndon *LaRouche* beauftragte im Dezember 1989 eine Gruppe von Wissenschaftlern und Fachleuten, ein Wirtschaftsprogramm für den gesamteuropäischen Raum auszuarbeiten. Mittelpunkt des Programms ist das *„Produktive Dreieck Paris-Berlin-Wien"*. Das Wirtschaftsprogramm fand sofort eine weite Verbreitung, wurde in viele, besonders auch osteuropäische Sprachen übersetzt und war Thema einer ganzen Reihe von Konferenzen. Das geographische Gebiet in Form eines Dreiecks — etwa von der Größe Japans — mit den Städten Paris, Berlin und Wien als Eckpunkten, das die Industrieregionen Nordfrankreichs, West- und Ostdeutschlands sowie Teile der Tschechoslowakei umfaßt, sollte zum Zentrum der Weltwirtschaft werden. Es sollte als Gebiet mit der größten Konzentration produktiver Wirtschaftskraft der zerfallenden Weltwirtschaft als „Lokomotive" dienen.

Das Grand Design dieses Entwurfs sah vor, nach dem Fall des „Eisernen Vorhangs" sofort die gesamte Wirtschaft Ost- und Westeuropas durch große *Modernisierungsprojekte im Bereich der Transport-, Energie-, Wasser- und Kommunikationsinfrastruktur* anzukurbeln, wobei die modernsten Technologien zum Einsatz kommen sollten. Diese Projekte — hauptsächlich finanziert durch *staatliche Kreditschöpfung* und mit

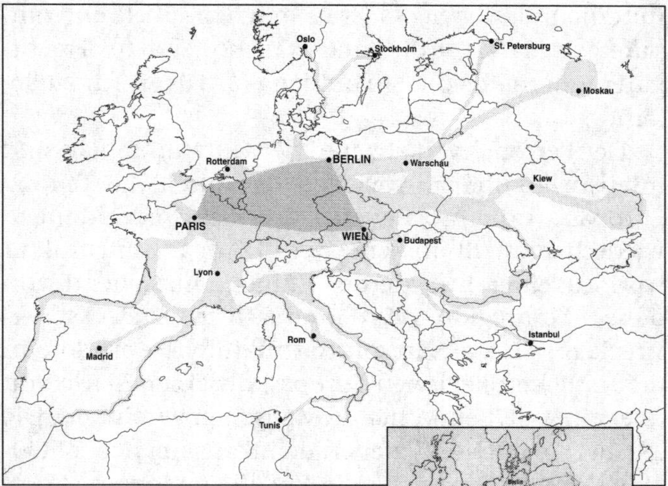

niedrig verzinsten Krediten — sollten die Nachfrage nach Investitionsgütern über längere Zeit stimulieren, die Beschäftigung sichern und die Schaffung neuer, moderner Industriebetriebe begünstigen. Die volkswirtschaftliche Produktivität würde so enorm gesteigert und damit die Grundlage für ein prosperierendes Europa gelegt.

Das Rückgrat des Dreiecks bildet ein integriertes System von Eisenbahnverbindungen für *Hochgeschwindigkeitszüge und Magnetbahnen*, die sowohl für den Personen- als auch für den Güterverkehr eingesetzt werden. Das Verkehrsnetz ist ergänzt durch Straßen und Wasserwege, die durch automatisierte Umladestellen mit der Schiene verknüpft sind. Magnetbahnen verbinden die städtischen Zentren.

Innerhalb des Dreiecks ist es möglich, über ein computergesteuertes Container-Transportsystem Frachtgüter innerhalb von 24 Stunden von Tür zu Tür zu liefern.

Der Personenverkehr und der Güterumschlag sind intensiviert und ausgeweitet, die durch die Teilung Europas unterbrochenen Ost-West-Verbindungen wiederhergestellt und erweitert. Europas Infrastruktur wird zu einer integrierten Einheit. Ausgehend von dieser Kernregion des „produktiven Dreiecks" erstrecken sich spiralartig infrastrukturelle Korridore in die restlichen Regionen Europas, die einen Markt von über einer halben Milliarde Menschen verbinden. Die „Arme" des Dreiecks ziehen den Bau ganz neuer Städte und Industrien nach sich. Vor allem moderne Kernkraftwerke, die Strom, Prozeßwärme und Fernwärme liefern, übernehmen die Energieversorgung im „Dreieck" und in dem Bereich der „Spiralarme" oder „Entwicklungskorridore".

Diese *„Entwicklungskorridore"* reichen im Osten von Berlin nach Warschau, mit einer Verzweigung über die baltischen Republiken bis zum damals noch Leningrad genannten St. Petersburg und nach Moskau über Minsk, sowie durch die Ukraine nach Kiew und Charkow; und daneben von Prag und Dresden über Breslau nach Krakau; und im Südwesten entlang der Donau zum Schwarzen Meer mit einer Verzweigung nach Istanbul. Im Süden reicht ein Arm nach Italien bis hinunter nach Sizilien. Im Südwesten geht es über Lyon und Marseille nach Spanien, im Nordwesten zu den niederländischen Häfen und über den Ärmelkanal nach Großbritannien, im Norden in die skandinavischen Länder.

Das Besondere an LaRouches Vorschlag besteht darin, die geographischen und technologischen Ge-

gebenheiten für eine integrierte europäische Infrastruktur so einzusetzen, daß eine möglichst *hohe Leistungsdichte* erreicht wird. Gemeint ist die Leistungsdichte der Produktivität, eine Größe, die in der Wirtschaftswissenschaft korreliert mit dem Anstieg der Bevölkerungsdichte, mit der quantitativen und qualitativen Steigerung des Energieeinsatzes pro Kopf und Hektar, mit der Intensität der landwirtschaftlichen und der industriellen Aktivitäten und mit der Dichte der Passagier- und Güterbewegungen pro gegebener Fläche.

Unter Bedingungen des wissenschaftlichen und technologischen Fortschritts bewirkt die Steigerung der Leistungsdichte zugleich die Steigerung der Wachstumsrate der Produktivkraft. Diese Produktivitätssteigerung bringt einen Gewinn, der die anfänglichen Investitionen um ein Mehrfaches übertrifft. Deshalb sind die staatlichen Kredite für ein solches Programm in keiner Weise inflationär.

Ein derartiger Aufbau einer gesamteuropäischen Infrastruktur kann nur funktionieren, wenn er nicht dem „freien Spiel der Marktkräfte" überlassen wird. Die bewußte politische Entscheidung der beteiligten Regierungen für das „produktive Dreieck" ist dazu notwendig, und damit eine bewußte politische Entscheidung gegen die monetaristischen wirtschaftspolitischen Konzeptionen der „Schocktherapien" à la Jeffrey Sachs und IWF. Notwendig ist die Entscheidung für eine Wirtschaftspolitik, die auf den *Prinzipien der physischen Ökonomie* basiert, einer Wirtschaftstheorie, die davon ausgeht, daß der eigentliche Reichtum einer Gesellschaft in der menschlichen Kreativität und deren Umsetzung im Arbeitsprozeß besteht und nicht in Immobilien-, Rohstoff- oder Geldbesitz.

In Anlehnung an dieses Konzept des „Produktiven

Dreiecks" entwickelte die Europäische Union in einem *Weißbuch* unter ihrem damaligen Präsidenten *Jacques Delors* im Oktober 1993 eine ähnliche Entwicklungsidee. Bis zum Jahr 2010 seien etwa 500 Mrd. Dollar an Investitionen notwendig, heißt es dort, und 26 Projekte höchster Priorität werden aufgelistet, wozu die Entwicklung eines umfangreichen europaweiten Hochgeschwindigkeits-Eisenbahnnetzes gehört. Auch der Bau einer modernen Bahnverbindung von Berlin über Warschau nach Moskau war in diesem Weißbuch vorgesehen, der eine wichtige Verbesserung der „Kontinentalbrücke" zum asiatischen Teil Rußlands und nach China bedeuten würde.

Elisabeth Hellenbroich

Thatcher gegen die Wiedervereinigung

Die deutsche Frage aus dem Blickwinkel englischer Geopolitik

Seit dem Zusammenbruch des Kommunismus in Osteuropa und dem Fall der Berliner Mauer ist die „deutsche Frage" zum Zentrum britischer Geopolitik in Europa geworden. Ein Rückblick auf die Ereignisse im Jahre 1989/90 zeigt, daß es vor allem England war, das sich mit allen Mitteln hysterisch der Dynamik der historischen Ereignisse in Deutschland entgegenstellte, indem es versuchte, die übrigen drei der vier Siegermächte gegen die deutsche Wiedervereinigung zu mobilisieren. Um die deutsche Einheit zu verhindern, setzte England — wohl wissend, daß auch der französische Staatspräsident Mitterrand erhebliche Bedenken gegen dieselbe hatte — auf den Ausbau der britisch-französischen *Entente cordiale,* die an die Stelle der deutsch-französischen Allianz treten sollte.

Als sich jedoch angesichts der sich überstürzenden Ereignisse in der DDR und Osteuropa abzeichnete, daß es Thatcher nicht gelingen würde, das Rad der Geschichte in die von ihr gewünschte Richtung zu drehen, initiierten die zum Hollinger-Presseimperium gehörenden britischen Zeitungen wie *Sunday Times, Daily Telegraph, Spectator* etc. unter dem Stichwort „Deutschland das Vierte Reich" eine der perfidesten Propagandafeldzüge gegen Deutschland, die — einer psychologischen „Bombardierung" gleichkommend — die Wirkung haben sollten, in ganz Europa, und vor allem bei den Osteuropäern (Polen, Ungarn, Tschechen, Russen), die Angst vor dem „Moloch" Deutschland erneut zu schüren.

Auf Betreiben Englands wurden die USA und die europäischen Verbündeten nacheinander in zwei blutige Kriege hineingezogen: den Krieg am persischen Golf und den Krieg auf dem Balkan. Strategisches Ziel beider Kriege war in erster Linie die „Eindämmung" Deutschlands, und damit verbunden die Eindämmung des Potentials für einen großangelegten wirtschaftlichen Wiederaufbau Osteuropas und der Sowjetunion. Londons Kalkül zufolge galt es, die wirtschaftlichen, finanziellen und politischen Energien Deutschlands in möglichst vielen kostspieligen Konflikten an der Flanke „aufzureiben" und „einzubinden", um dadurch ein entschlossenes Vorgehen Deutschlands, aber auch Kontinentaleuropas, in Osteuropa und auf dem Balkan unmöglich zu machen.

Am Ende der 80er Jahre lautete das Credo englischer Außenpolitik:

1. Alles muß getan werden, um eine deutsche Wiedervereinigung zu verhindern bzw. zu unterminieren.
2. Niemals darf Deutschland ein wirtschaftlich hegemonialer Faktor auf dem europäischen Kontinent werden.
3. Deutschland muß daran gehindert werden, eine wichtige Rolle bei der wirtschaftlichen Entwicklung Osteuropas zu spielen.

Wenn schon der Zusammenbruch des Kommunismus aufgrund der wirtschaftlichen Dynamik unvermeidbar war, dann — so die britische Strategie — sollte Osteuropa lediglich die Rolle eines billigen Rohstofflieferanten zugewiesen werden, der mit Hilfe internationaler Finanzinstitutionen wie dem IWF und dessen berüchtigter Politik der „Konditionalitäten" ausgebeutet und somit in permanenter Rückständigkeit gehalten werden sollte.

Aus den im Juli 1998 veröffentlichten *Dokumenten zur Deutschlandpolitik, Sonderedition aus den Akten des Bundeskanzleramtes 1989/90*, in denen erstmals Licht auf Helmut Kohls Außenpolitik der letzten 15 Jahre geworfen wird, sowie dem Studium der Memoiren Thatchers und anderer führender Politiker wie z.B. Mitterrand und Gorbatschow wird deutlich, daß es im Konzert der vier Mächte USA, Großbritannien, Frankreich und Sowjetunion vor allem Frau Thatcher und die meisten ihrer Kabinettsminister waren, die sich mit ungeheurer Energie dafür einsetzten, die deutsche Wiedervereinigung zu sabotieren.

Thatchers Memoiren

In ihren Memoiren *Downing Street Nr. 10* gibt die ehemalige englische Premierministerin Maggie Thatcher einen klinisch interessanten Einblick in die geopolitischen Manipulationen der englischen Politik während der Jahre 1989/90.

Ihre Vorbehalte gegen die deutsche Wiedervereinigung begründet Thatcher in dem Kapitel „Die deutsche Frage und das Machtgleichgewicht" mit dem Hinweis auf den „deutschen Nationalcharakter", der seit Bismarck stets auf unberechenbare Weise zwischen Aggression und Selbstzweifeln schwankend, „von Natur eine destabilisierende Kraft auf dem europäischen Kontinent darstellt", indem Deutschland versucht sein könnte, sich als „Großmacht" auf Kosten anderer Geltung zu verschaffen.

„Der wahre Ursprung der deutschen Angst ist die Qual der Selbsterkenntnis", schreibt Thatcher. „Deutschland ist vom Wesen her eher eine destabilisierende als eine stabilisierende Kraft im europäischen Gefüge. Nur das militärische und politische Engagement der USA in Europa und die engen Beziehungen zwischen den beiden anderen starken souveränen Staaten Europas, nämlich Großbritannien und Frankreich, können ein Gegengewicht zur Stärke der Deutschen bilden. In einem europäischen Superstaat wäre dergleichen nicht möglich."

Thatcher bezieht diesen Hinweis vor allem auf die Europäische Union und die potentielle Führungsrolle, die Deutschland darin spielen würde. Ein wiedervereinigtes Deutschland sei viel zu groß und mächtig, als daß es nur einer von vielen Mitstreitern auf dem europäischen Spielfeld wäre, so lauten die Befürchtungen Thatchers, und es habe sich traditionell stets zum Osten hin orientiert, was eher auf wirtschaftliche, denn auf kriegerische territoriale Expansion abziele.

Schon Monate vor dem Fall der Mauer sprach Thatcher persönlich bei Gorbatschow vor. Zugleich redete sie US-Präsident Bush ins Gewissen, alles Erdenkliche zu unternehmen, damit die deutsche Frage nicht zum Gegenstand einer strategischen Neuordnung in Europa werde, während sie gleichzeitig geradezu hysterisch — wie sogar Mitterrand selbst in seinem Buch *Über Deutschland* anmerkt — auf den französischen Staatspräsidenten einredete, dieser möge mit ihr zusammen alles tun, um die deutsche Wiedervereinigung aufzuhalten. Obwohl Mitterrand auch nicht gerade von den Aussichten einer deutschen

Wiedervereinigung begeistert war, vertrat er die Auffassung, daß falls die Wiedervereinigung nicht aufzuhalten sei, dann um so beschleunigter die europäische Wirtschafts- und Währungsunion (vor der politischen Union) betrieben werden müsse. Denn nur dies gewähre eine effektive Einbindung einer zukünftigen Großmacht Deutschland, wozu die deutsch-französische Achse unvermeidbar sei.

• Im September 1989 fand der bereits erwähnte Besuch der englischen Premierministerin Thatcher bei Gorbatschow statt. Dabei legte Thatcher dem sowjetischen Präsidenten die englischen Vorbehalte zur deutschen Frage dar, worauf ihr „Gorbatschow bestätigte, auch die Sowjetunion wünsche keine deutsche Wiedervereinigung. Dies bekräftigte mich in meinem Entschluß, das damals schon rasante Tempo der Entwicklung zu bremsen".

Zu Thatchers großem Bedauern überschlugen sich jedoch sehr bald die historischen Entwicklungen in einem atemberaubendem Tempo, was schließlich die Sowjets veranlaßte — wie Thatcher verächtlich anmerkt — die Zustimmung zur Wiedervereinigung für eine bescheidene Finanzhilfe zu verkaufen, um ihre marode Wirtschaft auf die Beine zu stellen.

• Am 9. November 1989 wurde die Berliner Mauer geöffnet.

• Am 10. November 1989 führte Thatcher ein Telefongespräch mit Bundeskanzler Kohl und ersuchte ihn, sich angesichts der sehr „beunruhigenden" Ereignisse, wo alles mögliche passieren könne, umgehend mit Gorbatschow in Verbindung zu setzen.

In einer Regierungserklärung im Deutschen Bundestag erklärte Kohl damals, der Kernpunkt der deutschen Frage sei die Freiheit. Die Deutschen in der DDR müßten die Chance erhalten, ihre Zukunft selbst zu bestimmen. Dazu brauchten sie keinen fremden Rat, dies gelte auch für die Frage der Wiedervereinigung und der deutschen Einheit.

Völlig entrüstet stellte Thatcher fest, der Ton habe sich bei den Deutschen bereits geändert und werde sich auch weiterhin ändern — und dies trotz der Tatsache, daß Genscher dem englischen Außenminister Hurd versichert hatte, „die Deutschen wollten das Gerede von der Wiedervereinigung unterbinden".

• In Panik über die sich überstürzenden Ereignisse berief Mitterrand, so berichtet Thatcher in ihren Memoiren, für den 18. November die EG-Regierungschefs zu einem informellen Abendessen nach Paris ein, auf dem — wie Mitterrand selbst in dem Buch *Über Deutschland* schreibt — die Ereignisse in Deutschland besprochen und die Tagesordnung der für den 6. Dezember 1989 anberaumten Tagung des Europäischen Rates in Straßburg festgelegt werden soll.

„Das Straßburger Treffen... wird unter einem anderen Licht als dem gegenwärtigen stattfinden, mit dem notwendigen Abstand, um die durch die deutsche Einheit gestellten Probleme in ihrer Gesamtheit zu prüfen", hatte Mitterrand in *Über Deutschland* rückblickend geschrieben. (Wie aus Mitterrands Memoiren hervorgeht, hatte er damals eine Wende vollzogen und beharrte nun, angesichts der sich überschlagenden Ereignisse in der DDR gegenüber dem deutschen Bundeskanzler darauf, daß in Straßburg der Fahrplan über die rasche und unverzügliche Einführung der Wirtschafts-und Währungsunion *verbindlich* beschlossen werden solle — eine Maßnahme, die den Zweck hatte, Deutschland faktisch in die Struktur von Maastricht einzubinden.)

• Kurz vor dem Treffen in Paris am 18. November

schickte Thatcher einen Brief an US-Präsident Bush, in dem sie betont, daß zwar der Einführung demokratischer Verhältnisse in der DDR Priorität eingeräumt werden sollte, in dem sie aber auch hervorhebt, „die deutsche Wiedervereinigung dagegen sei kein Thema, das derzeit behandelt werden müsse." Bush habe mit ihr übereingestimmt und sie zu einem Gedankenaustausch nach Camp David eingeladen.

• Am 18. November 1989 eröffnete Mitterrand das Arbeitsessen der zwölf EG-Regierungschefs in Paris mit einer Reihe von Fragen – wie Thatcher schreibt –, darunter auch jene, ob die „Grenzen Europas" zur Debatte stünden. Kohl unterstreicht in seiner Rede, es solle keine Grenzdiskussion geben, „doch müsse es dem deutschen Volk ermöglicht werden, selbst über seine Zukunft zu entscheiden." Thatcher erklärte in ihrer Rede, man dürfte sich „keiner Euphorie hingeben, auch wenn derzeit historische Veränderungen im Gang seien... jegliches Bestreben, irgendwelche Grenzänderungen wie auch die deutsche Wiedervereinigung zu diskutieren, werde Gorbatschows Autorität untergraben und zudem in ganz Mitteleuropa im Hinblick auf Grenzstreitigkeiten eine wahre Büchse der Pandora öffnen. Um eine grundlegende Stabilität zu gewährleisten, müßten wir meines Erachtens sowohl die NATO wie auch den Warschauer Pakt intakt halten."

• Am 24. November 1989 besprach Thatcher mit „hochgelegten Füßen" diese Fragen in Camp David mit George Bush. „Ich wollte alles versuchen, um ihn von der Richtigkeit meiner Ansichten über die Vorgänge im zerfallenden kommunistischen Lager zu überzeugen. Daher wiederholte ich viele meiner in Paris vorgebrachten Argumente zum Thema der Grenzen und zur deutschen Wiedervereinigung. Auch betonte ich, es sei notwendig, den sowjetischen Parteichef zu unterstützen, von dessen Verbleib an der Macht so vieles abhing."

• Am 28. November 1989 machte Kohl einen Strich durch Thatchers Rechnung, indem er ohne Absprache mit den vier Mächten während einer Bundestagssitzung sein „Zehn-Punkte-Programm zur Überwindung der Teilung Deutschlands und Europas" vorlegte, in dem er auf die Zukunft der deutschen Entwicklung eingeht. Punkt fünf betrifft seinen Vorschlag „konföderative Strukturen zwischen beiden Staaten in Deutschland zu entwickeln mit dem Ziel, eine Föderation, d.h. eine bundesstaatliche Ordnung in Deutschland, zu schaffen." In Punkt zehn bekräftigte Kohl, seine Regierung erstrebe die „Wiedervereinigung, d.h. die Wiedergewinnung der staatlichen Einheit Deutschlands".

Auch die amerikanische Position erfuhr (wie der deutsche Historiker Detlef Junker ausführlich in einem Artikel in der *Frankfurter Allgemeinen Zeitung* am 13. März 1997 rückblickend korrekt analysiert hat) eine deutliche Akzentverschiebung angesichts der Ereignisse. Wollten Bush und sein Außenminister Baker nicht jede Glaubwürdigkeit Amerikas in West- und Osteuropa verspielen, dann mußte Washington — zumindest nach außen — die Bestrebungen Deutschlands auf friedliche Wiedervereinigung unterstützen. Und so entschied sich Washington damals, die amerikanische Deutschlandpolitik nach der (alten und neuen) Formel: „Einheit, Eindämmung und Integration" zu gestalten. Auf einer Pressekonferenz machte der amerikanische Außenminister Baker diese Position deutlich, indem er betonte, das Ziel der deutschen Selbstbestimmung werde unbeschadet der Konsequenzen weiterverfolgt. Deutschland sollte nicht nur Mitglied in der NATO, sondern Bestandteil „einer zunehmend integrierten europäischen Gemeinschaft sein."

• Direkt nach seinem Treffen mit Gorbatschow in Malta Anfang Dezember 1989 bekräftigte US-Präsident Bush diesen Kurs amerikanischer Außenpolitik, indem er in Brüssel von der „zukünftigen Architektur" Europas sprach und dabei „mit Nachdruck auf die europäische Integration verwies."

„Falls es noch Hoffnung gab, die deutsche Wiedervereinigung aufzuhalten oder zumindest zu verlangsamen," schreibt Thatcher in ihren Memoiren, „so mußte eine entsprechende Initiative von Großbritannien und Frankreich ausgehen."

• Die Zeit im Vorfeld des für den 7. Dezember 1989 anberaumten EG-Gipfels in Straßburg nutzte Thatcher, um Mitterrand — wenn das überhaupt noch nötig war — von ihren Zielen zu überzeugen.

Auf diesem Straßburger Gipfeltreffen des Europäischen Rates, der in „eisiger Atmosphäre" verlief — und der, wie Kohl im Rückblick vermerkt, zu den dunkelsten Stunden seines Lebens gehörte, da er Mitterrands Vorschlag einer zeitlich vorgezogenen Einführung der Währungsunion zustimmen mußte —, hatte Thatcher während einer Pause zu Kohl übrigens den Satz gesagt, der ihre ausgesprochen enge geopolitische Sichtweise so treffend entlarvt: „Zweimal haben wir euch in diesem Jahrhundert geschlagen, nun seid ihr wieder da"; Kohl selbst hat diesen Ausspruch Thatchers im April 1998 bei seiner Rede auf dem Leipziger Sparkassentag, die im Fernsehen *Phoenix* live übertragen wurde, wiedergegeben.

„Die letzte und auch größte Chance" — Deutschland einzubinden und eingedämmt zu halten —, schreibt Thatcher, „bestand demnach in der Schaffung einer stabilen politischen Achse zwischen Großbritannien und Frankreich, die gewährleisten würde, daß in jedem Stadium der Wiedervereinigung, wie auch bei zukünftigen wirtschaftlichen und politischen Entwicklungen, nicht alles nach dem Willen der Deutschen verlief."

Zweimal traf Thatcher am Rande der Straßburger Tagung mit Mitterrand zusammen, um mit ihm die deutsche Frage zu erörtern. In ihren Memoiren schreibt Thatcher über diese Treffen: „Er war noch besorgter als ich und stand dem Zehn-Punkte-Plan von Bundeskanzler Kohl sehr kritisch gegenüber. Deutschland, bemerkte er, habe in der Geschichte noch nie seine wahren Grenzen gefunden... Daraufhin holte ich aus meiner Handtasche eine Landkarte, auf der Deutschland in seinen vielfältigen Konfigurationen der Vergangenheit abgebildet war. Diese Veränderungen waren im Hinblick auf die Zukunft nicht besonders beruhigend."

Sichtlich beunruhigt über Kohls Vorgehen, habe Mitterrand ihr, Thatcher, damals gesagt: „In der Vergangenheit habe Frankreich in Augenblicken großer Gefahr stets eine besondere Beziehung zu Großbritannien entwickelt. Nun habe er das Gefühl, eine solche Zeit sei wiedergekommen. Wir müßten zusammenrücken und in Verbindung bleiben. Auch wenn wir noch nicht herausgefunden hatten, wie wir den deutschen Moloch in die Schranken weisen konnten, so hatten wir doch offenbar beide den Willen dazu. Das war immerhin ein Anfang."

• Um die britisch-französische Zusammenarbeit zu vertiefen, fand am 20. Januar 1990 ein weiteres Treffen der beiden Politiker im Elysée-Palast statt. „Mitterrand war offensichtlich verärgert über die Einstellung und das Verhalten der Deutschen," so berichtet

Thatcher in ihren Memoiren. „Er konnte den Deutschen zwar das Recht auf Selbstbestimmung zugestehen, doch hatten sie seiner Meinung nach nicht das Recht, die politischen Realitäten in Europa umzustoßen." Mitterrand sei damals ratlos gewesen was zu tun sei, woraufhin Thatcher ihm erklärt habe, „wir sollten zumindest alle Register ziehen, um den Prozeß der Wiedervereinigung zu verlangsamen... Weiter führte Mitterrand aus, er teile meine Besorgnis über die sogenannte ‚Mission' der Deutschen in Mitteleuropa. Tschechen, Polen und Ungarn wollten nicht ausschließlich unter politischem Einfluß der Bundesrepublik stehen, doch würden sie deutsche Unterstützung und Investitionen brauchen. Ich fand, wir sollten nicht nur hinnehmen, daß die Deutschen einen besonderen Einfluß auf diese Länder ausübten, sondern sollten lieber unsererseits alles unternehmen, um unsere Beziehungen zu ihnen auszubauen."

• Im Februar 1990 reiste Kohl nach Moskau. Gorbatschow wurde damals, so bewertet es Thatcher, als Gegenleistung für das sowjetische Ja zur Wiedervereinigung und für den Abzug der Truppen aus der DDR von Kohl eine riesige Summe geboten. „Von jenem Zeitpunkt an war jede realistische Chance, den Wiedervereinigungsprozeß zu verlangsamen, dahin."

Im Rückblick auf die Entwicklungen seit 1989, so Thatchers Resümee am Schluß ihrer 1993 erschienenen Memoiren, trat nun ein Europa hinter dem Eisernen Vorhang hervor, „das viele Züge des Europa von 1914 und 1939 trägt: ethnische Konflikte, Grenzstreitigkeiten, politischer Extremismus, Nationalismus und wirtschaftliche Rückständigkeit. Und noch ein weiteres Schreckgespenst aus der Vergangenheit ist wiederauferstanden: die deutsche Frage."

Der eigentlich Leidtragende der Wiedervereingung war und ist, gemäß Thatcher, die Europäische Union, die die Einheit Deutschlands mit Rezession und steigender Arbeitslosigkeit bezahlen mußte. Die politische Unreife der Ostdeutschen habe sich in Form eines wiederauferstandenen Neonazismus und ausländerfeindlichem Extremismus in ganz Deutschland ausgebreitet. Der deutsch-französische Block verwandele sich zusehends in einen von Deutschland dominierten DM-Block.

Englands Propagandafeldzug gegen das „Vierte Reich"

Thatcher und etliche Kabinettskollegen im englischen Establishment waren von der rasanten Geschwindigkeit und Dynamik damaliger Ereignisse überrascht worden.

Der französische Staatspräsident Mitterrand sagte damals gebetsmühlenartig in der Öffentlichkeit, wenn man ihn zur Wiedervereinigung befragte, das sei eine freie Entscheidung der Deutschen: „Wenn das deutsche Volk beschließt, daß dem so sein soll, wird sich Frankreich einem solchen Votum nicht entgegenstellen... Freilich muß das deutsche Volk bei seiner Entscheidung das europäische Gleichgewicht berücksichtigen... Ich sage also, daß die deutsche Einheit auch Angelegenheit der Nachbarn ist, die sich nicht an die Stelle des Willens der Deutschen zu setzen haben, aber deren Pflicht es ist, über das Gleichgewicht Europas zu wachen... In diesem Prozeß (der Wiedervereinigung — Red.) wird die Europäische Gemeinschaft eine wichtige Rolle zu spielen haben, denn diese Institution kann mit Ländern wie dem Ihren Verträge schließen. Im übrigen muß sie sich verstärken, damit das Problem nicht nur ein deut-

Britische Zeitungsartikel diffamieren Deutschland als „Viertes Reich"

sches, sondern ein europäisches Problem ist. Dann werden wir uns auch gut verstehen und die richtige Lösung finden." (Zitiert nach: Mitterrand *Über Deutschland*, Suhrkamp 1998)

Als klar wurde, daß die Dynamik in der DDR und im übrigen Osteuropa unumkehrbar war, begann die britische Presse eine nie dagewesene „Viertes Reich"-Kampagne.

Auf eine Formel gebracht lautete die Botschaft: eine zukünftige Großmacht Deutschland wird der Beginn eines neuen „Vierten Reiches" sein. Was Hitler mit militärischen Mitteln versuchte, wird nun mit wirtschaftlichen Mitteln eine Wiederholung von Hitlers „Drang nach Osten" darstellen.

• Bereits am 31. Oktober 1989 — noch vor dem Fall der Mauer, erschien in der Londoner *Times* ein Kommentar von Connor Cruise O'Brien, der Signalwirkung haben sollte: „Nehmt Euch in acht vor dem Vierten Reich", war der Titel.

„Wir sind auf dem Weg in ein Viertes Reich — ein pangermanisches Gebilde unter der Führung deutscher Nationalisten... Das erste Reich wurde 800 n. Chr. unter Karl dem Großen gegründet und 1806 unter Napoleon aufgelöst. 1871 gründeten die Hohenzollern das zweite Reich, welches 1918 in Weimar zerstört wurde. Das Dritte Reich wurde 1945 zerstört und den Deutschen wurden von den Siegermächten neue Institutionen auferlegt.... In einem neuen wiedervereinigten Deutschland werden die Nationalisten das Vierte Reich ausrufen...", so der Kommentar in der Londoner *Times*.

Weiter hieß es da, daß in einem wiedervereinigten Deutschland die Rassenkunde eine Renaissance erleben werde „und Nationalisten und Intellektuelle werden sagen, die wahren Deutschen brauchten sich nicht schuldig fühlen, sondern könnten stolz sein auf den Holocaust, jenen großen befreienden Akt... Ich befürchte, wenn das Vierte Reich kommt, wird es dem Vorgänger ähnlich sein."

• Am 12. November 1989 erschien in der *Sunday Times* ein Kommentar mit dem Titel „Das Vierte Deutsche Reich". Die Ereignisse in Berlin — gemeint war natürlich der Fall der Mauer — stellten den ersten Schritt zur Schaffung eines 80 Millionen starken Vierten Reichs dar, und weiter: „Ein wiedervereinigtes Deutschland wird dann zur Lokomotive beim Wiederaufbau der neuen Wirtschaftsmärkte Osteuropas", schließlich besitze Deutschland gerade das nötige Kapital und industrielle Know How, das diese Länder brauchten. „Das Vierte Reich wird aufblühen und Europas Supermacht werden... Die Frage ist: Wo bleibt England in dem Ganzen?"

Die Töne wurden immer schriller und aggressiver. Nach dem G-7-Gipfel in Houston (Texas) im Juli 1990 gingen die Anglo-Amerikaner offen auf Konfrontationskurs gegenüber Osteuropa. Während Kohl und Mitterrand auf diesem Gipfel dafür plädierten, daß man die Sowjetunion und Osteuropa ohne die Konditionalitäten des IWF entwickeln müßte, beharrte die Regierung Bush auf einer rein monetaristischen Politik des IWF.

• Am 12. Juli 1990 erschien im *Spectator*, der von der britischen Hollinger Corp. herausgegeben wird, ein Interview unter dem Titel „Das Unsagbare sagen", das Dominic Lawson, Sohn des ehemaligen Schatzminister Nigel Lawson, mit dem damaligen englischen Industrie- und Handelsminister Nikolas Ridley geführt hatte. Illustriert mit einer Karikatur, die Kohl mit Hitler-Look auf einem Plakat zeigt, vor dem eine von Entsetzen gezeichnete Thatcher steht, stellte der britische Minister Kohl auf eine Stufe mit Hitler...

Die Deutschen wollten ganz Europa übernehmen, erklärt Ridley und dabei verhielten sich die Franzosen wie Pudel gegenüber den Deutschen. Es folgt ein Auszug des Interviews:

Lawson: Entschuldigen Sie, aber inwiefern bedeutet ein Schritt in Richtung Währungsunion, daß die Deutschen ganz Europa übernehmen?

Ridley: Die DM wird aus Gewohnheit stets die stärkste Währung bleiben.

Lawson: Aber Herr Ridley, es ist doch nicht axiomatisch vorgegeben, daß die deutsche Währung stets die stärkste sein wird?...

Ridley: Es ist wegen der Deutschen.

Lawson: Aber die Europäische Gemeinschaft ist nicht nur die Deutschen.

Ridley: Wenn ich mir die Institutionen betrachte, an die Souveränität abgegeben werden soll, dann bin ich im Schock... Ich bin im Prinzip nicht dagegen, Souveränität aufzugeben, aber nicht diesem Pack gegenüber. Dann könnte man es ebensogut Adolf Hitler übergeben.
Lawson: Aber Hitler wurde gewählt.
Ridley: Nun ja, zumindest, *er* wurde gewählt...
Lawson: Aber sicherlich ist Herr Kohl Hitler vorzuziehen. Immerhin wird er uns nicht bombardieren.
Ridley: Da bin ich mir nicht sicher...

Lawson wirft an dieser Stelle in dem Interview ein, daß insbesondere zwischen Thatcher und Ridley eine große Ähnlichkeit bestehe. Beide seien derselben Generation zugehörig (beide waren damals rund 60 Jahre alt), die ausgesprochen deutschfeindlich eingestellt ist. So habe sich Thatcher gegen die deutsche Wiedervereinigung gestellt, „auch wenn sie es in der Öffentlichkeit vorzog, keine direkten Parallelen zwischen Kohl und Hitler zu ziehen."

Um das Ausmaß der Deutschlandphobie Thatchers zu demonstrieren, erzählt Lawson von einer Begebenheit, die ihm einst ein Berater Thatchers mitgeteilt habe. Dieser sei einmal zu einem Treffen mit Thatcher mit einem deutschen Wagen erschienen: „Was hat dieser ‚ausländische Wagen' hier zu suchen?" habe Thatcher ausgerufen. „Es ist ein Volkswagen," lautete die Antwort. „Parken sie nie wieder so etwas hier!", habe Thatcher gerufen.

Von Lawson über die Rolle Englands in Osteuropa befragt, verweist Ridley auf die englische Politik des „Machtgleichgewichts (Balance of Power)".

Ridley: Wir haben stets in Europa das Machtgleichgewicht gehalten. Es war stets Englands Rolle, für ein

Gleichgewicht zwischen den Ländern Osteuropas zu sorgen... und es war zu keinem Zeitpunkt nötiger als jetzt, wo die Deutschen sich dominant verhalten."

Lawson: Aber nehmen wir an, wir haben nicht die ‚Balance of Power', und die deutsche Wirtschaft beherrscht Europa?

Darauf entgegnet Ridley, daß sich ein Engländer niemals von einem Herrn Pöhl oder irgendeinem bloody German etwas sagen oder sich von einem Deutschen „herumkommandieren" lasse.

Als Reaktion auf das Ridley-Interview kam es zu einer erheblichen Verstimmung zwischen Großbritannien und Deutschland, und auch international regte sich Protest. Die Bundesregierung sprach von „skandalösen" Äußerungen und wies darauf hin, das Interview diskreditiere die gesamte Europäische Gemeinschaft. Kohls Sicherheitsberater, Horst Teltschik, erklärte gegenüber der *Sunday Times*, es hänge jetzt ganz allein von Frau Thatcher ab, über das weitere Schicksal von Ridley zu entscheiden.

• Am 14. Juli 1990 schrieb auch die SPD-Politikerin Annemarie Renger in *Die Welt*, die Aussagen Ridleys erinnerten sie an Äußerungen des britischen Publizisten und Pressezaren Robert Maxwell, die dieser von sich gab, als er im Oktober 1989 Erich Honecker getroffen habe. Der ehemalige britische Besatzungsoffizier Maxwell hätte am 3. Oktober 1989 der *BBC* gegenüber erklärt: „Ein wiedervereinigtes Deutschland sei eine Bedrohung für Europa, die Russen, Polen, die Deutschen und uns (die Briten). Wir wollen sie nicht. Sie ist weder gut für uns noch für die Deutschen. Wir wünschen, daß es zwei deutsche Staaten gibt." Maxwell hätte die „beeindruckenden Leistungen"

Honeckers gepriesen und erklärt, daß nichts getan werden solle, was dieses Land (DDR) destabilisiere. Gleichzeitig habe er Honecker als großen Reformer gepriesen. Man müßte allerdings, so Renger, daran zweifeln, ob die Blindheit von Herrn Maxwell nur ein Einzelfall sei, da immerhin Ridley dasselbe von sich gegeben hatte. Erklärungen wie die von Ridley und Maxwell seien Ausdruck fehlgeleiteter politischer Erziehung und zeigten einen Mangel an Demokratie — und dies im Mutterland der Demokratie, worüber alle Europäer beschämt sein sollten.

Aber auch normale englische Bürger in einem Ort wie Coventry, der immerhin im Zweiten Weltkrieg von der Deutschen Luftwaffe zerstört worden war, erklärten in Interviews mit dem *Independent* am 14. Juli 1990: „Thatcher hat mehr zerstört als die deutsche Luftwaffe... Herr Ridley ist eine größere Bedrohung als die Deutschen."

Scharf wurden Ridleys Äußerungen vom Europaparlament verurteilt. Kurze Zeit später trat Ridley von seinem Amt zurück. Bis zuletzt hatte Thatcher jedoch an ihrem Kandidaten festgehalten und sich geweigert, ihn aus dem Amt zu entlassen.

Das Protokoll von Chequers

Am 15. Juli 1990 veröffentlichte *Der Spiegel* ein Protokoll über ein Treffen, das unter der Leitung Thatchers auf ihrem Landsitz Chequers im März desselben Jahres stattgefunden hatte. Wie aus dem von Thatchers Sekretär Powell aufgezeichneten Protokoll hervorgeht, zählten zu den Teilnehmern des informellen Treffens, das sich mit der „deutschen Frage" beschäftigen sollte, Mitglieder des Kabinetts Thatcher sowie sechs englische und amerikanische Deutschland-Experten. Darunter George Urban, Gordon Craig, Timothy Garton Ash, Fritz Stern, Norman Stone und Lord Dacre (Hugh Trevor Roper). Wie aus dem Protokoll hervorgeht, waren sich die Teilnehmer einig in ihrer Sorge über das potentielle Wiedererwachen eines expansionistisch/chauvinistischen Deutschland.

Verschiedene Themenkomplexe wurden dabei durchgesprochen:

„Wer sind die Deutschen?“ Es wurde gefragt, ob man aus der Geschichte Lehren ziehen könne, um künftigen Gefahren von deutscher Seite zu begegnen.

„Die Teilnehmer meinten, es sei einfacher und dieser Diskussion angemessener, an die weniger angenehmen Merkmale zu denken: an die mangelnde Sensibilität der Deutschen den Gefühlen anderer gegenüber (am deutlichsten erkennbar an ihrem Verhalten in der Grenzfrage gegenüber Polen), ihre Selbstbezogenheit, einen starken Hang zum Selbstmitleid und das Verlangen, geliebt zu werden.

Noch weniger schmeichelhafte Attribute wurden als typisch deutsche Charakterzüge erwähnt: „Angst, Aggressivität, Überheblichkeit, Rücksichtslosigkeit, Selbstgefälligkeit, Minderwertigkeitskomplexe, Sentimentalität. Zwei weitere Aspekte des deutschen Charakters wurden als Gründe dafür angeführt, daß man sich um die Zukunft zu sorgen habe. Zum einen die Neigung der Deutschen, Dinge zu übertreiben, über die Stränge zu schlagen. Zum anderen ihre Neigung, ihre Fähigkeiten und die eigene Stärke zu überschätzen.“

Haben die Deutschen sich geändert? Dazu heißt es im Protokoll: „Vorbehalte gegen Deutschland bezögen sich nicht allein auf die Nazizeit, sondern auf die gesamte Ära nach Bismarck und hätten notwendigerweise zu einem tiefen Mißtrauen geführt... Die Art, wie die Deutschen gegenwärtig ihre Ellenbogen gebrauchten und ihr Gewicht in der Europäischen Gemeinschaft zum Tragen brächten, lasse vermuten, daß sich noch nicht allzu viel geändert habe... Niemand hatte ernsthafte Bedenken gegen die derzeitige politische Führung in Deutschland. Aber wie sähe es in 10, 15 oder 20 Jahren aus? Könnte einer der unseligen Charakterzüge der Vergangenheit wiederaufleben — womöglich mit verheerenden Konsequenzen?"

Welche Konsequenzen ergeben sich aus der Wiedervereinigung? „Schon jetzt sei eine Art Siegestaumel im deutschen Denken spürbar, der für alle andern ungemütlich sei. Es wurde auch auf die Bemerkung Günter Grass' verwiesen, am Ende werde die Wiedervereinigung alle gegen Deutschland aufbringen... Wir könnten nicht annehmen, daß ein vereintes Deutschland sich so reibungslos in Westeuropa einfügen würde wie die BRD. Es werde die Neigung wachsen, das Konzept ‚Mitteleuropa' wiederzubeleben, in dem Deutschland die Rolle des Maklers zwischen Ost und West zufiele."

Wird ein wiedervereinigtes Deutschland danach streben, Osteuropa zu dominieren? „Es gebe zumindestens für die absehbare Zukunft keinen Grund zu der Annahme, daß Deutschland irgendwelche Gebietsansprüche geltend machen würde. Es sei wahrscheinlich, daß Deutschland Ost- und Mitteleuropa in wirtschaftlicher Hinsicht beherrschen würde... Aber das müsse nicht gleich Unterjochung bedeuten. Es müsse auch nicht unbedingt heißen, daß Deutschland nun mit wirtschaftlichen Mitteln erreichen würde, was Hitler mit militärischen Mitteln erreichte... Die Osteuropäer würden sich lieber an Briten oder Franzosen halten, aber keiner von beiden sei bereit, die nötigen

Mittel bereitzustellen."

Die Chequers-Gruppe stimmte darin überein, daß „Deutschland in einen Sicherheitsrahmen eingebunden werde, um das Wiederaufleben des Deutschen Militarismus zu unterbinden."

Was die Europäische Gemeinschaft anbelangt, wurde das „deutsche Verhalten: ‚Wir zahlen, also wollen wir auch bestimmen', von einigen Teilnehmern als Vorbote der deutschen Wirtschaftshegemonie in Westeuropa bewertet."

• Am 22. Juli 1990 schrieb Peregrine Worsthorne, dessen Stiefvater in den 30er Jahren der ehemalige Gouverneur der Bank of England Montagu Norman war, unter dem Titel „Das Problem der guten Deutschen", er stimme mit der Ansicht seines Stiefvaters überein, wonach „die Last der deutschen Tugenden sehr viel schwerer auf England liegt als die Last der Deutschen Laster."

„Wie soll man gegen ein wiedervereinigtes Deutschland gewinnen, das sich an die Spielregeln halten will?... Deutschland kann jetzt seine Stärke ausnutzen, die durch die Wiedervereinigung ausgelöst wird." Es werde in Zukunft viele Länder geben, die sich gegen die „guten Deutschen" zur Wehr setzen müssen... „Indem Deutschland Gutes schafft, wird es ebenso viel Unheil stiften und sich Feinde schaffen. Früher oder später wird eine Politik des Machtgleichgewichts nötig sein, eine Gelegenheit für England, sich in diesem Prozeß einzumischen."

• Am 4. und 5. August 1990 zog die englische Zeitung *Sunday Correspondent* eine direkte Verbindung zwischen den Bekennerschreiben der RAF, die damals einen mißlungenen Anschlag auf den stellvertretenden Innenminister Neusel unternommen hatte, und den Äußerungen prominenter englischer Politiker.

„Letzte Woche," schrieb *Sunday Correspondent* „gab die RAF bekannt, daß der Angriff auf Herrn Neusel nur der Beginn einer langen Periode des Kampfes gegen die neu auftauchende großdeutsche-westeuropäische Supermacht sei. Westdeutschland und die politische Elite Ostdeutschlands verfolgten (gemäß dem Bekennerschreiben der RAF — Red.) dieselben Ziele und politischen Pläne wie der Nazi-Faschismus. Die dritte Invasion Europas durch deutsches Kapital, so die RAF, wird in diesem Jahrhundert nicht militärisch, sondern auf wirtschaftlichem und politischem Wege erfolgen." Während vor einem Jahr (Sommer 1989) solche Ansichten als absurd erschienen wären, seien nun mehr und mehr Menschen bereit, diese zu hören. „Die Bemerkungen des Handelsministers (Ridley) waren im Kern schließlich nicht viel anders", so der abschließende Kommentar im *Sunday Correspondent*.

Aber auch in Deutschland reihten sich führende SPD-Politiker, darunter Peter Glotz, Oskar Lafontaine *u.a.* in den Chor der von England ausgehenden Propagandakampagne vom „Vierten Reich" ein.

In seinem Buch *Die Zentralmacht Europas — Deutschlands Rückkehr auf die Weltbühne* (Siedler Verlag), weist der Bonner Politologe Hans Peter Schwarz darauf hin, daß Peter Glotz der erste war, „durch den die damals nur als Denkmöglichkeit aufleuchtende Wiedervereinigung Deutschlands mit dem diffamierenden Schlagwort „Viertes Reich" abqualifiziert wurde. In einem Aufsatz am 2. August 1989 in der *Frankfurter Rundschau* habe dieser (noch vor der Massenflucht Deutscher über Ungarn) geschrieben: „Derzeit ist keine europäische Architektur denkbar, die es aushielte, daß der wirtschaftlich stärkste Staat der EG und der wirtschaftlich stärkste der RGW sich vereinigen. Bitte zumindest in diesem Jahrhundert keine Pläne mehr zu einem Vierten Reich."

Auch Oskar Lafontaine, der laut Schwarz innerhalb der SPD ein führender Verfechter der deutschen Zweistaatenidee war und in der SPD zu den wichtigsten Stichwortgebern gehörte, habe am 25. September 1989, als die DDR eben ins Wanken geriet, in einem *Spiegel*-Interview gesagt: „Das Gespenst eines starken Vierten Deutschen Reichs erschreckt unsere westlichen nicht weniger als unsere östlichen Nachbarn."

• 30. März 1990, zwölf Tage nach den ersten freien Wahlen in der DDR, bei denen sich das Volk für die Wiedervereinigung ausgesprochen hatte, warf Jürgen Habermas in *Die Zeit* das Stichwort „DM-Nationalismus" in die Debatte.

Im Winter 1989/90 erschien eine Streitschrift unter dem Titel „Das Vierte Reich", in welcher der seit 1959 in Deutschland lebende spanische linke Publizist Heleno Sana vor dem Schreckgespenst eines teutomanisch ausgerichteten Vierten Reiches warnte. Ideologische Grundlage eines Vierten Reichs, so Sana, sei eine „kontrollierte und bespitzelte Pseudodemokratie sowie der Drang der Deutschen, die anderen Völker brutal auszubeuten und zu unterdrücken durch offene Repression." Das neue germanische Hegemonialsystem wäre ein Europa, „dessen ideologischer Hintergrund eine Mischung aus instrumenteller Vernunft, utilitaristischer Macht, Geldgier und rassistischer Pathologie sein wird."

Dr. Helmut Böttiger

Der Milliardenschwindel mit den DDR-Altschulden

Nach 1945 haben die Ostdeutschen nicht weniger fleißig und verbissen Wiederaufbau betrieben als die Westdeutschen. Was ist von diesem Volksvermögen geblieben? Nun, die Leute haben Wohnungen, kleiden sich, fahren mit dem Auto über Straßen, und auch bei ihnen kommt Strom aus der Steckdose und Wasser aus dem Hahn. Das alles ist nicht unterzubewerten und auch im Einzugsbereich des Westens — man denke an die zugrunde geplünderten Gebiete der sogenannten „Dritten Welt — keineswegs überall selbstverständlich.

Das Wort „vermögen" ist dem Wort „können" inhaltlich verwandt. Volksvermögen wäre demnach das, was ein Volk vermag. In wirtschaftlicher Beziehung wird das heute gleichgesetzt mit Kapital, dem Geld, womit man sich Produktionsstätten entweder kaufen kann oder das man in solche bereits investiert hat. Was ist von *diesem* DDR-Volksvermögen geblieben? Die beschämende Antwort lautet: „gut 400 Mrd. DM Schulden", für die der deutsche Bürger auf Wunsch seiner Regierung neben seinen Steuern solidarisch mit dem „Solidarbeitrag" aufkommt.

„Das kann doch nicht wahr sein", denkt der ungläubige Zeitgenosse und erinnert sich, daß die DDR-Wirtschaft kurz vor dem Ende immerhin auf

Platz 11 — oder war es nur 13 — der Weltrangliste der Industrienationen der Welt geführt worden war. Die Produktionsanlagen, die das ermöglichten, sollen nun weniger wert sein als nichts? Sie sollen sogar mit „minus" 400 Mrd. DM zu Buche schlagen? Der normale deutsche Fernsehzuschauer denkt über solchen Widersinn nicht nach, seine Medien liefern ihm die einfache Erklärung: „Die DDR war wirtschaftlich ein Scherbenhaufen, und Scherben zu beseitigen, kostet eben Geld." Dieser Zeitgenosse glaubt im allgemeinen zwar immer, von „denen da oben" betrogen zu werden, hält das in jedem konkreten Fall aber für ausgeschlossen — *er* nicht.

Die Vorgeschichte

Die DDR hatte natürlich — wie jeder ordentliche Staat, deren Regierende an einem gedeihlichen Verhältnis zu den privaten Großbanken interessiert sind — direkte Auslandsschulden. Sie beliefen sich auf rund 30 Mrd. DM und wurden von der Nachfolgeregierung, der Bundesregierung fraglos übernommen. Dagegen kann ein auf Recht und Anstand bedachter Bürger auch nichts einwenden. Diese Schulden werden im folgenden nicht weiter berücksichtigt. Es geht vielmehr um die anderen Schulden: die sogenannten Altschulden der volkseigenen Betriebe, Produktionsgenossenschaften und Kommunen der DDR.

Daß es mit dem „real existierenden Sozialismus" zu Ende gehen würde, zeichnete sich Anfang der 80er Jahre ab. Auf die Gründe wollen wir hier nicht eingehen. Die SED-Führung reagierte auf diese Perspektive sofort. Sie ließ über Schalck-Golodkowski und seine „Koko" alles, was nicht niet- und nagelfest war, in harte westliche Devisen versilbern und auf entsprechende westliche Banken sachgerecht verstauen. Der Sache gerecht waren Konten, zu denen die Polizei nicht unbedingt Zugang hat und deren eigentliche Besitzer gewöhnlich im Dunkeln bleiben. Da die entsprechenden Banken an solchen Aufträgen gut verdienen, bestand ein „materielles" Interesse an gegenseitiger Diskretion. Verscherbelt wurden dabei u.a. auch die Goldbestände der DDR im Wert von damals 2,1 Mrd. DM.

Wo das nicht ausreichte, wurde in den letzten Tagen der DDR, als man schon am „runden Tisch" verhandelte, hemmungslos Geld gedruckt und ohne Rücksicht auf die Kurse auf dem Markt in westliche Devisen umgetauscht. Dabei halfen die alten Freunde bei den privaten internationalen Großbanken rührig mit, wenn und solange die dabei für sie abfallende Provision stimmte.

Neben dem „Schalck" wurden auch die Buchhalter der DDR-Zentralverwaltungswirtschaft tätig. In diesem System werden nämlich alle Einnahmen einer Stadt oder Gemeinde zentral abgeführt und verbucht. Im Gegenzug erhielt die Stadt oder Gemeinde von der Zentrale Finanzzuweisungen. Es gab bei der Zentrale für die Kommunen unter anderen drei Fonds, von denen einer den kommunalen Wohnungsbau finanzierte, der zweite gesellschaftliche Einrichtungen wie Kindergärten oder Schwimmbäder, der dritte den Wohnungsbau der Kombinate (Großfirmen) vor Ort. Wieviel Geld zu fließen hatte und wofür, das regelten ausgeklügelte Fonds-Bestimmungen der DDR, auf die wir hier nicht eingehen müssen, von denen wir aber annehmen dürfen, daß sie deutschgründlich und detailliert waren. Diese Finanzzuwendungen waren keine Kredite, darauf hatten die Empfänger einen rechtlichen Anspruch.

Die Buchhalter verbuchten unter Umständen, die im einzelnen nicht mehr nachvollziehbar sind, aber wohl etwas mit der Bilanzschieflage des DDR-Staatshaushaltes zu tun hatten, diese Fondszuteilungen bald als Quasikredite und schließlich einfach nur als Kredite. Das fiel in der Routine der Bürokratie zunächst nicht auf, wo allenfalls die Höhe der Zahlung umstritten war, weil sie stets zu gering ausfiel. Erst nach der Wende wurden die kommunalen Verwaltungen auf den Buchhaltertrick aufmerksam, als nämlich die nunmehr privatisierten Banken diese angeblichen „Kredite" von den Kommunen mit Zinsen einzufordern begannen. Es kam zu Klagen und Gegenklagen und entsprechenden Prozessen.

Um die Sache aus dem Tagesgespräch, in das sie zwischen 1990 und 1995 geraten war, wieder herauszunehmen, entschied man sich zu einer „gütlichen" Regelung abseits der Öffentlichkeit, wohl um nicht aufdecken zu müssen, wie diese zweifelhaften Nichtkredite zu Krediten und vor allem, wie sie dann „privatisiert" worden waren. Die Kommunen erkannten einen kleineren Teil dieser „Schulden" an, während die Bundesregierung den größeren Teil über den Ausgleichsfonds dem Steuerzahler an den Hals hängte. Man ging davon aus, daß letzterer zahlen und, wie üblich, keine unangenehmen Fragen stellen würde, vor allem, wenn die Medien sich der Sache in geeigneter Weise annahmen. Und so entstanden gleichsam aus dem Nichts — nämlich aus Rückerstattungsansprüchen — gut 65 Mrd. DM Altschulden, die der bundesdeutsche Steuerzahler solidarisch schulterte. Auch der Bund der Steuerzahler hatte erstaunlich wenig dagegen einzuwenden.

65 Mrd. sind aber noch keine 400; oder sind es sogar 600 Mrd.? So recht weiß das bis heute kaum

jemand. Ähnliche Fonds gab es natürlich nicht nur für die Kommunen, sondern auch für die Landwirtschaft und die Industrie. Da in beiden Bereichen ähnliche Verfahren angewendet wurden, beschränken wir uns auf den Bereich der güterproduzierenden Wirtschaft, in der sich 1990 Betriebsschulden von 130 Mrd. DM angesammelt hatten. Die innovativen und auf ihre Weise kompetenten westlichen Banken verstanden es, aus diesen 130 Mrd. bis 1994 250 Mrd. DM Schulden werden lassen.

Wie kamen diese Betriebsschulden zustande? Zum Teil geschah es wie bei den Kommunen. Auch die Betriebe hatten ihre Gewinne an die Zentrale abzuliefern und erhielten im Gegenzug allerlei Geldzuweisungen in ihre Fonds. Es gab da Fonds für die Belegschaft, für Innovationen, für Investitionen und anderes. Diese Geldzuweisungen wurden von irgendeinem Zeitpunkt an nicht mehr als berechtigter Anspruch, sondern als „Kredit" geführt und später entsprechend privatisiert. Soweit lief es wie bei den Kommunen.

Ein neuer Zug kommt zutage, wenn man sich die Investitionen der Betriebe näher anschaut. Die relativ kleine DDR konnte nicht alle produktionstechnischen Entwicklungen im eigenen Land zuwege bringen. Daß man das zu lange versucht hatte, war einer der Gründe für die sogenannte Mißwirtschaft der DDR. Wollte man konkurrenzfähig sein, mußte man Spezialmaschinen auch aus dem westlichen Ausland einkaufen. Dazu benötigte man westliche Devisen, auf welche die DDR-Führung bekanntlich sehr eifersüchtig achtete.

Hatte ein DDR-Betrieb eine geeignete Maschine im Westen gefunden und war mit dem Handelspartner und, was weit schwieriger war, mit der Behörde handelseinig geworden, dann lief folgendes ab. Die

Maschine kostete, sagen wir, 1 Million DM, das entsprach bis kurz vor Toresschluß etwa 4,8 Mio. DDR-Mark, die der Betrieb aufbringen mußte. Zusätzlich mußte der Betrieb aber 30% der Kaufsumme an den Devisenbeschaffer der DDR Schalck-Golodkowski entrichten. Daneben gab es einen zentralen Handelsvertreter der Regierung, der bei der Abwicklung der Geschäfte förderlich oder hinderlich war, der aber in jedem Fall für seinen unumgänglichen Einsatz eine Provision von 12-14% beanspruchte. So entstand der „Importaufwandpreis". Nun wollte aber das Außenhandelsministerium der DDR, das letztendlich zu genehmigen hatte, auch nicht leer ausgehen und schlug noch einmal 12% drauf. Aus der 1 Million DM West oder 4,8 Mio. DM Ost war so ein „Importabgabepreis" von 7,6339 Mio. DM Ost geworden. Dabei sind die Schmiergelder, Vergünstigungen und sonstigen Aufwendungen, die erforderlich waren, um die entsprechenden Unterschriften und Stempel auch wirklich und in der gewünschten Zeit (Zeit ist Geld, und da sprechen Beamte ein Wort mit) zu bekommen, noch nicht mitgerechnet.

Die Endsumme mußte schließlich „finanziert" werden. Das geschah meistens über Kredit. Kredit war damals in der DDR kein Thema. Man bezahlte sozialistische 0,5% Zinsen. Für vergleichbar niedrige Zinssätze im Westen sorgte erst der Finanzkrach der späten 90er Jahre, der in Japan zum Zweck der wundersamen Geldvermehrung für die notleidende Finanzwirtschaft die Zinsen gegen Null gehen ließ. Die Wende brachte auch in diesem Punkt ein Umdenken. Als einen ihrer letzten Akte nur wenige Stunden vor der Selbstauflösung paßte die DDR-Volkskammer am 1. Juli 1990 die sozialistischen Zinsen dem westdeutschen Niveau von damals 9-11% an.

Fragt man nach dem Grund dieser volkswirtschaftlich und für die Zukunft der produzierenden Wirtschaft der DDR vernichtenden Entscheidung, so ist der leicht gefunden, wenn man die Sache mit privatisierenden Augen sieht. Der Verkaufswert einer alten, verwohnten Wohnanlage richtet sich ja auch nicht nach ihrem „tatsächlichen" Wert. Wie wäre der zu bestimmen? Er richtet sich nach den damit erwirtschafteten Mieteinnahmen. Liegt der Mietzins hoch, kostet das Objekt mehr. Ähnlich ist das mit Schulden des einen, die ja immer des anderen „Wertpapiere" sind, und deren Wert ist abhängig von den Zinsen, die sie angeblich abwerfen — so einfach ist das. Die Papiere wuchsen im Wert umgekehrt proportional zum Wert der Betriebe, die nichts mehr, nicht einmal die Kapitalzinsen erwirtschaften konnten.

Die DDR-Volkskammer unter Lothar De Maizière entschied das sicherlich nicht ohne den Segen ihrer westlichen politischen Vorbilder, denen sie sich am Tag nach diesem Todesstoß für die produzierende DDR-Wirtschaft und deren Arbeitsplätze zuordnen wollte. Dementsprechend verpflichtete sich die nunmehr alleinverantwortliche Bundesregierung im Staatsvertrag, für diese „Kredite", die in den Büchern der 550 Geldinstitute der DDR standen, nunmehr vierteljährlich Zinsen in der Höhe des FIBOR-Zinssatzes in Frankfurt zu zahlen. Dazu wurde der Vorgang institutionell so geregelt, daß diese Schuldenlast nicht sogleich als Staatsschuld zu Buche schlug, sondern erst nach dem 1.1.1995. Bis dahin sollte endgültig geregelt sein, wer in der Solidargemeinschaft Deutschland für diese Zinszahlungen und Schulden aufkommen sollte. Das heißt, diese Schulden wurden bei der Deutschen Treuhand, in allerlei Sonderhaushalten und „Fonds" zwischengeparkt. Die vierteljährliche

Zinseszins-Vereinbarung sorgte im übrigen dafür, daß diese Schulden rasch an Umfang zunahmen.

Die hohen Schulden in den Büchern der Betriebe hatten den weiteren Vorteil, daß viele ehedem enteignete Besitzer, ohne Entschädigung beanspruchen zu können, von der erneuten Inbesitznahme abgeschreckt wurden. Die damit „frei" gewordenen Betriebe ließen sich an politisch erwünschte und vertraute Personen für den sprichwörtlichen Apfel und das Ei verscherbeln. Ob dabei Provisionen an Private oder Institutionen — etwa Parteikassen — geflossen sind, entzieht sich unserer und mit Sicherheit auch der Kenntnis der Staatsanwaltschaft, die ja sonst tätig geworden wäre.

Was also geschah mit der Schuld unseres Beispiel-DDR-Betriebs zwischen dem 1.7.90 und, sagen wir, dem „Tag der Deutschen Einheit" des gleichen Jahres? Aus der finanzierten Maschineninvestition von 1 Mio. DM war, wie gezeigt, ein 7,6339 Mio. schwerer Ostmarkkredit geworden. Nach der 2:1-Umstellung bei der Währungsunion 1990 blieben somit 3,816 Mio. DM Schulden in den Büchern des Betriebs, die noch dazu plötzlich und aus heiterem Himmel mit einem 20mal höheren Zinssatz zu verzinsen waren! Eine solche Umstellung hätte auch kein wohl ausgerüsteter westdeutscher Betrieb in technologischer Höchstform verkraftet. Damit rechnete ja auch niemand, sonst hätte die Bundesregierung nicht sogleich mitbeschlossen, die Zinszahlungen bis zum 1.1.95 anderswoher aufzubringen. Jedenfalls war sichergestellt, daß durch die Folgen dieser Umstellung die alte Propaganda von der DDR-Mißwirtschaft, die es immerhin auf Platz 11 bis 13 der Weltrangliste gebracht hatte, bestätigt wurde. Das DDR-Volksvermögen zerrann so schnell wie Schnee auf einem geheizten Kanonenofen, allerdings mit dem Unterschied, daß man das Zischen nicht hörte.

Umgang mit den Altschulden

Alfred Herrhausen hatte eine Vision, wie sich die verhängnisvolle Ost-West-Spannung, die im Kalten Krieg oft genug bedrohliche Formen angenommen hatte, grundlegend entschärfen sollte. Das würde nur durch die Ankurbelung der Ostwirtschaft zur deutlich besseren Versorgung der eigenen Bevölkerung gelingen. Er stellte sich vor, daß die technisch runderneuerten DDR-Betriebe dabei eine entscheidende Rolle übernehmen könnten. Auch die Industrie im Westen, vor allem der westdeutsche Maschinenbau, würde bei der Runderneuerung der DDR-Betriebe ihren Schnitt machen. Dies würde so viel Leute in Arbeit bringen (und zu regulären Steuerzahlern machen), daß sich der gesamte Aufbau Ost ähnlich wie das westdeutsche Wirtschaftswunder selbst finanzieren würde und am Ende sogar noch so etwas wie ein „Julius-Turm" übrigbliebe. Diese Vision löste bei unseren Verbündeten Alpträume aus und Alfred Herrhausen bezahlte seine Vision mit dem Leben. Der Mord ist bis heute nicht geklärt.

Auch Detlev-Carsten Rohwedder, der erste Leiter der Treuhandanstalt, welche die Privatisierung des ostdeutschen Volksvermögens abzuwickeln hatte, hatte eine Vision. Sie fiel bescheidener als die des Deutsche-Bank-Chefs Herrhausen aus, dafür lag sie aber auch näher an den aktuellen Problemen der ostdeutschen Wirtschaft. Er forderte einfach, „Sanierung" müsse „vor Privatisierung" kommen. Das heißt, man könne nicht auf die oft langwierige rechtliche Klärung der Besitzverhältnisse warten, sondern solle alles versuchen, diese Betriebe so um- und aufzurüsten, daß sie gewinnbringend und konkurrenzfähig produzieren konnten. Auch er wollte — wie Herrhausen — die ostdeutsche Industrie vor allem im Programm „Aufbau Ost“ beschäftigen. Zum Beispiel sollte die DDR-Stahlindustrie das wegen ausgebliebener Investitionen abgenutzte Schienenmaterial der Reichsbahn erneuern, Baukombinate könnten die erforderlichen Autobahnen ausbauen usw.

Wie Herrhausen ereilte auch Rohwedder das Schicksal. Er wurde am 1.4.1991 so fachmännisch erschossen, daß sich der Mord ebenfalls nicht aufklären ließ. An seiner Statt übernahm nun Birgit Breuel vom berüchtigten Bankhaus Schroeder Münchmeyer Hengst die Führung der Treuhand. Es ist daher nicht verwunderlich, daß letzteres Bankhaus den recht einträglichen Beratervertrag für die Privatisierung der ostdeutschen Wirtschaft bei der Treuhand bekam.

Ein Rat des anerkannten Bankhauses mag gewesen sein, der Privatisierung den unbedingten Vorrang vor der Sanierung einzuräumen. Man ließ demnach die Betriebe bis zur schließlichen, oft wegen der komplizierten Rechtslage recht langwierigen „Privatisierung“ formal weiterwursteln wie bisher. Dadurch wuchsen die Betriebsschulden zinseszinsartig an, ohne daß im Betrieb eine Weiche für seinen möglichen Weiterbetrieb gestellt wurde. Die Bankschulden entwickelten sich dabei für die Banken gedeihlich — vorausgesetzt es gab jemanden, der schließlich dafür aufkommen sollte, denn ihre Übernahme durch den eventuellen Käufer wurde immer unzumutbarer. Außerdem verbilligten sich die Erwerbskosten der Betriebe für Käufer ohne Anrechte aus vorsozialistischer Zeit, die ohnehin weniger an den Arbeitsplätzen als an den Märkten dieser Betriebe interessiert waren. Viele Betriebe wechselten nach dem Verzicht der Alteigentümer für einen Spottpreis den Besitzer. Die neuen Besitzer erhielten neben dem preisgünstigen Betrieb oft noch hohe finanzielle Zuwendung für den Wiederbeginn.

Die Treuhand erwirtschaftete aus dem Verkauf von Betrieben in den Jahren bis zu ihrer Auflösung 1995 rund 70 bis 80 Mrd. DM. Für diese Verkaufsleistung wendete sie 344 Mrd. DM auf. Die „Verluste" bestanden zu 154 Mrd. DM aus Verlustübernahmen und 190 Mrd. aus der Übernahme von Schulden der Altschuldner. Das waren die meisten der Altschulden, denn Käufer — meist von kleineren und früher einmal familienbezogenen Betrieben — übernahmen insgesamt Schulden im Wert von insgesamt 7 Mrd. DM. Außerdem gingen noch weitere 60 bis 70 Mrd DM Altschulden an die Nachfolgeinstitutionen der Treuhand über.

Die gewinnbringende Privatisierung der Altschulden

Am 17.1.1995 titelte die *Frankfurter Allgemeine Zeitung*: „Die von der Treuhand abgelösten Altkredite sind echte Schulden". Der Verfasser Klaus Kemper meinte, „nach der Währungsunion haben nur die Schuldner und die Gläubiger gewechselt". Er kann so dumm eigentlich nicht gewesen sein, daß er den Unterschied zwischen sozialistischen Fondszahlungen und Krediten nicht kannte. Kemper beschränkte sich eben auf den kurzen Zeitraum von unmittelbar vor und unmittelbar nach der Selbstauflösung der DDR-Volkskammer. Für diesen Zeitraum mag seine Aussage richtig sein. 1995 diente sie natürlich zur propagandistischen Entlastung der politisch Verantwortlichen.

Mehr Klarheit in die Sache brachte ein Gerichtsurteil vom 21.9.95 in Magdeburg. Das Gericht verneinte, daß die DG Bank Rechtsnachfolgerin der von ihr erst am 10.9.1990 gekauften „Bank für Landwirtschaft und Nahrungsgüterwirtschaft" der DDR sei und daher berechtigt sei, die „Kredite" an die ehemaligen Landwirtschaftlichen Berufsgenossenschaften einzuklagen. Geklagt hatten 20 LPGen, bei denen die DG-Bank versucht hatte, Zinsen für ein Kreditvolumen von 7,6 Mrd. DM einzutreiben.

Die DG Bank hatte besagte Bank für ganze 106 Mio. DM von der Treuhand gekauft. Dabei mag es der Treuhand entgangen sein, daß die „Bank für Landwirtschaft und Nahrungsgüterwirtschaft" zu diesem Zeitpunkt bereits über eine Barschaft von mehr als dem Doppelten, nämlich von 250 Mio. DM verfügte. Das war ein gutes Geschäft für die DG Bank. Die Bank verfügte aber auch noch über zahlreiche Liegenschaften, das heißt Häuser mit entsprechenden Filialräumen überall in den landwirtschaftlichen Zonen der DDR, über das ganze Land verstreut. Diese Liegenschaften gab es gratis dazu. Das Geschäft für die DG Bank wurde damit also noch besser.

Das Beste für die DG Bank kommt aber erst. War es in dem Magdeburger Prozeß nicht um Forderungen von 7,6 Mrd. DM gegangen? Hatte die Bank diese etwa auch für ihre 106 Mio. bekommen? Hatte sie! Und noch mehr! Insgesamt hatte sie nämlich Forderungen im Wert von über 15 Mrd. DM erworben. Bei den 7,6 Mrd. handelte es sich nämlich nur um die Schulden der 20 klageführenden LPGen. Nun mag ein westdeutscher Regierungsfreund sagen, „die 15 Mrd. DM können wir vergessen, denn die waren bei der Mißwirtschaft der ehemaligen DDR sowieso nicht beizutreiben". Er irrt. 600 Mio. DM an Zinszahlungen hatte die Bank zu diesem Zeitpunkt — also in knapp einem Monat — bereits beigetrieben, bis das Gericht dieser Zwangseintreiberei vorerst ein Ende setzte.

Aber das war ja nicht alles. Die Bundesregierung hatte über ihren institutionellen Zwischenhändler, die Treuhand, diese Schulden zu anerkannten und gesetzlich abgesicherten Werten gemacht, die beim staatlich verwalteten Erblastenfonds mit größerer Gewißheit als beim zivilen Gericht in Magdeburg einklagbar waren.

Was da vor dem Magdeburger Gericht aktenkundig wurde, war also wirklich ein ganz außerordentlich gutes Geschäft für die DG Bank — nicht für den Steuerzahler. Um es besser zu verstehen, stelle sich der mit großen Zahlen wenig vertraute Leser vor, er kaufe bei einem „ehrenwerten" Kaufmann einen Geldbeutel aus Safranleder für 1 DM und 6 Pfennige, in dem Geldbeutel stecken bereits 2,50 DM und zusätzlich noch ein Scheck über 15 000 DM. Und dieser Scheck trage noch dazu das „Indossament", die Bürgschaftsanerkennung seiner Regierung. Zweifellos würde er sich über ein solches Geschäft freuen. Aber würde er den Kaufmann oder in diesem Fall die Kauffrau deshalb für eine ehrenwerte Person halten? Und was halten Sie als steuerzahlender Bürger von so viel treuhänderisch regierendem Verantwortungsbewußtsein für das Gemeinwesen? Die Bank gab sich damit aber noch nicht zufrieden, sie ließ sich auch noch für den „Aufwand", der ihr mit der Abwicklung dieses Geschäfts zugemutet worden war, mit einigen Millionen „entschädigen".

Die DG Bank war nicht der einzige Nutznießer solcher ehrenwerten Treuhandgeschäfte. Beamte des Bundesrechnungshofes haben dem Magazin *Der Spiegel* einen 48seitigen, streng vertraulichen Bericht über ähnliche Geschäfte großer in- und ausländischer Privatbanken mit der Treuhand zugespielt. Ob die „verantwortungslosen" Beamten, die sich eines solchen Vertrauensbruches schuldig gemacht hatten, dafür zur Verantwortung gezogen wurden, entzieht sich unserer Kenntnis. Auch das meiste aus diesen 48 Seiten blieb dank der Diskretion des Magazins der Öffentlichkeit unbekannt. Der *Spiegel* verriet in seiner Ausgabe vom 27.9.95 daraus nur das wenige, was wir hier zusammenfassen:

Die Deutsche Kreditbank hatte die Aufgabe, alle Schulden der staatlichen DDR-Betriebe zu bündeln. Sie kaufte Schuldscheine im Wert von 80 Mrd. DM auf, und zwar so, wie sie in den Büchern standen und ohne zu berücksichtigen, auf welch zweifelhafte Weise sie dort hineingeraten waren. Die Oberaufsicht über diese Arbeit der Deutschen Kreditbank führte die Deutsche Bank. Als die Aufgabe getan war, wurden die DDR-Kreditinstitute verhökert. Die Deutsche Bank erwarb davon 112 Niederlassungen in den besten Lagen für 310 Mio. DM. Eine ihrer Töchter erhielt 74 gut gelegene Grundstücke für 164,4 Mio.. Für die Dresdner Bank fielen 41 Liegenschaften für 87,3 Mio. ab. Wieviel Geld bei den jeweiligen Kreditinstituten einlag, erfuhr man so wenig wie die Tatsache, welcher Anteil der Schuldforderungen bei dem Preis miterworben wurde.

Aus der Berichterstattung, die erstaunlicherweise schon wenige Tage nach der Veröffentlichung im *Spiegel* wieder verstummte und selbst den Bund der Steuerzahler nicht sonderlich aufregte, war auch noch zu erfahren, daß die Berliner Bank für 49 Mio. DM Forderungen im Wert von 11,5 Mrd. DM erworben hatte. Die Bank hatte sich außerdem für den Fall, daß dieses Geschäft scheitern würde, von der Treuhand 115 Mio.

DM als Verwaltungsaufwand oder Schadenersatz zugestehen lassen. Außerdem soll dem nur in Auszügen bekannt gemachten Papier des Bundesrechnungshofs zu entnehmen sein, daß insgesamt „Kredite" im Umfang von 177,5 Mrd. DM auf diese Weise für ein paar Millionen den Besitzer gewechselt haben. Dabei war den Banken für den Fall, daß sich die Schulden als uneintreibbar erweisen sollten, zugestanden worden, die Forderung „wertberichtigt" beim „Ausgleichsfonds Währungsumstellung" geltend zu machen. Für den würde dann der Solidarbeitrag des Bundesbürgers und Steuerzahlers geradestehen.

Um die Schuldenregelung auf keinen Fall rückgängig machen zu können, hat die Treuhand schon früh — vermutlich wieder auf Anraten ihres teuren Beraters, des hochgeachteten Bankhauses Lloyds — schon 1993 begonnen, die Schulden der DDR-Betriebe, die eigentlich keine richtigen Schulden waren, in richtige Schulden umzuwandeln. Das geschah einfach durch ihre Refinanzierung. Das heißt, die Treuhand bezahlte einen großen Teil der Forderungen, nämlich 105 Mrd. DM an die Banken. Das erforderliche Geld beschaffte sie sich durch den Verkauf von Anleihen und Obligationen. Damit waren die Altschulden weg, die neuen Wertpapiere mit ihren Zahlungsforderungen blieben und mußten auf jeden Fall vom Staat, das heißt von den Steuerzahlern bezahlt werden.

Das Geld zahlte die Treuhand an die Deutsche Kreditbank. Die Bank gehörte zwar der Treuhand, arbeitete aber in der Obhut der Deutschen Bank. Damit stellte sich die Frage, die eigentlich den Staatsanwalt beschäftigen sollte: „Was hat die Deutsche Bank mit diesem Geld der Deutschen Kreditbank gemacht?" Wahrscheinlich war es — wie im Falle der „Bank für Landwirtschaft und Nahrungsgüterwirtschaft" einfach in den Tresoren der Filialen geblieben, als diese — wie erwähnt — von den Banken für ein paar Millionen gekauft wurden.

Für die Anleihen und Obligationen, welche die Treuhand verkauft hatte, steht natürlich der deutsche Steuerzahler gerade; vielleicht zu Recht, er hätte sich als Wähler und politisch mündiger Mensch darum kümmern können oder doch Politiker wählen können, die seine Sache vertreten und nicht die anderer.

„Man kann ja doch nichts machen" oder: Gab es eine Alternative?

Was hätte eine Bundesregierung, die wie es ihr Amtseid vorsieht, im Interesse des Deutschen Volkes regiert, tun können? In dem erwähnten 48seitigen Bericht des Bundesrechnungshofs wurde behauptet, es wäre den Steuerzahler billiger gekommen, wenn die Altschulden gleich in einem staatlichen Fonds gesammelt worden wären. Das ist sicher richtig. Aber warum sollte man sie nicht als das werten, was sie wirklich waren, vergessene Fondszahlungen an die Kommunen, Betriebe und LPGen nach vergangenem DDR-Recht? Mit dem Ende des SED-Staates verschwand auch der Pseudo-"Gläubiger", der auf ihre Rückzahlung in den meisten Fällen auch gar keinen Rechtsanspruch hätte geltend machen können.

Dagegen, daß man die Guthaben der kleinen Leute 1:1 umtauschte — auch wenn das ganz offensichtlich „Geschenke" enthielt —, hatte wohl niemand etwas, und es wäre auch leicht zu finanzieren gewesen. Die Frage, warum man aber die anderen Buchkredite der DDR 2:1 und nicht zum inzwischen üblichen Tagesumtausch von 10:1 bewertete, blieb bisher ungeklärt. In diesem Falle wäre niemandem etwas geschenkt worden und man hätte den Spielregeln des richtigen Kapitalismus, der keine Geschenke erlaubt, Genüge getan.

Noch sinnvoller wäre eine gezielte Umschuldung der Betriebe gewesen, die nur so viel an Schulden beibehalten hätte, wie zur Finanzierung der aufgewerteten Spargroschen der DDR-Bürger und einige andere Kosten der Währungsumstellung nötig war. Den Rest hätte man *à la fond perdue* vergessen, nach dem Motto: Wo kein Gläubiger, da kein Schuldner. Niemand wäre dabei geschädigt worden, allerdings hätte sich auch niemand — wie geschehen — auf zweifelhafte Weise dabei bereichern können.

Eine solche Null-Regelung hätte den neuen Bundesländern einen sehr viel besseren Start ermöglicht. Die DDR-Betriebe wären kaum noch mit Krediten belastet gewesen und hätten großzügig in neue Technologien investieren können. Das hätte die produktiven Arbeitsplätze gesichert und noch dazu die Wirtschaft im Westen angekurbelt. Die DDR-Betriebe wären dadurch leistungs- und konkurrenzfähig geworden. Aber damit wären wir wieder bei dem Traum des Deutsche Bank-Chefs Alfred Herrhausen, den dieser mit seinem Leben bezahlt hat. Wer weiß, was mit dem deutschen Bundeskanzler geschehen wäre, wenn er so etwas versucht hätte?

Sicher wäre mehr über unser wiedervereinigtes Land hereingebrochen als nur die Propaganda vom „Vierten Reich". Wir brauchen darüber nicht zu spekulieren. Der Kanzler hat es nicht versucht, und der Bürger hat ihn nicht darum gebeten. Der Bürger wundert sich nicht einmal darüber, wie es zugegangen ist, daß in wenigen Jahren aus dem auf 600 Mrd. DM geschätzten Volksvermögen im Osten (das ist niedrig geschätzt, andere errechneten das Doppelte und mehr) in wenigen Jahren eine Schuld von rund 400 Mrd. DM werden konnten. Das ist immerhin ein Fehlbetrag von einer Billion DM. Da der Bürger keine Fragen stellte, brauchten die Medien und Politiker ihm auch keine zu beantworten. Der Bürger zahlt brav, solange er kann — und da reden die Leute von Politikverdrossenheit.

Lothar Komp

Die unerledigte Herausforderung des „Aufbaus Ost"

Im Osten Deutschlands sind seit dem Fall der Berliner Mauer mehr Investitionen getätigt worden als in allen Ländern Osteuropas zusammengenommen. Rund 1300 Mrd. DM wurden bis zum Jahresende 1998 in den neuen Ländern investiert: in dringend benötigte Verkehrsverbindungen, in leider viel zu wenige neue Produktionsanlagen, in unzählige Supermärkte und gelegentlich auch in später leerstehende Bürokomplexe. Heute weisen die neuen Länder gegenüber dem früheren Bundesgebiet eine doppelt so hohe Arbeitslosigkeit auf, bei halber Wirtschaftsleistung, halbem Steueraufkommen und auch der halben Menge an Industriearbeitsplätzen pro Kopf der Bevölkerung. Der Trend der vergangenen zwei Jahre ist eindeutig: Der Aufholprozeß des Ostens ist auf halbem Wege steckengeblieben. Die Schere zwischen Ost und West ging zuletzt sogar wieder auseinander.

Die erste „Raketenstufe" des Wiederaufbaus ist abgebrannt. Wenn nicht rechtzeitig die zweite Stufe gezündet wird, die diesmal die Reindustrialisierung Ostdeutschlands und den Wiederaufbau der traditionellen Exportmärkte in Osteuropa und Rußland mit einschließen muß, dann droht der Rücksturz in wirtschaftliches und politisches Chaos. Anhand einiger Zahlen und Statistiken lassen sich die Schwächen des bisherigen „Aufbaus Ost" ersehen.

Der LaRouche-Plan von 1990

Im Oktober 1988, als prominente westdeutsche Politiker noch das Verfassungsziel der deutschen Wiedervereinigung öffentlich als „unrealistisch" oder gar als „Lebenslüge" bezeichneten, sprach Lyndon LaRouche auf einer Pressekonferenz in Berlin vom bevorstehenden Zusammenbruch des östlichen Wirtschaftssystems. Er bot der sowjetischen Führung ein umfassendes Wirtschaftsaufbauprogramm an, das zunächst exemplarisch in Polen beginnen könne, wenn die Sowjetunion im Gegenzug die deutsche Wiedervereinigung zuließe. Dreizehn Monate später war die Berliner Mauer gefallen.

Im Jahre 1990 stellte LaRouche seinen detaillierten Plan für den industriellen und infrastrukturellen Aufbau des Ostens vor, das „Produktive Dreieck Paris-Berlin-Wien". LaRouche betonte, daß nach mehr als 50 Jahren vernachlässigter Investitionen in Industrie und Infrastruktur die gewaltige Herausforderung nur dann gemeistert werden könne, wenn hierzu das im Dreieck Paris-Berlin-Wien in weltweit beispielloser Dichte vorhandene Potential an Maschinenbaukapazitäten mobilisiert würde. Nebenbei schüfe dieser Wirtschaftsaufbau in Osteuropa die günstigsten Rahmenbedingungen für die Modernisierung von Industrie und Infrastruktur im Osten Deutschlands, einschließlich der Schaffung eines technologisch führenden industriellen Mittelstands.

Bekanntlich wurden entsprechende Überlegungen und Ansätze der Bundesregierung spätestens nach der Ermordung von Alfred Herrhausen und Carsten Rohwedder fallengelassen. Statt dessen bemühte man sich um den isolierten Aufbau Ostdeutschlands. Es kam, was kommen mußte. Die alten Exportmärkte im

Osten brachen weg, während zugleich die Maastricht-Sparpolitik eine verheerende Rezession in Westeuropa auslöste. In diesem Umfeld mußte der „Aufbau Ost" in einen Prozeß des unternehmerischen Kannibalismus ausarten: Gegen kurzfristige Investitions- und Arbeitsplatzzusagen verschenkte die Treuhand Ostfirmen an Westfirmen. In kürzester Zeit verschwanden drei Millionen industrielle Arbeitsplätze sowie ein unermeßlicher Schatz an Fähigkeiten und Erfahrungen, die für den Wiederaufbau des früheren Ostblocks von entscheidender Bedeutung gewesen wären.

Hohe staatliche Investitionen...

Zum Glück für die neuen Bundesbürger hat sich die Bundesregierung in ihrer Wirtschaftspolitik nicht immer buchstäblich an die radikal marktwirtschaftlichen Rezepte gehalten, die man zur gleichen Zeit, im Einklang mit dem IWF, gegenüber Osteuropa und Rußland predigte. So investierte der Staat bis zum Jahresende 1997 insgesamt 162 Mrd. DM in die ostdeutsche Infrastruktur, davon allein 76 Mrd. DM in Verkehrswege (40 Mrd. DM für Schienenwege, 21 Mrd. DM für Bundesfernstraßen, 14 Mrd. DM für öffentlichen Personennahverkehr und kommunale Straßen sowie 1,6 Mrd. DM für Bundeswasserstraßen). Dabei konnten 11 500 km an Straßen und 5300 km an Schienenwegen modernisiert oder neu gebaut werden. In den Aufbau der ostdeutschen Telekommunikation wurden 50 Mrd. DM und in wirtschaftsnahe Infrastruktur weitere 36 Mrd. DM investiert.

Neben den eigenen Sachinvestitionen hatte der Staat zugleich auch bei den von privater Seite in den neuen Ländern getätigten Investitionen seine Hände maßgeblich im Spiel. Im Unterschied zur dirigistischen Investitionsförderung der unmittelbaren Nachkriegszeit in Westdeutschland, die den eigentlichen Schlüssel zum späteren „Wirtschaftswunder" bildete und auf einem Gesamtkonzept des Wirtschaftsaufbaus beruhte, ging die Regierung nun allerdings weitgehend nach dem Prinzip der Gießkanne vor. So wurden bis zum Jahresende 1997 mit 22 Mrd. DM an Investitionszulagen und 47 Mrd. DM an Sonderabschreibungen Investitionen der privaten Wirtschaft von insgesamt 510 Mrd. DM angestoßen. Viele der geförderten Investitionen waren außerordentlich wichtig für die regionale Wirtschaftsentwicklung, andere waren reine Verschwendung.

Weitere 38 Mrd. DM machte der Staat für Investitionszuschüsse im Rahmen der „Gemeinschaftsaufgabe" locker, mit denen Investitionen in einer Höhe von 181 Mrd. DM angestoßen wurden. Zusätzlich wurden investierende Unternehmen und Wohnungseigentümer auch mit Krediten unterstützt, wobei insbesondere die Kreditanstalt für Wiederaufbau (KfW) eine herausragende Rolle spielte. So vergab die KfW bis Ende 1997 rund 720 000 einzelne Investitionskredite in den neuen Ländern mit einem Gesamtvolumen von 121 Mrd. DM. Damit wurden Investitionen von insgesamt 210 Mrd. DM angestoßen, mehr als 3 Millionen Wohnungen modernisiert und nicht zuletzt etwa 2,5 Millionen Arbeitsplätze gesichert oder neu geschaffen.

Alles in allem erreichten die öffentlichen und privaten Investitionen in den neuen Bundesländern zwischen 1991 und 1998 nach Berechnungen des IFO-Instituts ein Volumen von 1300 Mrd. DM. Davon entfiel der größte Brocken, 430 Mrd. DM, auf Investitionen von Unternehmen des Dienstleistungssektors, während die Investitionen von Industrie, Bauwirtschaft und Landwirtschaft zusammen lediglich 320 Mrd. DM ausmachten. Weitere 330 Mrd. DM flossen in den Wohnungsbau und die übrigen 220 Mrd. DM an Investitionen leistete der Staat, hauptsächlich für die Modernisierung der Infrastruktur.

Diese beeindruckenden Zahlen können aber über alarmierende Tendenzen nicht hinwegtäuschen. Obwohl die Wirtschaftskraft der neuen Länder noch weit unter dem Niveau des Westens liegt und obwohl im Bereich der Infrastruktur noch ein gewaltiger Bedarf an dringend notwendigen Modernisierungen besteht, fahren sowohl öffentliche Haushalte wie private Unternehmen seit geraumer Zeit ihre Investitionen wieder zurück. Beispielsweise sind die Infrastrukturaufwendungen der ostdeutschen Gemeinden von 18,7 Mrd. DM im Jahre 1992 Schritt für Schritt auf 12,9 Mrd. DM im Jahre 1998 gesenkt worden.

Ein erheblicher Teil der in den vergangenen Jahren getätigten privaten Investitionen gehörte noch zu den Zusagen, die westliche Unternehmen bei der Übernahme eines privatisierten Ostbetriebes gemacht hatten. Diese vertraglich festgelegten Investitionen haben aber ihren Zenit bereits in den Jahren 1995 und 1996 überschritten und sind nun zum überwiegenden Teil ausgelaufen. Hier zeigt sich nur zu deutlich, daß von einer selbsttragenden Entwicklung überhaupt nicht die Rede sein kann. Lagen die Investitionen im ostdeutschen Verarbeitenden Gewerbe in den Jahren 1993 bis 1995 noch jeweils deutlich über 18 Mrd. DM, so werden sie in diesem Fall unter 14 Mrd. DM bleiben. Dieser Niedergang wäre noch sehr viel steiler ausgefallen, wenn nicht einige wenige industrielle Großprojekte (insbesondere in der Chemie und Elektrotechnik), für die keine Nachfolger in Sicht sind, gerade ihren Höhepunkt durchlaufen würden.

...aber kein gezielter Industrieaufbau

Und die Lage auf dem Arbeitsmarkt ist schon jetzt mehr als düster. Statt zehn Millionen Erwerbstätigen wie im Jahre 1989 gibt es heute in den neuen Ländern nur noch sechs Millionen. Rund 1,5 Millionen Menschen haben ihrem Bundesland aus wirtschaftlichen Gründen den Rücken gekehrt. Mehr als 300 000 Pendler, die noch in östlichen Bundesländern wohnen, verdienen ihr Geld im Westen. Weitere 1,5 Millionen sind als arbeitslos registriert. Von den verbliebenen 6 Millionen Arbeitsplätzen wird eine Million nur durch staatliche Maßnahmen aufrechterhalten. Der Bausektor, der zwischenzeitlich in die Rolle des wirtschaftlichen Schrittmachers geraten war, erlebt seit zwei Jahren einen regelrechten Einbruch, der noch lange nicht zu Ende ist.

Geradezu katastrophal ist die Unterversorgung der neuen Länder mit industriellen Arbeitsplätzen. Im Sommer 1999 lag die Zahl der ostdeutschen Industriebeschäftigten (einschließlich Bergbau und Gewinnung von Steinen und Erden) unterhalb der Marke von 600 000. Abgesehen von einigen wenigen Vorzeigefabriken, etwa in der Automobilbranche oder der Elektrotechnik, sind die neuen Bundesländer in eine industrielle Wüste verwandelt worden. Im gleichen Zuge wurde auch Berlin, einst die größte Industriestadt Europas, in atemberaubendem Tempo deindustrialisiert, so daß 270 000 der 400 000 Industriearbeitsplätze zu Beginn des Jahrzehnts verschwanden.

Die Rückwirkungen auf die öffentlichen Haushalte sind beträchtlich: Die Steuereinnahmen der Gemeinden pro Kopf der Bevölkerung liegen immer noch bei rund 40% des Westniveaus. Und auf unabsehbare Zeit kann die ungefähre Angleichung der Lebensverhältnisse in beiden Teilen Deutschlands nur mit jährlichen Transfers von beinahe 200 Mrd. DM gewährleistet werden.

Maschinenbau als technologischer Motor

Die verbliebenen industriellen Kapazitäten leiden zudem an einem akuten Mangel an Forschungsaufwendungen, mit denen neue Produkte und Verfahren entwickelt und auf diese Weise die Arbeitsplätze langfristig gesichert werden können. Aufgrund ihrer schlechten Ertragslage und äußerst dünnen Eigenkapitaldecke können sich viele ostdeutsche Industrieunternehmen aus eigener Kraft überhaupt keine Forschungsaktivitäten leisten. So ist das Forschungs- und Entwicklungspersonal der ostdeutschen Industrie seit der Wende von 80 000 auf 19 000 zusammengeschmolzen. Ohne die staatliche Förderung von FuE-Aktivitäten, die aber bereits seit 1996 rückläufig ist, sähe die Situation noch erheblich schlechter aus. Der Mangel an industrieller Forschung drückt sich unter anderem darin aus, daß lediglich 3,6% des gesamtdeutschen Exports auf ostdeutsche Produkte entfallen.

Von zentraler Bedeutung für die Forschungsintensivität einer Industrieregion ist der Bestand an Maschinenbauunternehmen, insbesondere an Unternehmen im Werkzeugmaschinenbau. Die beständigen technologischen Neuerungen, die jeden exportintensiven Maschinenbaubetrieb charakterisieren, besitzen eine besonders breit gestreute Anschubwirkung auf andere industrielle Bereiche, etwa auf die Herstellung neuer Werkstoffe oder auf die Meß-, Steuer- und Regelungstechnik.

Ein Viertel der gesamten industriellen Forschung in Ostdeutschland entfallen heute auf den Maschinenbau. Aber gerade auf diesem Sektor ist der Kahlschlag seit der Wende noch umfassender ausgefallen als in der übrigen Industrie. Nachdem der sächsische Maschinenbau mit seinen Betrieben in Chemnitz und anderswo bereits seit Ende des 19. Jahrhunderts zur technologischen Weltspitze zählte, war der Maschinenbau in DDR-Zeiten zumindest innerhalb des COMECON von enormer Bedeutung geblieben. Beinahe ein Fünftel des gesamten industriellen Umsatzes der DDR entfiel auf den Maschinenbau. Von den 660 000 Arbeitsplätzen im ostdeutschen Maschinenbau zu Beginn des Jahrzehnts ist heute nur noch ein Zehntel übriggeblieben.

Ohne eine Renaissance des Maschinenbaus kann auch die dringend erforderliche Reindustrialisierung in den neuen Ländern nicht gelingen. Beide Ziele sind erreichbar, wenn die erzwungene Isolation des „Aufbaus Ost" überwunden und der überfällige „Marshall-Plan" für den Rest des untergegangenen Ostblocks endlich in Angriff genommen wird.

Tabelle:
Industriearbeitsplätze je tausend Einwohner
(nur Unternehmen mit mindestens 20 Beschäftigten):

Berlin	36
Brandenburg	36
Mecklenburg-Vorpommern	24
Sachsen	44
Sachsen-Anhalt	38
Thüringen	43
Westdeutsches Mittel	85
Baden-Württemberg	117

Lothar Komp

IWF-„Schocktherapie" – oder die planmäßige Zerstörung Rußlands

Nach einem Jahrzehnt des wirtschaftlichen Niedergangs — in einem in Friedenszeiten wohl nie dagewesenen Ausmaß — hat in allen Nachfolgestaaten der untergegangenen Sowjetunion eine Dynamik hin zu kriegerischen Konflikten eingesetzt. Selbst in Rußland, das im Vergleich zu seinen ex-sowjetischen Nachbarn noch mit am besten dasteht, sind Lebensstandard und Lebenserwartung der Bevölkerung im Verlaufe der 90er Jahre dramatisch gesunken. Zugleich wurden aus Rußland nach Expertenschätzungen mindestens 300, vermutlich aber eher 600 Milliarden Dollar an Geldern und Gütern illegal herausgepreßt, die dann schließlich ihren Weg in die verschiedenen spekulativen Blasen der internationalen Finanzmärkte fanden.

Wer immer noch dem Propagandamärchen aufsitzt, es handele sich hier um irgendwelche unvermeidbaren Härten, die nun einmal den „Transformationsprozeß" hin zu einer westlichen Marktwirtschaft begleiten, der muß schon über ein ungewöhnliches Maß an Ignoranz verfügen. Die russische Wirtschaft hat heute weit weniger Ähnlichkeit mit der Marktwirtschaft kontinentaleuropäischer Prägung als zu Beginn des Jahrzehnts.

Statt dessen wurden im Namen der „Schocktherapie“ systematisch diejenigen Wirtschaftsprozesse abgewürgt, die für das mittelfristige Überleben jeder Wirtschaft unverzichtbar sind: Während sich schon in sowjetischen Zeiten die Investitionen in die Modernisierung von Industrie und Infrastruktur auf jämmerlichem Niveau befanden und die Fähigkeiten von fünf Millionen Wissenschaftlern und Technikern nur innerhalb des militärischen Sektors wirksam werden durften, bedeuteten die sogenannten „Reformen“ der 90er Jahre ein fast vollständiges Versiegen staatlicher oder privater Anlageinvestitionen und zugleich auch der Forschungsausgaben.

Auch mit den Illusionen, der eingeschlagene Wirtschaftskurs sei allein das Werk der russischen Mafia, muß aufgeräumt werden. Es gilt, Autoren und Handlanger auseinander zu halten. Schon Ende der 80er Jahre hatten George Bush und Margaret Thatcher keinen Zweifel daran gelassen, daß sie einen russischen Wiederaufbau nach dem Vorbild des Marshall-Plans in Westeuropa oder gar nach den von Lyndon LaRouche seit 1988 veröffentlichten Ideen niemals zulassen würden. Vielmehr stellten sie die Rückzahlung der sowjetischen Altschulden in den Mittelpunkt jeder Diskussion über Rußlands Zukunft. In ihren geopolitischen Vorstellungen war nur Platz für ein „afrikanisiertes“ Rußland, das politisch und wirtschaftlich zerfällt und auf diese Weise die riesigen Rohstoffvorkommen Rußlands und Zentralasiens zur leichten Beute werden läßt.

Für die konkrete Umsetzung der entsprechenden Wirtschaftspolitik ist der Internationale Währungsfonds (IWF) verantwortlich, der mehrere hundert sehr detaillierte Anweisungen über einzelne Posten des Staatshaushalts und über neue Gesetzesentwürfe an die jeweiligen russischen Regierungen richtete. Als 1996 ein paar Dutzend dieser Handlungsanweisungen an die Öffentlichkeit gelangten, stellten russische Zeitungen mit Recht die Frage, warum sich Rußland denn überhaupt eine Regierung leiste, wenn alle wichtigen wirtschaftlichen Entscheidungen ohnehin vom IWF diktiert werden.

1992/93 — Die organisierte Hyperinflation

Zu den wichtigsten Mittelsmännern des IWF in Rußland zu Beginn der Schocktherapie zählten Ministerpräsident Jegor Gajdar, Privatisierungsminister Anatolij Tschubajs und Finanzminister Boris Fjodorow. Lord Harris, der Chef des zur radikalliberalen Mont-Pèlerin-Gesellschaft gehörenden Instituts für wirtschaftliche Angelegenheiten in London, hatte die drei schon seit Mitte der 80er Jahre auf diese Aufgabe vorbereitet. Ein paar westliche Anhänger ultraliberaler Kulte wie Geoffrey Sachs von der Universität Harvard wurden diesen russischen „Reformern" als Berater zur Seite gestellt.

Zunächst zielte ihr Werk der Zerstörung auf die umfangreichen Sparguthaben der russischen Bevölkerung. Die Ausgaben des russischen Staates sollten insgesamt drastisch gesenkt, die Schuldendienste an das Ausland aber gleichzeitig aufrechterhalten werden. Dabei waren die aus den Spareinlagen russischer Bürger resultierenden Verpflichtungen des Staates störend.

Man hätte hier den Weg einer geordneten Währungsreform beschreiten können. Aber eine chaotische Hyperinflation schien den Zielen der „Reformer" eher zu entsprechen. So läutete Gajdar zu Beginn des Jahres 1992 die Schocktherapie mit der Freigabe der

Preise für die wichtigsten Güter ein. Eine solche Maßnahme wäre beim deutschen Wiederaufbau nach dem Krieg undenkbar gewesen und auch heute in Deutschland gesetzeswidrig. Denn die von der Preisliberalisierung betroffenen Produkte wurden noch fast vollständig von entweder staatlichen oder privaten Monopolen hergestellt, die nun, ohne Wettbewerb und ohne Einschreiten irgendeiner Kartellbehörde, den Preis diktieren konnten. Die Regierung ging mit entsprechendem Beispiel voran und vervielfachte abrupt ihre Preise, unter anderem für Energie. Die Kettenreaktion nahm ihren Lauf. Schon für das Jahr 1992 erreichten die „Reformer" einen Anstieg der Verbraucherpreise von 2600%, während sie es 1993 gar auf eine Verdreißigfachung der Preise brachten.

Nach zwei Jahren waren die Sparguthaben der russischen Bevölkerung keinen Pfifferling mehr wert. Ein ebenfalls beabsichtigter Begleiteffekt der Preisfreigabe war die Übertragung des Güterhandels auf den Schwarzmarkt sowie die Entstehung eines privaten Bankensystems, das sich ausschließlich mit der Abschöpfung spekulativer Profite unter Bedingungen von Hyperinflation befaßte.

Seit dem Herbst 1992 wurde zudem eine Orgie von Privatisierungen der großen Staatsbetriebe eingeleitet, die von russischen Ökonomen treffend als größte Plünderungsaktion des organisierten Verbrechens in der Geschichte der Menschheit bezeichnet wurde. Zu Ramschpreisen wurden überlebensfähige Industriebetriebe mit fünfstelliger Beschäftigtenzahl an Mafiakreise verscherbelt, die natürlich nicht an der Modernisierung der Produktion, sondern lediglich am Eintausch unmittelbar verwertbarer Rohstoffe und sonstiger Güter gegen Dollar über ihre ausländischen Partner interessiert waren. Ende 1993 befanden sich selbst nach offiziellen Angaben bereits 60 000 vorherige Staatsbetriebe in der Hand des organisierten Verbrechens.

Wirtschaftskollaps

Die Konsequenzen für die Bevölkerung und die Realwirtschaft waren verheerend. Mit der rasanten Schrumpfung der Reallöhne brach die Nachfrage nach Gütern schockartig ein. Die großen Industrieunternehmen, von denen vielfach die gesamte Wirtschaftstätigkeit einer ganzen Region abhing, produzierten zunächst auf Halde und häuften riesige Verluste an. Dennoch mußten sie ihre Produktion Schritt für Schritt herunterfahren. So fiel die industrielle Produktion in Rußland im Verlaufe der 90er Jahre um mehr als die Hälfte. Ähnlich erging es der Landwirtschaft, die am Ende nur noch 55% des Ertrages vom Beginn des Jahrzehnts erreichte.

Und gerade diejenigen Industriebranchen, die das größte Potential für Modernisierung und Wiederaufbau darstellten, erlitten den schlimmsten Produktionseinbruch. So sank die Maschinenbauproduktion auf ein Drittel des Standes von 1990. Die Produktion der Leichtindustrie schrumpfte gar auf ein Neuntel zusammen. Ein Blick auf den allgemeinen Niedergang der realwirtschaftlichen Aktivität zeigt der Stahlverbrauch russischer Unternehmen. Während sich die Stahlproduktion Rußlands halbierte, wurde ein immer größerer Anteil dieser verbliebenen Produktion zu Billigpreisen auf die Auslandsmärkte geworfen. Dabei schmolz der Verbrauch an Fertigstahl zwischen 1992 und 1998 von 58 Mio. Tonnen auf 14,6 Mio. Tonnen zusammen.

Tabelle:

Rückgang der Anlageinvestitionen in Rußland zwischen 1991 und 1995

Maschinenbau	-92%
Leichtindustrie	-96%
Baugewerbe	-94%
Chemie	-86%
Transportsektor	-79%
Landwirtschaft	-95%
Energiesektor	-53%

(Quelle: BIOst)

Noch schneller als die Produktion brachen die Investitionen ein, die nun einmal den Schlüssel für jeden wirklichen Wiederaufbau darstellen. Einer Untersuchung des Kölner Ostinstituts (BIOST) zufolge kollabierten die industriellen Investitionen zwischen 1992 und 1996 um durchschnittlich 79%, und einzelne Bereiche wie der Maschinenbau erlitten noch größere Einbrüche. Rund 60% der russischen Industriebetriebe haben nach eigenen Angaben zwischen 1991 und 1996 überhaupt keine Investitionen vorgenommen.

Die Forschungsausgaben in Rußland gingen schon im Jahre 1991 um ein Drittel zurück. Im darauffolgenden Jahr wurden sie erneut halbiert. Und 1998 lagen sie bei einem Fünftel des Wertes von 1989. Tatsächlich sind auch diese Zahlen noch beschönigend. Denn aufgrund der raketenhaft angestiegenen Ausgaben der Forschungsinstitute für Mieten, Strom, Steuern usw. betragen die Mittel, die sie wirklich noch für ihre Forschungen einsetzen können, allenfalls ein Zwanzigstel des Wertes von 1989.

Völkermord

Die russische Bevölkerung mußte die Ausplünderungspolitik der 90er Jahre mit einem sehr starken Rückgang ihres Lebensstandards bezahlen. Nach der Phase der Hyperinflation kam im Anschluß an das Schuldenmoratorium und die Freigabe des Rubelkurses im August 1998 eine erneute Beschleunigung dieses Niedergangs. Nach dem ersten Halbjahr 1999 lagen die Reallöhne in Rußland um 47% unter dem Niveau des Vorjahres. Ende 1998 lagen die mittleren Renten bei nur noch 80% des Existenzminimums. Dabei werden auch diese extrem niedrigen Löhne und Renten aufgrund der vom IWF diktierten Prioritäten des Staatshaushalts und der riesigen Schuldentürme der privaten Unternehmen immer häufiger gar nicht ausgezahlt. Nennenswerte soziale Netze sind nicht vorhanden. Und die Gesundheitsausgaben sind absolut unzureichend.

Es kann unter diesen Umständen nicht verwundern, daß Rußland heute von einer demographischen Katastrophe heimgesucht wird. Viele üblicherweise mit Armut verbundene Seuchen, die schon einmal weitgehend ausgerottet waren, feiern heute in Rußland ein Comeback. Die Geburtenraten sind auf die Hälfte des Niveaus abgesunken, das für die einfache Ersetzung der gegenwärtigen Generationen durch ihre Kinder erforderlich ist. Sogar in Kriegszeiten hat es in Rußland niemals so geringe Geburtenraten gegeben. Währenddessen sind die Sterberaten, insbesondere bei Männern, in atemberaubendem Tempo angestiegen. Allein zwischen 1990 und 1994 fiel die durchschnittliche Lebenserwartung russischer Männer von 64 auf 57,7 Jahre.

Nach Angaben des führenden russischen Ökonomen Sergej Glasjew resultierten die ersten sechs Jahre der IWF-Reformen in Rußland in einem Bevölkerungsverlust von acht Millionen: Drei Millionen starben vorzeitig und fünf Millionen wurden nicht geboren. So betrachtet sind dieser Periode mehr Menschenleben zum Opfer gefallen als der massenhaften Hungersnot in Rußland Anfang der 30er Jahre.

Wie Glasjew in seinem Buch *Völkermord — Rußland und die Neue Weltordnung* dokumentiert, erfüllen die Auswirkungen der „Schocktherapie" auf die russische Bevölkerung die Definition von Völkermord, wie sie in der „Internationalen Konvention zur Verhinderung und Bestrafung des Verbrechens des Völkermords" der Vereinten Nationen festgelegt wurde. Darin werden Handlungen als Völkermord identifiziert, welche „vorsätzlich solche Lebensbedingungen für eine Gruppe von Menschen schaffen, die zu einer physischen Zerstörung der gesamten oder eines Teils der Gruppe führen sollen". Wie Glasjew betont, stehen die Auswirkungen der „Reformen" auf einer Stufe mit drei anderen russischen Katastrophen der vergangenen 200 Jahre: der Invasion Napoleons, dem russischen Bürgerkrieg nach der Oktoberrevolution und Adolf Hitlers Aggression in den Jahren 1941-1945.

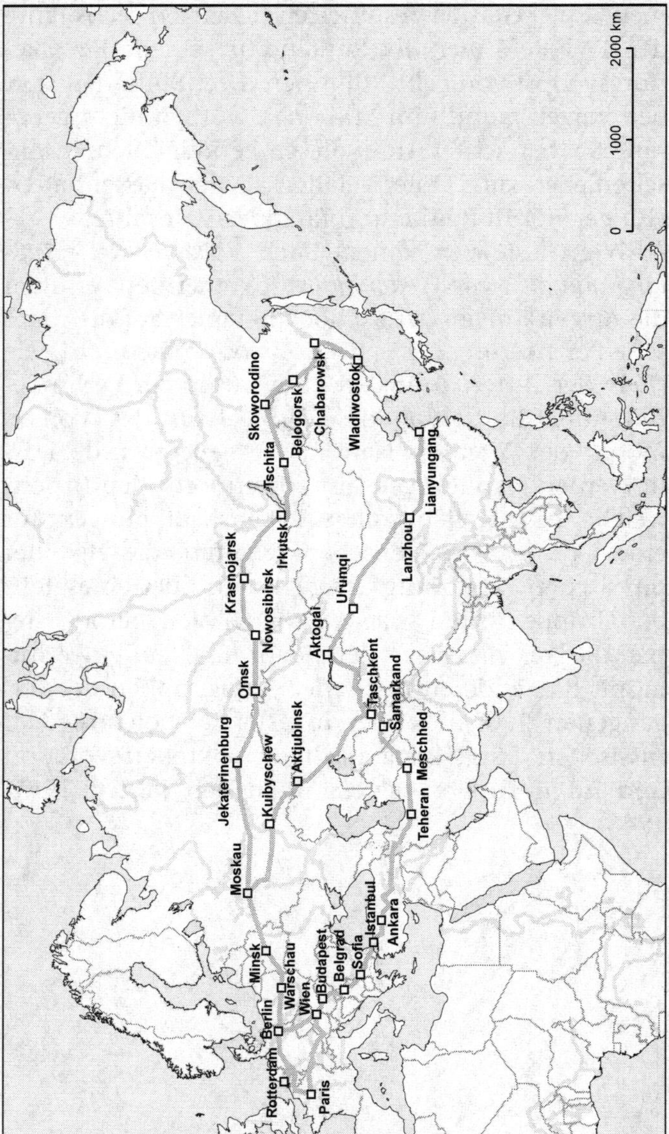

Rotterdam
Paris
Berlin
Wien
Warschau
Budapest
Belgrad
Minsk
Sofia
Istanbul
Ankara
Moskau
Kuibyschew
Jekaterinenburg
Aktjubinsk
Teheran
Meschhed
Samarkand
Taschkent
Omsk
Aktogai
Nowosibirsk
Krasnojarsk
Urumqi
Irkutsk
Lanzhou
Tschita
Lianyungang
Skoworodino
Belogorsk
Chabarowsk
Wladiwostok
0
1000
2000 km

Die Eurasische Landbrücke als globale Strategie

Rede von Helga Zepp-LaRouche auf einer Konferenz des amerikanischen Schiller-Instituts in Reston/ Virginia bei Washington am 5. September 1999.

Ich möchte Ihnen heute ausführlich die internationale strategische Lage schildern — wie sie entstanden ist, welches die unmittelbaren Gefahren sind und was getan werden muß, um diese Gefahren zu überwinden. Folgen Sie mir auf meiner Reise durch verschiedene Teile der Welt, und haben Sie bitte Geduld: Denken Sie nicht, es sei belanglos, wenn ich von anderen Teilen der Welt spreche, die Ihnen vielleicht nicht gut bekannt sind.

Immer wenn ich in die Vereinigten Staaten reise (wahrscheinlich geht es auch vielen Amerikanern so, die außer Landes waren und dann zurückkehren), bin ich verblüfft über die „virtuelle Realität" in diesem Land. Viele Amerikaner wissen kaum etwas darüber, was in der Welt vorgeht. Die meisten haben keine Ahnung, welche Politik ihre Regierung in der Welt verfolgt, was die Auswirkungen dieser Politik sind oder was andere Nationen über die USA denken. Deshalb will ich versuchen, Ihnen ein in die Tiefe gehendes Verständnis der strategischen Situation zu vermitteln.

Der große Mangel wurde mir jetzt wieder bewußt, als ich das Fernsehen einschaltete, weil ich bestimmte Entwicklungen verfolgen wollte. Als die DDR noch existierte, versuchten viele Menschen dort herauszufinden, was in der Welt geschieht, indem sie westdeutsches Fernsehen oder Radio verfolgten, was natürlich verboten war. Praktisch alle haben das getan. Die einzige Ausnahme waren die Bewohner eines Tales in der Nähe von Dresden. Wegen der geographischen Verhältnisse konnten sie keine westlichen Sender empfangen. Dieses Gebiet nannte man in der DDR „das Tal der Ahnungslosen".

Ich bin zu dem Schluß gekommen, daß Amerika der „Kontinent der Ahnungslosen" ist. Und ich will versuchen, das ein bißchen zu ändern. Ich möchte Sie motivieren, eine Art „Untergrundkämpfer" zu werden. Wenn Sie regelmäßig das Nachrichtenmagazin *EIR* oder die Zeitung *New Federalist* [die amerikanische Schwesterzeitung der *Neuen Solidarität, d. Red.*] lesen, dann wissen Sie Bescheid.

Die besondere Bedeutung Lyndon LaRouches

Es gibt eine ungeheure Diskrepanz zwischen der tatsächlichen Rolle Lyndon LaRouches auf der Welt in den letzten 20 Jahren und der Art und Weise, wie er in den amerikanischen Medien dargestellt wurde. Ich hoffe, auch Sie werden das im Laufe meiner Rede merken. In den letzten 25 Jahren, und besonders den letzten 16 Jahren, ist wirklich kein größerer Gegensatz vorstellbar als der zwischen der historischen Persönlichkeit Lyndon LaRouche, der wie keine andere lebende Person maßgeblich die Weltpolitik beeinflußt hat, und den haßerfüllten Verleumdungen und absurden Charakterisierungen, mit denen ihn die Medien dieses Landes bedachten.

Nur wenn Sie genau wissen, wer dieser Lyndon LaRouche wirklich ist, können Sie die notwendige innere Autorität entfalten, um uns dabei zu helfen, LaRouches Präsidentschaftswahlkampf in den vor uns liegenden Wochen auf Hochtouren zu bringen. Denn das wird entscheiden, ob wir in die schwerste Krise dieses Jahrhunderts (trotz der beiden Weltkriege) stolpern oder ob wir sie vermeiden können.

Wir stehen vor dem Zusammenbruch des Weltfinanzsystems. Die internationalen Finanzinstitutionen haben schon seit einigen Jahren eine passende Scheinerklärung dafür parat: das „Jahr-2000-Problem" der Computer, das angeblich alle möglichen Krisen hervorrufen soll. Aber wenn man den Begriff „Jahr-2000-Problem" durch „Zusammenbruch des Weltfinanzsystems" ersetzt, ist man von der Wahrheit nicht weit entfernt.

In wenigen Tagen (ab 9.9.99) wird die britische Regierung spezielle militärische und sicherheitsdienstliche Maßnahmen einleiten, die sog. „Operation Bürgschaft" (*Operation Surety*). Unter dem Vorwand, das „Jahr-2000-Problem" könne schon am 9.9.99 einsetzen, soll das Militär darauf vorbereitet werden, daß es zu größeren Aufständen und inneren Unruhen kommen wird, welche die etablierte Ordnung Großbritanniens gefährden könnten. Wenn man bedenkt, daß es in Wirklichkeit um den Finanzkrach geht, dann sind gewalttätige Reaktionen tatsächlich sehr wahrscheinlich. Es ist durchaus denkbar, daß der Amok laufende Daytrader Mark Barton aus Atlanta zu einem Massenphänomen wird.

Fragen Sie sich: Was geschieht, wenn die Aktienbörse in New York um 40-50 Prozent abstürzt? Einige internationale Finanzexperten sprechen sogar davon, daß es dem Dollar wie der indonesischen Währung ergehen könnte, die 80 Prozent ihres Wertes verlor. Sie können sich ausmalen, wie es den Leuten geht, die sich völlig der Spekulation verschrieben haben, und was dann passieren wird.

Die Zeitbombe der japanischen Bankenkrise tickt weiter; Lateinamerika steht kurz vor einer neuen Explosion von Finanzturbulenzen; die russische Krise kommt noch dazu.

Das ist der Hintergrund, vor dem die drei Krisenpunkte zu sehen sind, bei denen die Britisch-amerikanische Commonwealth-Machtgruppe (BAC) ihre Hände im Spiel hat. Diese Krisen haben eine so große Sprengkraft, daß sie insbesondere in Verbindung mit dem Finanzkollaps kurzfristig einen größeren Krieg auslösen könnten, sogar mit der Gefahr des Einsatzes von Kernwaffen.

Der erste Krisenpunkt ist der Transkaukasus. Dort ist das Ziel die Zerstörung Rußlands. Die zweite Krise ist der Konflikt zwischen Pakistan und Indien über Kaschmir. Dabei ist das Ziel, Indien zu zerstören. Die dritte Krise betrifft Taiwan, das zur Unabhängigkeit gedrängt wird. Das soll der Beginn der Auflösung Chinas sein. Die Kombination dieser Krisen könnte durchaus außer Kontrolle geraten und in kurzer Zeit in den Dritten Weltkrieg münden.

Die Strategische Verteidigungsinitiative SDI

Um zu verstehen, wie die Weltgeschichte sich bis zu diesem Punkt entwickeln konnte, muß man mindestens bis auf die berühmten Ereignisse im Oktober 1986 zurückgehen. Damals war die Strategische Verteidigungsinitiative SDI, die Lyndon LaRouche vorgeschlagen hatte und die Präsident Reagan am 23. März

1983 zur offiziellen amerikanischen Politik erklärt hatte, zum letzten Mal Gegenstand von Regierungsverhandlungen. Zu jedermanns Überraschung brachte Präsident Reagan auf dem Gipfeltreffen in Reykjavik die SDI wieder zu Sprache und bot der Sowjetunion die Zusammenarbeit bei der Entwicklung und Anwendung der SDI an.

Reagan erklärte explizit, er wolle mit der SDI die Welt vom Terror der Vergeltungswaffen befreien. Dieser Vorschlag wurde nicht nur von Gorbatschow abgelehnt, sondern auch praktisch von allen Mitgliedern in Reagans eigener Regierung — George Bush, Don Regan, George Shultz, Sir Caspar Weinberger usw. Damit wurde eine große Chance, die Welt zu verändern, vertan. Die beiden Supermächte — Gorbatschow auf der einen und diese üblen Kreise in Reagans Kabinett auf der anderen Seite — lehnten nicht nur die SDI ab, sie trafen auch eine Absprache, den Einfluß LaRouches ein für allemal auszuschalten.

Warum war das ein so zentraler Streitpunkt?

Dazu muß man die Bedeutung der SDI verstehen. LaRouche entwickelte 1979 das Konzept einer Verteidigung gegen strategische Raketen, die sich auf neue physikalische Prinzipien stützte. Er legte dies 1981-82 auf Konferenzen in Europa (Paris, Rom, Bonn Stockholm) und in der amerikanischen Hauptstadt Washington vor, lange bevor es amerikanische Politik wurde. Die Idee dahinter war, die vorherrschende Militärdoktrin der „Gegenseitig gesicherten Zerstörung“ (MAD) durch eine neue Doktrin abzulösen, die er als „Gegenseitig gesichertes Überleben“ (MAS) bezeichnete. In einem fortdauernden „Crashprogramm“ sollte ein System zur Abwehr von Atomraketen mit Hilfe von Lasertechnologien entwickelt werden.

Das Ziel der SDI war niemals, einen Krieg gegen die Sowjetunion zu gewinnen. Entgegen der damaligen Propaganda vom „Krieg der Sterne“ (die typisch war für den „Kontinent der Ahnungslosen“) war es das genaue Gegenteil. Es ging vielmehr darum, den Alptraum des nuklearen Schreckens und die Gründe für solche Kriege ein für allemal aus dem Weg zu räumen.

Das läßt sich sehr leicht beweisen. Als Präsident Reagan am 23. März 1983 der Sowjetunion die Zusammenarbeit anbot, gehörte auch das Angebot dazu, bei der Anwendung dieser Technologien in der zivilen Wirtschaft zu helfen. Er wiederholte dieses Angebot noch einmal in einem Schreiben im August des gleichen Jahres.

Moskau lehnte jedoch ab, mit der Begründung, daß der Westen von diesen Technologien stärker profitieren würde als die UdSSR. Der eigentliche Grund aber war, daß die Sowjets ihre eigenen Pläne für eine Weltherrschaft verfolgten — den sog. „Ogarkow-Plan“.

Ein anderer Mann, der in dieser Angelegenheit eine wichtige Rolle spielte, Dr. Edward Teller, wies zu Recht darauf hin, daß die SDI eine „Erfüllung der gemeinsamen Ziele der Menschheit“ bedeute. Am 27. Oktober 1982 erklärte er: „Im Rahmen einer Zusammenarbeit mit denjenigen, die wirklich in vollem Umfang kooperieren wollen, können wir die schrecklichen Lebensbedingungen in der Dritten Welt verbessern. Durch den Einsatz von Technik können wir erreichen, daß sich die Gründe für Krieg verringern und immer weiter verringern werden.“

Hätte die Sowjetunion dieses Angebot angenommen, so hätte das auch das Ende der Pläne für eine „Weltregierung“ bedeutet. Die Politik, die auf H.G. Wells und Bertrand Russell zurückgeht — daß die Länder der Welt sich eher einer Weltregierung unterwerfen würden, als sich von Atomwaffen zerstören zu lassen — und durch die Pugwash-Konferenzen und die Abrüstungsverhandlungen nach der Kuba-Krise betrieben wurde, wäre zunichte gemacht worden.

Als es LaRouche gelang, den Präsidenten der USA zu diesem Angebot an die Sowjetunion zu bewegen — wahrlich keine Kleinigkeit —, reagierten die Verfechter der „Weltregierung" in Ost und West hysterisch. Die sowjetische Presse schäumte. Sie nannten die SDI einen *casus belli*. LaRouche wurde als „Höhlenmensch" bezeichnet; die *Iswestija* nannte ihn „Rambo" und mich „Teutonia mit Hörnern".

Im November 1986 griff Gorbatschow kurz vor dem Gipfeltreffen in Reykjavik LaRouche öffentlich an; wenn er ihn auch nicht mit Namen nannte, so war doch klar, wer gemeint war. Am 30. September 1986 klagte die Zeitschrift *Sowjetskaja Kultura* über den wachsenden Einfluß LaRouches und fragte, warum denn in den USA nicht z.B. die Steuerbehörde IRS etwas gegen ihn unternähme, wenn man ihm schon politisch nichts anhaben könne.

Das Vorgehen gegen LaRouche

Sie haben sicher in den Medien gehört, daß jetzt einige häßliche Wahrheiten über das Vorgehen des FBI in der Waco-Affäre ans Licht gekommen sind. Das FBI hat Justizministerin Reno belogen. Es hat brennbares Tränengas eingesetzt und das Anwesen mitsamt den Menschen darauf, darunter viele Frauen und Kinder, in Brand gesetzt. Das ist ein unglaublicher Terrorismus gegen die eigene Bevölkerung.

Es gibt einen besonderen Grund, warum ich auf diese Enthüllungen emotional so stark reagiere: Am 6. Oktober, nur wenige Tage vor dem Gipfeltreffen in

Reykjavik, unternahmen die gleichen Kräfte — das FBI, Teile des Pentagon und andere — eine Razzia gegen unsere Büros in Leesburg und das Haus, wo wir damals wohnten. Niemals werde ich diesen 6. Oktober 1986 vergessen. Ich wurde morgens gegen Viertel vor Sieben vom Lärm der Hubschrauber geweckt, die vor unserem Schlafzimmerfenster flogen. 400 Beamte mit gepanzerten Fahrzeugen, Panzern und Gewehren hatten das Haus umzingelt. Man hatte diesen Beamten erzählt, wir seien eine terroristische Organisation, extrem gefährlich, sie müßten mit dem Schlimmsten rechnen. Sie befanden sich daher unter hoher Spannung und hatten Angst.

Eigentlich ist es ein Wunder, daß ich noch am Leben bin. Durch eine persönliche Intervention Lyndon LaRouches und eine internationale Mobilisierung erreichten wir, daß das Weiße Haus sich einschaltete und die Sache zurückpfiff. Nur deshalb haben wir überlebt. Es war ein gezielter Versuch, uns zu töten, genau wie in Waco, und teilweise waren sogar die gleichen Personen daran beteiligt. So war etwa der damalige stellv. FBI-Chef Larry Potts für die Operation verantwortlich — der gleiche Mann, der auch das Vorgehen des FBI in Waco und in Ruby Ridge, wo eine unschuldige Frau und ihr Kind getötet wurden, zu verantworten hat. Dieselben Leute von der „geheimen Nebenregierung“ waren es auch, die Präsident Clinton über das Amtsenthebungsverfahren stürzen wollten.

Gorbatschow und die SDI-Gegner in der Regierung Reagan einigten sich darauf, LaRouches Kopf auf einem Silbertablett zu präsentieren, als Beweis dafür, daß diese Politik auf immer zurückgewiesen werde. Es ist eine bittere Ironie der Geschichte: Hätten die Sowjets Reagans SDI-Angebot in Reykjavik angenommen, dann wäre die Menschheit jetzt aus dem Schlimmsten heraus. Es war vielleicht eine der beiden größten Chancen dieses Jahrhunderts. Sie wurde vertan, weil der damalige sowjetische Generalsekretär Jurij Andropow das Angebot ausschlug, ohne überhaupt zu verhandeln.

In einer neuen Schrift über den ABM-Vertrag erinnert LaRouche an das Märchen von dem Fischer, der eine Perle wegwirft, die mehr wert war als seine ganze Insel. Die Sowjetunion hat diese Perle weggeworfen, obwohl der Vorschlag nicht gegen sie gerichtet war, sondern im Gegenteil ein Versuch war, Rußland und die Russen zu retten. Man kann nur sagen: „Was für eine grenzenlose Dummheit!“ Inzwischen haben das viele führende Wissenschaftler, Akademiemitglieder u.a. in der früheren Sowjetunion erkannt und die richtigen Schlußfolgerungen daraus gezogen.

Sehen Sie sich an, was in den Spielzeugläden im Zusammenhang mit dem *Krieg der Sterne* angeboten wird, diese häßlichen kleinen Monster. Gibt es eine größere Perversion? Es ging um eine der schönsten Ideen überhaupt: wahren Frieden in die Welt zu bringen. Und was haben sie daraus gemacht! Das zeigt deutlich die Perversität der Leute, die heute in Hollywood das Sagen haben.

LaRouche sagte 1984 voraus: Wenn die Sowjetunion das SDI-Angebot ablehne, werde sie innerhalb von fünf Jahren zusammenbrechen. Und so geschah es auch. LaRouche war der einzige Staatsmann, der den Zusammenbruch der Sowjetunion prognostizierte.

1988 hielt LaRouche dann seine berühmte Pressekonferenz im Berliner Hotel *Kempinski*, wo er wiederum als einziger die bevorstehende deutsche Wiedervereinigung vorhersagte.

Angesichts der wirtschaftlichen Probleme des

Comecon sollte man Deutschland wiedervereinigen und Polen mit Hilfe westlicher Technologien und den Methoden der physischen Wirtschaft entwickeln. Dies sagte er am 12. Oktober 1988. Und nur Wochen später im November 1988 leiteten die gleichen Kräfte im Justizministerium das Schnellverfahren gegen LaRouche und mehrere seiner Mitarbeiter ein, das man nur mit Freislers Gerichtshof der Nazi-Zeit vergleichen kann. Wie wir heute wissen, war Reagan damals nur noch formal Präsident, eigentlich regierte der durch die Iran-Contra-Affäre berüchtigte damalige Vizepräsident George Bush. Am 27. Januar 1989, nur wenige Tage nach dem Amtsantritt Bushs als amerikanischer Präsident, wurde LaRouche ins Gefängnis geworfen.

Der Fall der Mauer

Im November 1989 fiel die Mauer, und das signalisierte auch den kommenden Zusammenbruch der Sowjetunion. Noch im gleichen Monat entwickelte LaRouche im Gefängnis die Idee vom „produktiven Dreieck Paris-Berlin-Wien": daß man dieses Gebiet, wo sich das größte Industrie-, Hightech- und Werkzeugmaschinenbaupotential der Welt konzentriert, als Motor benutzt, um Ost- und Westeuropa durch Entwicklungskorridore zu integrieren.

Dieses Konzept hätte die Ost-West-Beziehungen auf eine völlig neue Grundlage gestellt. Es wäre die erste Friedensordnung des 20. Jahrhunderts gewesen. Viele Menschen verstehen nicht, daß das gleiche Konzept auch der SDI zugrunde lag: modernste Technologien als Wissenschaftsmotor und Eckpfeiler einer neuen, gerechten Weltwirtschaftsordnung einzusetzen.

Die große Frage war, wie der Westen auf den Zusammenbruch des Ostens reagieren würde. Würde er die Richtung eines weltweiten Wiederaufbaus einschlagen, die LaRouche mit dem „produktiven Dreieck“ vorschlug und später zur „eurasischen Landbrücke“ erweiterte? Oder würde er sich den Ideen von Wells und Russell, dem Konzept der Weltregierung verschreiben?

Es gibt zwar einige Nuancen — daß Präsident Clinton in Irland und auf dem Balkan Positives erreicht hat, um Frieden im Nahen Osten bemüht ist und an der strategischen Partnerschaft mit China arbeitete —, aber im Rückblick auf die zehn Jahre seit der Wende muß man zu dem Schluß kommen, daß die Entwicklung eher in die Richtung geht, die Zbigniew Brzezinski in seinem Buch *Die einzige Weltmacht* beschreibt. Geopolitik und die strategische Politik der BAC-Machtgruppe dominieren heute die Politik der Vereinigten Staaten. Brzezinski schrieb in dem Buch:

> „Im letzten Jahrzehnt des 20. Jahrhunderts hat sich die Weltlage tiefgreifend verändert. Zum ersten Mal in der Geschichte trat ein außereurasischer Staat nicht nur als *der* Schiedsrichter eurasischer Machtverhältnisse, sondern als überragende Weltmacht schlechthin hervor. Mit dem Scheitern und dem Zusammenbruch der Sowjetunion stieg ein Land der westlichen Hemisphäre, nämlich die Vereinigten Staaten, zur einzigen und im Grunde ersten wirklichen Weltmacht auf ...
>
> Inwieweit die USA ihre globale Vormachtstellung geltend machen können, hängt aber davon ab, wie ein weltweit engagiertes Amerika mit den komplexen Machtverhältnissen auf dem eurasischen Kontinent fertig wird — und ob es dort das Aufkommen einer dominierenden, gegnerischen Macht verhindern kann ... Eurasien ist

somit das Schachbrett, auf dem sich auch in Zukunft der Kampf um die globale Vorherrschaft abspielen wird."

Soweit Brzezinski; wenn Sie nun vergleichen, was geschehen ist und heute geschieht, können Sie sich ein eigenes Urteil bilden.

Am 31. Oktober 1989 — wenige Wochen nach dem Fall der Mauer — wurde Alfred Herrhausen, der damalige Vorstandssprecher der Deutschen Bank, von der nichtexistenten „dritten Generation" der RAF ermordet. Warum? Neben LaRouche war er der einzige gewesen, der eine Entwicklung Polens außerhalb der IWF-Struktur vorgeschlagen hatte. Die Finanzierung sollte über eine Bank nach dem Vorbild der Kreditanstalt für Wiederaufbau erfolgen. Damit rief er die Geopolitiker auf den Plan.

Am 2. Dezember 1989 trafen sich Bush und Gorbatschow zu einem Gipfel in Malta. Dort einigten sie sich darauf, die Entwicklungen in Deutschland abzubremsen. Das erwies sich allerdings als zwecklos, die Wiedervereinigung war nicht mehr aufzuhalten. Im Mai 1990 betonte dann die Regierung Bush in Person von Scowcroft und Eagleburger auf einer OSZE-Konferenz, Osteuropa müsse sich der Schocktherapie und „Reformpolitik" des IWF unterwerfen und in das globalisierte System integriert werden.

Die Ausplünderung Rußlands

Sie haben alle vom größten Geldwäscheskandal der Geschichte gehört. Die Bank of New York hat 15 Mrd. Dollar „gewaschen", die zum Teil vom IWF stammten und dann auf Auslandskonten der Familie Jelzin und anderer „Reformer" landeten. Bei diesen schweizerischen und auch amerikanischen Untersuchungen kommt jetzt ans Tageslicht, was LaRouche von Anfang an gesagt hat: Die ganze „Reformpolitik" gegenüber der früheren Sowjetunion war stets nur ein Euphemismus für die ungehinderte Ausplünderung Rußlands, die Übernahme der russischen Wirtschaft durch kriminelle Elemente.

Am 5. Juni 1991 ernannte Bush den Demokraten Robert Strauss aus Texas zum US-Botschafter in Moskau. LaRouche sagte damals: „George Bush schickt den König der Diebe nach Moskau, um dem KGB das Stehlen beizubringen" — leider mit Erfolg. Strauss saß zu der Zeit im Vorstand des Getreidekartells Archer Daniels Midland, des Konzerns R.J.R. Nabisco und des Direktoriums des anglo-kanadischen Medienkonzerns Hollinger. Strauss hatte die vordringliche Aufgabe, Rußland in den IWF hineinzubugsieren und sicherzustellen, daß niemand die Ausplünderung des Landes stört.

Am 21. August 1991 sprang Jelzin dann auf den Panzer, und das Bild ging um die Welt. Rückblickend erwies sich das als der Todesstoß für die Sowjetunion. Ungefähr zur gleichen Zeit traf ein gewisser Michail Kagalowskij mit dem britischen Premierminister John Major in dessen Amtssitz in der Downing Street Nr. 10 zusammen. Dieser Mann gehörte zu einer Gruppe geschickter junger Krimineller, die von der Mont-Pèlerin-Gesellschaft handverlesen waren, die zukünftigen „Ökonomen" der Schocktherapie im Osten zu werden. Zusammen mit Leuten wie Tschubajs, Fjodorow und Potanin sollten sie bei der Ausplünderung Rußlands mit dem Westen zusammenarbeiten. Kagalowskij, der über seine Frau in den Bank of New York-Geldwäscheskandal verwickelt ist, stieg zum Verbindungsmann zwischen Rußland und dem IWF und später zum IWF-Direktor für Rußland in Washington auf.

Jelzin machte Jegor Gajdar zum russischen Ministerpräsidenten. Als dann die Regierung Clinton kam, erklärte Gore sich zuständig für die Rußlandpolitik und übernahm die Netzwerke der Mont-Pèlerin-Kleptokraten aus der Ära Bush.

LaRouches *Neunte Vorhersage*

Noch vom Gefängnis aus regte LaRouche 1992 zur Erweiterung des „produktiven Dreiecks" zur „Eurasischen Landbrücke" an. Er schlug drei Hauptrouten vor: eine Strecke im Norden durch Sibirien und zwei weitere im Süden, die weitgehend auf die alte Seidenstraße zurückgehen. So wollte er nach dem Zusammenbruch der Sowjetunion die wirtschaftliche Entwicklung weit nach Osten ausdehnen.

Ein Jahr später setzte Jelzin die Panzer gegen das Parlament in Moskau ein. Alles, was an demokratischen Tendenzen in diesem zerrütteten Rußland vorsichtig gewachsen war, wurde von Jelzin niedergemacht.

1994 wurde LaRouche aufgrund einer massiven internationalen Mobilisierung aus dem Gefängnis entlassen. Viele bekannte Persönlichkeiten — Hunderte von Parlamentariern, frühere Staatschefs, Kirchenvertreter und viele, viele andere — hatten sich für seine Entlassung eingesetzt.

Unmittelbar nach seiner Freilassung im Februar 1994 veröffentlichte er seine berühmte *Neunte Vorhersage,* worin er prognostizierte, wenn die Spekulation so weitergeht, werde dies unvermeidlich zum Zusammenbruch des Weltfinanzsystems führen. Im April fuhr er nach Moskau zu einem Seminar mit wichtigen Ökonomen wie dem früheren sowjetischen Ministerpräsidenten Pawlow, den Akademiemitgliedern Ossipow und Lwow u.a. Dort schlug er als einzigen Ausweg aus der Misere eine neue Allianz im Sinne von F.D. Roosevelt vor, in der die USA, China, Rußland, Indien und andere Nationen zusammenarbeiteten, um die Kräfte der BAC-Machtgruppe auszuschalten, die große Teile der russischen „Intelligenzija" übernommen hatte.

Aber die Freibeuter um Präsident Jelzins Familie in Rußland und Al Gore in Amerika wollten es anders. Schon 1995 hatten sie Rußland über die Privatisierung ausgeplündert, d.h. alles, was nicht niet- und nagelfest war, verscherbelt und mit dem Erlös auf den internationalen Märkten spekuliert. Dies verschärften sie nun noch mit der Politik „Kredite gegen Anteile", die auf die Bereiche Energie, Telekommunikation und Rohstoffreserven wie Erdgas und Erdöl zielte.

Tschubajs stimmte dem Plan „Kredite gegen Anteile" auf einer Kabinettssitzung im März 1995 zu und nannte ihn einen „Pakt mit dem Teufel". Zu diesem Zeitpunkt legte die CIA Al Gore einen Bericht mit Beweisen dafür vor, daß Tschernomyrdin fünf Milliarden Dollar in die eigene Tasche gesteckt hatte. Gore unterdrückte den Bericht, er schickte ihn der CIA mit einer unflätigen Bemerkung zurück.

Die Spekulationsblase war nun auch durch die aus Rußland gestohlenen Gelder weiter angewachsen. Selbst Präsident Clinton und der französische Staatspräsident Jacques Chirac bezeichneten auf dem Gipfeltreffen in Halifax die Spekulation als das „AIDS des Finanzsystems".

Aufgrund der Ausplünderung Rußlands war Jelzin sehr unbeliebt geworden, und es schien, als würde der Chef der Kommunistischen Partei Sjuganow 1996 die Präsidentschaftswahl gewinnen. Nach dem Sieg der Kommunisten bei der Parlamentswahl entließ Jelzin

Tschubajs, der daraufhin nach Davos zum Weltwirtschaftsforum reiste und für die „Reformer" warb. Die westlichen Bankiers erklärten, sie würden die „Reformer" unterstützen, weil das in ihrem Interesse liege.

Die neue Seidenstraße

Im Mai 1996 reiste ich mit einer Delegation des Schiller-Institutes nach Beijing, wo wir als Redner an einer Konferenz über die Eurasische Landbrücke teilnahmen, auf der mehr als 34 Staaten vertreten waren. Die chinesische Regierung erklärte, diese geplante Integration von Europa, Rußland, Südostasien, Indien und China zu einem Wirtschaftsblock markiere eine neue Ära für die Menschheit. Zum ersten Mal könnten entlegene Regionen ohne Zugang zum Meer ihre geographisch nachteilige Situation überwinden. Die Entwicklung der Infrastruktur könne praktisch jeden Teil der Welt für Entwicklung öffnen.

Unser Vorschlag stellt das Konzept der Entwicklungskorridore in den Mittelpunkt. Diese „Infrastrukturarterien" sollten das Rückgrat sein, von denen aus billige Energie über inhärent sichere Kernkraftwerke verfügbar gemacht werde. So könnten Tausende neue Städte und Industriegebiete gebaut werden. Die Infrastruktur sei nicht nur dazu da, Rohstoffe aus den zu erschließenden Gebieten herauszubringen, vielmehr sollte sie Entwicklung in diese Regionen bringen. Eine echte neue Weltwirtschaftsonung werde sich herausbilden.

An der Konferenz nahm auch ein Vertreter der BAC-Machtgruppe teil, der damalige Vizepräsident der Europäischen Union Sir Leon Brittan. Die EU hatte die Konferenz mit unterstützt. Brittan erklärte, das Konzept der Eurasischen Landbrücke werde sich niemals verwirklichen lassen, weil es in den Ländern entlang der Landbrücke so viel politische Destabilisierung geben werde, daß dies niemals funktionieren werde.

Im Sommer 1997 sagte LaRouche dann den Ausbruch der globalen Finanzkrise für Oktober voraus. Und in der Tat begann im Oktober die „Asienkrise“, die nur der regionale Ausdruck der globalen Krise war. Zwischen Oktober 1997 und Oktober 1998 standen wir dreimal vor der völligen finanziellen Kernschmelze. Der IWF reagierte, indem er massiv Liquidität in das System pumpte, um den Kollaps zu verhindern.

Am 17. August 1998 erklärte sich die Regierung Kirijenko für zahlungsunfähig. Die Spekulation hatte dazu geführt, daß die russischen Staatsanleihen, die berüchtigten GKOs, mit immer kürzeren Laufzeiten und höheren Zinsen ausgegeben werden mußten. Zuletzt betrugen die Zinsen bei einer Laufzeit von drei Monaten 150 Prozent — und niemand wollte sie mehr kaufen, weil man befürchtete, trotz der extrem hohen Rendite am Ende mit leeren Hände dazustehen.

Vor einigen Wochen, am 28. August, veröffentlichte die *New York Times* ein Interview mit Michail Tschodorowskij, dem früheren Chef Kagalowskijs bei Menatep und Yukos Oil. Er sagte, die 15 Mrd. Dollar, die von der Bank of New York gewaschen wurden, seien Gelder gewesen, die russische Regierungsleute mit Insiderwissen aus der GKO-Pyramide abgezogen hätten, bevor sie zusammenbrach. Diese Leute hätten von Gerüchten über Abwertungen und Einfrieren des GKO-Marktes gewußt. Bereits im Sommer 1998 hätten einige damit begonnen, Regierungspapiere zu verkaufen.

Schon 1998 hatten Ermittlungen des russischen Föderationsrates ergeben, daß das im Juli 1998 angekündigte große IWF-Paket mit einer ersten Rate von 4,5 Mrd. Dollar nur dazu dienen sollte, den Insidern genug Zeit zu geben, ihre Gelder aus der GKO-Pyramide abzuziehen, in Dollar einzutauschen und ins Ausland zu schaffen.

In Wahrheit war die IWF-Reformpolitik von Anfang an, wie wir immer gesagt haben, nichts als die Ausplünderung Osteuropas und der früheren Sowjetunion — so lange, bis die Länder auseinanderbrechen.

Ende August 1998 telefonierte Al Gore hinter dem Rücken von Präsident Clinton hektisch herum, um Tschernomyrdin wieder zum russischen Ministerpräsidenten zu machen. Als ihm das nicht gelang, brach einer der größten Hedge-Fonds der Welt, LTCM, zusammen, und das ganze System stand vor der Kernschmelze.

Was kommt nach dem Crash?

An dem Punkt traf die BAC-Machtgruppe zwei Entscheidungen: einerseits, massiv Liquidität bereitzustellen, um solche Zusammenbrüche zu verhindern, und andererseits die beschleunigte Globalisierung der NATO. Die BAC-Gruppe setzte auf Kriege, um für die Zeit nach dem Crash die Kontrolle über die Rohstoffe und die Kontrolle über die Welt an sich zu reißen.

Vor wenigen Monaten sagte Brzezinski vor einem Dutzend Staatschefs aus Ost- und Mitteleuropa auf einer Konferenz in Wien, weltweite „Hegemonie“ der Vereinigten Staaten — d.h. BAC — sei nicht der richtige Begriff, um die Rolle Amerikas zutreffend zu beschreiben, besser wäre „Omnipotenz“.

Diese Kreise sind fest entschlossen, Rußland auseinanderzubrechen. Denn Rußland ist das Land mit der größten territorialen Ausdehnung und ein Land mit einem außerordentlichen Rohstoffreichtum. Deshalb wollen diese Kreise sich mit der Zerstörung der Sowjetunion nicht zufrieden geben, sie wollen den Untergang Rußlands. Sie sind ebenso entschlossen, China, das bevölkerungsreichste Land der Welt, sowie Indien und Indonesien gleichfalls zu zerstören.

Der erste Schritt nach der Beinahe-Kernschmelze (die jetzt auch die BIZ und Camdessus zugegeben haben) war der Plan zur Bombardierung des Irak im November 1998. Dies scheiterte, weil Präsident Clinton in buchstäblich letzter Minute intervenierte und die Angriffe abblies. Aber damit wurde Clinton an der Teilnahme am APEC-Gipfeltreffen gehindert, wo er mit Primakow, Jiang Zemin und Mahathir zusammentreffen wollte, was genau die Kombination von Persönlichkeiten ergeben hätte, die einen Ausweg aus dieser internationalen Krise bahnen könnte.

An seiner Stelle nahm Gore an dem Gipfeltreffen teil und nutzte die Gelegenheit zu beleidigenden Angriffen auf den Gastgeber und Ministerpräsidenten Malaysias Dr. Mahathir. Dies war das erste Zeichen dafür, was eine Welthegemonie der BAC-Machtgruppe bedeutete.

Im Dezember 1998 kam es dann zu einer dramatischen Wende in der Weltpolitik. Mit dem betrügerischen Butler-Bericht als Begründung wurde der Irak bombardiert, während noch der UN-Sicherheitsrat zu dem Thema tagte. Das Völkerrecht, so wie es sich seit dem Westfälischen Frieden von 1648 entwickelt hatte, wurde ebenso mit Füßen getreten wie die UN-Charta und die Schlußakte von Helsinki, und durch die anglo-amerikanische Welthegemonie ersetzt.

Der Krieg gegen Jugoslawien im März 1999 sollte demonstrieren, daß Rußland durch die IWF-Reformen so zerstört und ausgeplündert war, daß es auf dem Balkan, der historisch als seine traditionelle Einflußsphäre galt, keine entscheidende Rolle mehr spielen konnte. Er sollte weiter demonstrieren, daß Chinas Stimme im UN-Sicherheitsrat ohne Bedeutung sei und es nicht mehr als globaler strategischer Partner behandelt würde. Die gezielte Bombardierung der chinesischen Botschaft in Belgrad am 7. Mai war ein Signal an China, daß es praktisch „nichts tun kann". China sollte damit in eine feindliche Haltung zu Amerika gedrängt werden, auch um zukünftige militärische Operationen zu rechtfertigen.

Dieser Krieg in Europa sollte aber auch Kontinentaleuropa eine Lehre erteilen: Er sollte das bestätigen, was Brzezinski in Wien erklärt hatte, Europa sei kein Partner, sondern Protektorat der USA, da ihm die militärische Stärke fehle, sich den geopolitischen Plänen der Anglo-Amerikaner zu widersetzen. Außerdem sollte die prorussische Regierung in Serbien gestürzt und eine prowestliche eingesetzt werden. Der Plan war, Jugoslawien als prorussisches Land auszuschalten.

Über die Türkei und das NATO-Programm „Partnerschaft für den Frieden" sollte gleichzeitig die Erweiterung in Richtung Zentralasien in Angriff genommen werden. Dazu wollte man die Südflanke Rußlands aufbrechen und so die NATO direkt an die Grenze Rußlands und Chinas bringen, was beide Staaten natürlich als Bedrohung ihrer vitalen Interessen ansehen.

Der 78 Tage dauernde Krieg hinterließ auf dem Balkan und in Südosteuropa eine absolute wirtschaftliche Katastrophe. Selbst die konservative *Neue Zürcher Zeitung* schrieb, in Serbien, Albanien, Kosova und Mazedonien breite sich Hunger aus, und es gebe keine nennenswerte wirtschaftliche Aktivität mehr. Diese Regionen sterben dahin.

In Kosova und Albanien übernimmt jetzt praktisch die UCK mit Unterstützung Madeleine Albrights die Macht. Die UCK ist eine narko-terroristische Bande, nicht weniger gefährlich als die FARC oder die ELN in Kolumbien. Die wirtschaftliche Destabilisierung des Balkans und die Tatsache, daß jetzt größere Drogentransportwege durch diese Region verlaufen, stellen derzeit eine wesentliche Sicherheitsbedrohung für Europa dar.

Als die NATO in Washington den 50. Jahrestag ihrer Gründung feierte, wurde sie als atlantisches Verteidigungsbündnis zu Grabe getragen. Es wurde ein neues strategisches Konzept erörtert. Das alte strategische Konzept der NATO basierte auf Artikel V des Washingtoner Vertrages von 1949, in dem es um die Verteidigung der nationalen Integrität eines NATO-Mitgliedsstaates gegen einen möglichen Angriff der Sowjetunion ging.

So ist es jetzt nicht mehr. Der amerikanische Generalstabschef Gen. Hugh Shelton sagte vor dem Royal Services Institute in London am 8. März: „Die beschränkte Sicht kollektiver Verteidigung ist jedoch unzureichend, wenn es um die raffinierten und heikleren Gefahren geht, denen wir uns heute gegenübersehen. Daher muß die NATO ihre strategische Perspektive erweitern, um alle unsere Interessen vor einer Myriade komplexer asymptotischer Bedrohungen zu schützen, die das Konfliktkontinuum umspannen. Die NATO muß der unvorhersehbaren und aus vielen Richtungen kommenden Natur der Bedrohung — wie etwa regionalen Konflikten, Massenvernichtungswaffen und Terrorismus — größeres Gewicht beimessen.“ Mit anderen Worten, er will einen Blankoscheck für weltweite Interventionen unter jeder Art von Vorwänden.

Zwei Wochen später begann der NATO-Krieg gegen Jugoslawien. Es war klar, daß es nicht um die serbischen Greueltaten ging. Denn hätte der Westen Milosevic stürzen oder etwas gegen ihn unternehmen wollen, hätte man dies 1992 tun sollen, als Milosevic den Völkermord in Kroatien und Bosnien begann. Die NATO nutzte eine gegebene Situation aus, um ihre globalstrategischen Ziele zu erreichen. Und Brzezinski, die heutige Verkörperung der Geopolitiker Mackinder und Haushofer, bezeichnet heute den Kaukasus als „eurasischen Balkan".

Die Hintergründe des Kaukasuskrieges

Nach dem Krieg gegen Jugoslawien wurde von drei Regionen möglicher Eskalation her die gesamte russische Südflanke bedroht.

Das russische Militär hat den Vereinigten Staaten und dem europäischen Establishment unmißverständlich bedeutet, daß jeder Versuch einer NATO-Erweiterung in die baltischen Staaten (Estland, Lettland und Litauen) oder die kaukasischen Länder (Georgien, Armenien und Aserbeidschan) nicht hingenommen werde. Sowohl die armenische als auch die georgische Regierung haben bereits eine Aufnahme in die NATO beantragt und die Errichtung amerikanischer oder türkischer Militärstützpunkte oder Aufnahme einer UN-Friedenstruppe angeboten. Am 29. Juni erklärte der aserbeidschanische Parlamentspräsident Murtus Alexerow, sein Land solle NATO-Mitglied werden. Und am 1. Juli sagte der stellv. Außenminister Georgiens Giga Burduli, sein Land setze sich für den Beitritt zur NATO ein. Als der amerikanische Verteidigungsminister Cohen im August nach Georgien reiste, bot er dem Land die NATO-Mitgliedschaft an. Aserbeidschan und Georgien haben die Entsendung von NATO-Friedenstruppen gefordert, welche die Einheiten der GUS ersetzen sollten. NATO-Soldaten sollten auch in den um ihre Unabhängigkeit streitenden Republiken Abchasien und Südossetien stationiert werden.

Um nur ein Land herauszugreifen: Armenien befindet sich in einer schwierigen Situation. Während der Sowjetzeit war Rußland praktisch Armeniens einziger Handelspartner. Dieser Handel ist jetzt völlig zusammengebrochen. Es existieren nur noch militärische Beziehungen, auf die Armenien angewiesen ist, weil es ohne russische Hilfe die Kontrolle über die armenische Enklave Berg-Karabach in Aserbeidschan verlöre.

Sollte der jetzige Ministerpräsident Aserbeidschans Gajdar Alijew sterben, wäre ein Bürgerkrieg sehr wahrscheinlich. Und die Opposition in Aserbeidschan ist ziemlich aggressiv. Sie hatte 1992-94 den Krieg um Berg-Karabach angefangen. Sie stellt auch territoriale Forderungen an den Iran. Die USA boten Armenien jüngst 100 Mio. Dollar an, wenn es zu Verhandlungen über Berg-Karabach mit Aserbeidschan entlang der Formel „Mehr Autonomie, weniger Unabhängigkeit" bereit wäre. Dahinter steht das Ziel, den Weg für die transkaukasischen Pipelines frei zu machen.

Das wird naturgemäß mit dem Iran böses Blut schaffen, denn die Armenier wären dann gezwungen, das Gebiet südlich von Berg-Karabach, das sie jetzt besetzt haben, aufzugeben. Der Iran und Armenien haben jetzt eine etwa 180 km lange gemeinsame Grenze. Bei einem armenischen Abzug würde sich diese gemeinsame Grenze auf etwa 50 km verringern. Die iranische Pipeline verläuft durch die Region, die in dem größeren gemeinsamen Grenzgebiet liegt. Offensichtlich eine sehr angespannte Situation.

Was nun den Aufstand in Dagestan angeht, so wird dieser vor allem von sogenannten „islamistischen Rebellen" getragen — den Wahhabiten, einer islamischen Terrororganisation, die von Saudi-Arabien, aber auch von England und anderen westlichen Staaten unterstützt wird. In Dagestan allein leben etwa 30 verschiedene nationale Minderheiten. Das Nachbarland Tschetschenien ist seit August 1996 praktisch ein unabhängiger Staat. Dort marodieren zahlreiche bewaffnete Banden von Extremisten und sog. Mudschaheddin, die alle die Regierung des gemäßigten Präsidenten Aslan Maschadow stürzen wollen.

Seit Beginn dieses Jahres kam es zu zahlreichen Überfällen über die Grenze gegen russische Einheiten, die in Grenznähe zu Tschetschenien stationiert sind. Diese Überfälle wurden von Gruppen begangen, die Kirgisistan, Usbekistan und Tadschikistan als Operationsbasis benutzen und aus Saudi-Arabien und dem Westen finanziert werden. Sie werden unterstützt von islamischen Veteranen des Afghanistankrieges und den Taliban. Der britische Geheimdienst verfügt in diesen terroristischen Netzwerken über immensen Einfluß.

Als Reaktion auf den Krieg gegen Jugoslawien und die Ereignisse im Kaukasus hat die russische Militärführung angekündigt, daß sie 10 000 taktische nukleare Sprengköpfe entwickeln wird. Sie war zu dem Schluß gekommen, daß die NATO sie nicht mehr ernst nimmt und davon ausgeht, daß Rußland sein strategisches Arsenal nicht einsetzen werde. Diese

10 000 taktischen Nuklearsprengköpfe sind für den Einsatz in Militäroperationen wie dieser (im Kaukasus) konzipiert. Und das ist nur eine Krisenregion von vielen.

Die jüngsten russischen Militärmanöver nach dem NATO-Krieg in Jugoslawien gingen von der Annahme eines strategischen Nuklearangriffs auf Rußland aus. Rußland hat seine gesamte Militärstrategie geändert und der Annahme angepaßt, daß dies die künftige Bedrohung darstelle. Das russische Militär ist überzeugt, daß die NATO-Politik auf eine Aufspaltung Rußlands abzielt. Dies ist ein Spiel mit dem Feuer.

Die indisch-pakistanische Krise

Die nächste Krise betrifft den Konflikt zwischen Indien und Pakistan. Die hoffnungsvolle Stimmung, die sich mit der „Erklärung von Lahore“ verbreitet hatte, als sich Sharif und Vajpayee im Rahmen der „Bus-Diplomatie“ trafen, ist völlig verflogen. Die derzeitige Politik der beiden Länder läßt scheinbar keine Alternative als Krieg zu. Und beide sind Atommächte.

Pakistan steckt in einer verzweifelten Lage. Während des Kalten Krieges wurde es ausgenutzt und insbesondere nach dem sowjetischen Einmarsch in Afghanistan in ein Zentrum des Drogen- und Waffenhandels verwandelt. Dabei kamen Generäle an die Macht, die von der BAC-Machtgruppe kontrolliert wurden. Immer wieder wird die Lage in Kaschmir, das teilweise von Pakistan und teilweise von Indien besetzt ist, manipuliert.

Ein weiteres Problem in Pakistan bilden die Feudalherren, die die beherrschende soziale Kraft im Lande sind. Sie werden von den Anglo-Amerikanern unterstützt. Deshalb gibt es praktisch keine Industrie in Pakistan. Das Land muß alle nahezu alle Fertigwaren importieren, und für den Export stehen praktisch nur Baumwollprodukte zur Verfügung. Pakistan hängt völlig vom IWF ab, der alles kontrolliert. Das einzige, was in Pakistan wächst, sind Arbeitslosigkeit und Ausbildungsmängel.

Die Anglo-Amerikaner haben das pakistanische Militär als Bollwerk gegen Rußland und Indien aufgebaut, vor allem aber gegen das hinduistische Indien, und das führte zu einer massiven intellektuellen Korruption innerhalb der pakistanischen Führungselite.

Seit 1979 hat sich Lage immer weiter verschlechtert. Die Anglo-Amerikaner förderten den massiven Anbau von Opium und die Herstellung von Heroin. Viele Moslems aus anderen Staaten werden zu „heiligen Kriegern" ausgebildet. Früher richtete sich das gegen den Kommunismus, heute verbreiten sich diese Leute über die ganze Welt. Diese „Dschihad"-Kämpfer sind jetzt in Tschetschenien, Pakistan, Kaschmir und auch der chinesischen Provinz Xinjiang aktiv. Diese Terroristen werden zum großen Teil von britischen Geheimdiensten kontrolliert. Das meinte Brittan, als er davon sprach, daß aus politischen Gründen die Landbrücke niemals verwirklicht würde.

Indien andererseits hat niemals wirklich die Folgen der britischen Kolonialpolitik aufgearbeitet. Immerhin ist es die bevölkerungsmäßig zweitstärkste Nation der Welt und sieht sich als eine der Nationen, die maßgeblich zur Entstehung der menschlichen Zivilisation beigetragen haben. Wenn man die 6000jährige indische Geschichte betrachtet, stößt man auch auf bewundernswerte Dinge.

Aber Indien ist erstaunlich nach innen orientiert, und seine größte Schwäche ist Kaschmir. Dieser Konflikt beeinflußt das Denken und Handeln übermäßig stark. Die Inder fühlen sich betrogen, denn noch während die „Bus-Diplomatie“, die positiven Gespräche zwischen Vajpayee und Sharif, liefen, bereiteten die sog. Rebellen aus Pakistan den Krieg in der Region Kargil in Kaschmir vor. Pakistanische Soldaten kämpften als Mudschaheddin verkleidet in einer unzugänglichen, schwer zu verteidigenden Bergregion. Wegen dieser Kämpfe in Kargil wurden die Gespräche zwischen Indien und Pakistan völlig abgebrochen.

Ich will damit aber nicht sagen, daß ein Krieg unvermeidlich sei. Aber die Briten und die BAC-Machtgruppe arbeiten auf diesen Krieg zwischen Indien und Pakistan hin und sehen das als eine Möglichkeit, Turbulenzen zu erzeugen. Daß Indien und Pakistan Nuklearwaffen haben, muß an sich kein Problem sein, denn es besteht ein gewaltiger Unterschied zwischen einer Nuklearpolitik und dem tatsächlichen Einsatz von Nuklearwaffen. Schließlich hat Indien mit seiner Nukleardoktrin nichts anderes getan als de Gaulle in Frankreich, der sich auf Frankreichs Souveränität und das Recht auf eine allseitige Verteidigungspolitik berief. Dennoch ist die Lage in der Region extrem gefährlich.

Angriffe gegen China

Die dritte Krise, die relativ kurzfristig zum Ausbruch eines Nuklearkrieges führen könnte, betrifft Taiwan und die Bemühungen der BAC-Machtgruppe, Taiwan zur Erklärung der Unabhängigkeit zu drängen. Aus chinesischer Sicht ist das so, als würde irgendjemand Kalifornien oder einen anderen US-Staat drängen, sich von den USA unabhängig zu erklären.

Bis zum vergangenen Dezember besaß trotz einiger Spannungen in den Beziehungen die strategische Partnerschaft mit den Vereinigten Staaten im 21. Jahrhundert für China die höchste außenpolitische Priorität. China hätte nichts unternommen, was diese Partnerschaft in Frage stellte. Der erste schwere Schlag, der diese Überzeugung traf, war die Bombardierung des Irak im Dezember, der zweite die Bombardierung der chinesischen Botschaft in der jugoslawischen Hauptstadt Belgrad durch die NATO.

Als Ministerpräsident Zhu Rongji im März die USA besuchte, versuchte er noch, diese strategische Partnerschaft zu festigen. Aber die Bombardierung der Botschaft am 7. Mai war ein politisches Erdbeben. Man muß die letzten 200 Jahre der chinesischen Geschichte kennen, um zu verstehen, warum dieses Ereignis eine so nachhaltige Reaktion hervorrief. Denn China erlebte in den letzten 15-20 Jahren Stabilität und wirtschaftliche Entwicklung. Und das sehen die Chinesen jetzt bedroht.

In China glaubt niemand, daß dieser Bombenangriff ein Versehen war; alle sind davon überzeugt, daß er bewußt geschah. Ich war im Mai in China, und dort hat man mich gefragt: „Wer hat in den USA das Sagen? Der Präsident? Das Pentagon? Was heißt das für die Zukunft, wird es wieder geschehen?"

Dann erschien im Kongreß der sogenannte Cox-Bericht, in dem behauptet wurde, China habe Amerika alle möglichen Militärgeheimnisse gestohlen.

Die bewegendste Erfahrung während meines Besuches in China hatte ich, als ich in einer freien Minute einen kleinen Tempel besuchte, wo ich zufällig ein Mädchen aus einer Schulklasse traf, die den bei der Bombardierung ums Leben gekommenen Journalisten die Ehre erwies. Das Mädchen sprach nur sehr wenig Englisch, doch ich fragte sie, was sie über die Botschaftsbombardierung dächte. Sie sagte: „Sagen Sie Ihrem Präsidenten: Kommen Sie nach China. Lieben Sie mein Land.“ Dann fing sie an zu weinen.

Vom 9.-11. Juli fand in Hongkong ein von der „Taiwan Peaceful Reunification Association“ organisiertes Symposium über die friedliche Wiedervereinigung Chinas statt. Hochrangige Delegationen aus Beijing und aus Taiwan waren gekommen, und 80 Zeitungen waren vertreten. Es gab sehr konstruktive Gespräche, und die Medien berichteten ausführlich. Gerade als das Abschiedsessen dieser Konferenz stattfand, ließ Taiwans Präsident Lee Teng-hui eine politische Bombe hochgehen, indem er erklärte, die Beziehung zwischen Beijing und Taipei sei nicht mehr die des „Einen China“, sondern die zwischen zwei Staaten.

Das war eine eindeutige Provokation am Vorabend des 50. Jahrestags der Gründung der Volksrepublik China. Auch die bevorstehende Präsidentschaftswahl in Taiwan sollte damit beeinflußt werden. Lees Favorit (er selbst kann nicht mehr kandidieren) ist ein Mann namens Lee An-Chen, dem nachgesagt wird, im Vergleich zu ihm sei der hölzerne Gore ein charismatischer Wirbelwind. Er ist einer der reichsten Männer Taiwans. Er tritt für die Unabhängigkeit ein, ebenso wie die DDP.

Nach dem Jugoslawienkrieg und der Botschaftsbombardierung war das in den Augen der Chinesen ein weiterer Hinweis darauf, daß die Vereinigten Staaten gegen China vorgehen wollen. Aus Beijing kamen äußerst scharfe Töne. U.a. hieß es:

„Das chinesische Volk liebt den Frieden und wird nur im äußersten Fall zu militärischen Mitteln greifen. Aber China wird sich auch keiner Intervention von außen beugen.

Die USA verkaufen ganz offen Waffen an Taiwan, halten Manöver mit Flugzeugträgern ab, setzen Erpressung und andere abstoßende Methoden ein, um gemeinsam mit Lee Teng-hui und den anderen Führern Taiwans die Spaltung des Landes zu betreiben. Dies kann nur zu einer weiteren Verschlechterung der chinesisch-amerikanischen Beziehungen führen, indem es die Arroganz der taiwanesischen Behörden bei Aktionen zur Spaltung des Landes steigert und die nervöse Lage auf beiden Seiten der Straße von Taiwan bis an den Rand des Krieges aufheizt.

Am 14. August hat der Sohn des früheren Präsidenten Bush und heutige Gouverneur von Texas George Bush jr., der sich Hoffnungen auf die Präsidentschaftsnominierung bei den Republikanern macht, lautstark versprochen, wenn er Präsident werde, würde er Taiwan militärisch verteidigen. Bush jr. erklärte, die USA würden eine harte und unverrückbare Haltung gegenüber China als strategischem Gegner und Konkurrenten einnehmen."

Ich zitiere weiter aus einer chinesischen Pressemeldung: „Es wäre ein sehr großer Fehler anzunehmen, China könne lediglich einen Medienkrieg führen. Es hat bereits alle notwendigen Vorbereitungen für einen militärischen Angriff auf Taiwan getroffen."

Jetzt herrscht in der Region große Angst davor, was geschehen wird, wenn entweder China Taiwan befreit oder die USA Taiwan vor Festlandchina beschützen. Präsident Clinton hat zwar wiederholt betont, die USA hielten an der Ein-China-Politik fest, aber de facto wird Taiwan der Eindruck vermittelt, es könne dem Festland nicht trauen. Außerdem gebe es den Taiwan Relation Act, weswegen man neue Strategien und Waffensysteme, neue Manöver und ein neues Militärbündnis zwischen Südkorea, Japan, den Philippinen und Taiwan gegen Festlandchina brauche.

Lee Teng-hui verschärfte die Lage weiter, als er Mitte August sagte, Taiwan sei daran interessiert, sich zusammen mit den USA, Japan, Korea u.a. an einem regionalen Raketenabwehrsystem (TMD) zu beteiligen. Das TMD-Konzept, wie es die USA und Japan gegenwärtig verfolgen, ist zwar technisch eine Absurdität, wie Lyndon LaRouche in seiner jüngsten Schrift zu dem Thema darlegt. Aber leider wird es psychologisch einen großen Effekt haben, weil es das Militär in China zu der Überzeugung bringt, daß es nur noch eine Frist von etwa zwei Jahren für eine militärische Option hat, falls Taiwan sich für Unabhängigkeit entscheidet. Aus diesen Provokationen und Vorstößen kommt die Kriegsgefahr.

Im August erschien in Beijing eine Schrift, worin es hieß, die Ausweitung der NATO beweise, daß die NATO keine Rücksicht mehr auf das geschwächte konventionelle Militärpotential Rußlands und auch nicht auf dessen funktionierendes Kernwaffenarsenal nehme. Da niemand glaube, daß Rußland seine eigene atomare Auslöschung riskiert, könne Rußland nichts tun.

Weiter wird betont, Rußland plane jetzt, 10 000 miniaturisierte Atomsprengköpfe zu bauen, mit denen Rußland militärische Ziele an jedem Ort der Erde mit höchster Präzision angreifen könnte, ohne einen atomaren Weltkrieg auszulösen.

Aber letzteres ist nur eine Annahme. Man stelle sich vor, der Finanzkollaps kommt, Rußland wird am Kaukasus in seinen vitalen Interessen bedroht, die indisch-pakistanische Krise eskaliert, die Taiwan-Provokation — bei all dem kann ich mir leicht vorstellen, daß die Dinge ganz schnell außer Kontrolle geraten.

Der Club der Überlebenswilligen

Zweifellos hat die militärische Zusammenarbeit zwischen China, Indien und Rußland zugenommen. Was LaRouche den „Club der überlebenswilligen Nationen" nennt, also die Länder Asiens, die sich gegen die Auswirkungen der Weltfinanzkrise schützen, bekommt nun immer mehr auch eine militärische Komponente. Die Beziehungen zwischen China und Indien sind enger geworden. Beide sprechen von gleichen strategischen Interessen. Die engere Zusammenarbeit dieser Länder ist aber nur ein Echo auf die Globalisierung der NATO durch die britisch-amerikanische Commonwealth-Machtgruppe (BAC). Wenn sich die regionalen Konflikte intensivieren und dazu das Weltfinanzsystem explodiert, dann ist das der sichere Weg in den dritten Weltkrieg — entweder Chaos oder ein 30jähriger Krieg oder ein nuklearer Weltkrieg und neues finsteres Zeitalter.

Die einzige Möglichkeit, die Welt vor dieser Katastrophe zu bewahren, mit der verglichen die beiden Weltkriege eine Kleinigkeit wären, ist die, daß die Vereinigten Staaten, China, Indien, Rußland und hoffentlich Kontinentaleuropa, Japan und andere Länder sehr bald LaRouches Programm für ein Neues Bretton Woods und die Eurasische Landbrücke übernehmen.

Wir müssen in uns selbst die Begeisterung dafür wecken, wie die Welt schon in kurzer Zeit mit der Neuen Seidenstraße aussehen könnte. Große Infrastrukturkorridore durch ganz Eurasien würden gebaut, ähnlich dicht, wie sie heute z.B. in Deutschland vorhanden sind. Das wären integrierte Magnetbahnen, Autobahnen, Wasserstraßen: von Rotterdam nach Jakarta, von Gibraltar nach Afrika und nach Sibirien, und über die Beringstraße nach Amerika.

Im Jahre 1846 - elf Jahre nach der ersten deutschen Eisenbahnfahrt zwischen Nürnberg und Fürth - wurde die erste ungarische Eisenbahnstrecke zwischen Pest und Vác eröffnet. Der ungarische Dichter Sándor Petöfi verfaßte zu diesem Anlaß das folgende Gedicht:

Baut tausend Bahnen, baut noch mehr!
Daß unbebaut nichts bleibe,
Daß Bahnen laufen kreuz und quer
Wie Adern in dem Leibe.

Die Adern sind's, die Saft und Kraft
Durch alle Länder leiten
Und Handel, Kunst und Wissenschaft
Befördern und verbreiten.

Und wenn ihr sorgenvoll euch fragt,
Wo man das Eisen fände:
Sprengt alle Ketten, die ihr tragt,
Viel Eisen gibt's am Ende!

Vergessen Sie einmal, wie die Volkswirtschaften heute funktionieren. Denken Sie zurück daran, wie Präsident Franklin Roosevelt die amerikanische Wirtschaft aus der Depression herausholte und in eine boomende Volkswirtschaft verwandelte. Stellen Sie sich vor, daß alle Regierungen entlang der Eurasischen Landbrücke die gleichen Methoden anwenden wie Roosevelt zu Kriegszeiten — und sie würden es tun, wenn die USA, China, Rußland und Indien zusammenarbeiten. Aber diesmal diente es dazu, den dritten Weltkrieg *zu verhindern*.

Die Regierungen vergeben Kredite für Projekte, die dem Gemeinwohl dienen, die Arbeitslosigkeit beseitigen und die Produktivität durch maximale Ausnutzung von Wissenschaft und Technik steigern. Jiang Zemin hat kürzlich davon gesprochen, Wissenschaft und Technik zum Hauptelement einer neuen chinesischen Renaissance zu machen.

Wir bauen tausend schöne neue Städte entlang der Infrastrukturkorridore. Keine häßlichen Vorstädte und Einkaufszentren, sondern schöne Städte, für die wir die besten Traditionen der Architektur der jeweiligen Kulturen aufgreifen. Die gesamte moderne Infrastruktur wird unterirdisch gebaut, und über der Erde dann Einrichtungen für Studium, Forschung, Bildung: Universitäten, Museen, Theater, Opernhäuser, Bibliotheken. Am Rande der Städte kommen dann moderne Industrieanlagen hinzu, inhärent sichere Kernkraftwerke, die reichlich und billig Energie für Industrie und Landwirtschaft liefern, Bewässerungs- und ggf. Entsalzungsanlagen.

Mit der Infrastruktur käme wirtschaftliche Entwicklung, welche die unterentwickelten Gebiete verändert. Man würde nicht nur die Rohstoffe ausbeuten, sondern Industrien ansiedeln, die die Rohstoffe in Halbfertig- und Fertigprodukte veredeln. Dadurch würden Lebensstandard und Lebenserwartung der dort lebenden Menschen steigen, die Gesundheitsversorgung wäre gesichert, und das Prinzip der amerikanischen Verfassung „Recht auf Leben, Freiheit und Streben nach Glück“ würde auf alle diese Länder angewendet. Stellen Sie sich vor, wie es wäre, wenn alle Kinder eine gute Allgemeinbildung erhielten.

Glauben Sie nicht, daß, wenn sich das allgemeine Klima in dieser Art und Weise verändert, die terroristischen Banden, die jetzt marodieren und ein Land nach dem anderen destabilisieren, ihre Anhänger verlören? Daß die vereinte Macht von Amerika, Rußland,

China und Indien ausreichen würde, diese Pest zu beseitigen? Was im Kaukasus, in Kaschmir, in Zentralasien oder in Kolumbien geschieht, wäre nicht möglich, wenn es dort nicht 90 Prozent Arbeitslosigkeit gäbe. Wenn man dieses Problem beseitigt, würde auch der Terrorismus verschwinden. Glauben Sie nicht, daß die Menschen im Kosovo, in Albanien, Kolumbien oder dem Kongo lieber echte wirtschaftliche Entwicklung hätten, als sich von Narkoterroristen und Waffenhändlern terrorisieren zu lassen?

Clinton muß die US-Politik ändern

Geschehen kann dies nur, wenn die Vereinigten Staaten die Führung übernehmen, wenn Präsident Clinton die amerikanische Politik ändert und Amerika sich für die Eurasische Landbrücke einsetzt. Und dabei spielen Sie eine entscheidende Rolle. Denn dazu wird es nur kommen, wenn LaRouches Präsidentschaftskampagne sich explosionsartig ausweitet. Sie müssen, wenn Sie von dieser Konferenz nach Hause gehen, die Überzeugung mitnehmen, daß die Misere so nicht weitergehen kann und Sie ein Werkzeug sind, um Amerikas Politik zu ändern. Nur wenn LaRouche ein bestimmender Faktor in der amerikanischen Politik wird, werden diese Länder wieder Vertrauen fassen.

LaRouche wird in Rußland hochgeachtet. Von Anfang an hat er gewarnt, die Politik des IWF würde das Land zerstören. Er brachte den Russen das Prinzip der physischen Ökonomie bei. Er hat ihnen ein Bündnis mit Amerika im Geiste von Franklin Roosevelt für den Aufbau der Landbrücke vorgeschlagen. Die patriotischen Russen wissen, daß LaRouche ihr wahrer und ehrlicher Freund ist.

In China ist LaRouche genauso hochrespektiert, weil er vor dem „Finanz-AIDS“ gewarnt hat. Seine Wirtschaftstheorie ist weit verbreitet. Unsere Zusammenarbeit mit Indien reicht schon lange zurück, bis zu der Zeit, als wir Indira Gandhi den Vorschlag für ein 40jähriges Entwicklungsprogramm für Indien unterbreiteten.

In Indien hat gerade ein bemerkenswertes Ereignis stattgefunden. Als der damalige russische Ministerpräsident Primakow im vergangenen Dezember nach Neu-Delhi reiste, hat er ein „strategisches Dreieck“ Rußland-China-Indien vorgeschlagen. Damals reagierten die Chinesen etwas zurückhaltend, weil sie die strategische Partnerschaft mit den USA nicht aufs Spiel setzen wollten. Aber nach dem Jugoslawienkrieg und der Bombardierung der chinesischen Botschaft in Belgrad änderte sich das. Und kürzlich trafen nun Professoren aus den drei Ländern zusammen und gründeten die „Dreiecks-Vereinigung“ als ersten Schritt zur Koordination der Arbeit der drei Länder auf verschiedenen Ebenen.

Diese Transasiatische Vereinigung hat LaRouche offiziell zu ihrem Berater ernannt.

Es ist eigentlich ganz leicht, den Schaden zu beheben und für die Vereinigten Staaten überall auf der Welt wieder Freunde zu gewinnen: Man muß nur dafür sorgen, daß LaRouche zur wichtigsten Stimme Amerikas wird, dann werden alle Länder Amerika lieben. Denn keines will Feindseligkeit. Die Völker wollen Freunde sein, aber sie brauchen eine Vertrauensbasis. China hat erklärt, die Grundlage für eine gute Beziehung seien Vertrauen und gemeinsame Interessen. Es gibt viele gemeinsame Interessen, aber wie können wir in dieser fortgeschrittenen Lage Vertrauen schaffen?

Wem vertraut man? Offensichtlich einem Menschen oder einer Nation, den oder die man gut kennt. Bei einem guten Freund kennt man seine Gewohnheiten, seinen Charakter, seine positiven Beiträge, aber auch seine Schwächen. Wenn man weiß, daß jemand bestimmte Gewohnheiten hat und immer bei einem bestimmten Punkt „ausrastet“, dann kann man auch damit leben: denn man weiß, daß das eben so „seine Art“ ist. Man hat keine Angst vor ihm. Das gleiche gilt für fremde Kulturen.

Es herrschen bereits ungeheure politische Wirbelstürme überall auf der Welt, und dieser Hurrikan wird in der kommenden Zeit an Stärke und Zerstörungskraft zunehmen. Sehr bald, im Augenblick des Finanzkrachs und anderer politischer Erdbeben, werden bei den Menschen in Amerika und rund um die Welt tiefgehende Umwälzungen vor sich gehen.

Die Menschen werden feststellen, daß das System, das sie für selbstverständlich und unveränderlich hielten, und alle mit diesem System verbundenen Institutionen plötzlich einstürzen. In diesem Augenblick der Umwälzung wird die Bevölkerung offen dafür sein, tiefgehende Konzepte über ihre eigene Identität und die ihrer Nation aufzunehmen — Gedanken über die Ziele der Menschheit und die Bedeutung ihres eigenen Lebens.

Das wird der „fruchtbare Moment“ sein, wie Moses Mendelssohn es nannte, der eine Rückkehr zum klassischen Denken auslösen kann, vorausgesetzt, einige herausragende Individuen wirken als Lehrer.

Jeder muß in der eigenen Kultur nach den Höhepunkten suchen, die nicht nur zur Größe der eigenen Kultur beigetragen haben, sondern auch zur Universalgeschichte. Und wer sich auf diese Stufe erhebt, betrachtet auch den Rest der Welt mit den Augen seiner großen Vorgänger, um zu versuchen, die Höhepunkte der anderen Kulturen zu verstehen.

Für Amerikaner heißt das, zu denken wie Benjamin Franklin, Alexander Hamilton, John Quincy Adams, Martin Luther King und Lyndon LaRouche.

Wenn Sie wie diese großen Menschen denken und sich dann mit deren Augen Hollywood und die heute vorherrschenden Ideen betrachten, dann werden Sie mit Konfuzius übereinstimmen, der vor 2400 Jahren in China lebte und damals sagte, die Welt habe den rechten Weg, den *wu tao* verloren. Und Sie werden mit ihm übereinstimmen, daß die Welt dringend *ren* benötigt, Liebe und Güte — *agape* — statt Selbstsucht und Materialismus.

Konfuzius sagt: „Meine Lehre enthält ein allumfassendes Prinzip, *ren*, und dessen Realisierung." *Ren* ist der Wunsch, sich selbst zu entwickeln, um andere zu entwickeln. Die Liebe hat ihre Quelle in sich selbst. Es ist eine geistige Kultivierung des eigenen Innern. Es ist also sehr leicht zu verwirklichen. Sobald ich *ren* — Liebe — begehre, ist die Liebe da.

Nikolaus von Kues, Leibniz, Moses Mendelssohn, Schiller, Wilhelm von Humboldt stimmen alle überein, daß uns die bewußte Entscheidung zur Liebe augenblicklich verändert. Man entscheidet von einem Moment zum andern: „Ich werde aufhören, die Menschen zu hassen, und ich werde die Menschen lieben."

Konfuzius sagt: „Die Menschen brauchen *ren* dringender als Wasser und Feuer. Das Prinzip der Liebe sollte auf die Regierenden ebenso angewandt werden wie auf die Regierten. Und wenn die Edlen gegenüber ihresgleichen aufrichtig sind, wird das Volk von Liebe inspiriert sein. Der Schlüssel ist nicht, Liebe zu besitzen, sondern sie zu praktizieren."

Wir brauchen in der heutigen Weltlage herausragende Menschen — wie Sie hier in diesem Raum —, die entschlossen sind, die Geschichte zu verändern, weil sie von einer leidenschaftlichen Liebe zur Menschheit erfüllt sind, einer Liebe nicht nur zur eigenen Kultur, sondern auch zur Größe anderer Kulturen, und der Idee einer friedlichen internationalen Völkergemeinschaft.

Wenn in jedem Land eine solche große Renaissance kommt, inspiriert durch große Lehrer unserer Zeit, wird etwas geschehen, was es noch niemals gegeben hat. Die besten Werke Indiens, des Sanskrit, der Gupta-Periode, die großen Ideen von Denkern wie Tilak und Mahatma Gandhi — die große Tradition der russischen Kultur mit der Wissenschaftstradition von Mendelejew und der wunderbaren Poesie Puschkins — die spanische Kultur mit Goya und Cervantes — die Renaissance des 15. Jahrhunderts — die Weimarer Klassik — ich nenne diese nur als Beispiele für alle Länder: Wenn ein bewußter Austausch und Dialog zwischen diesen Ideen aus verschiedenen Kulturen stattfindet, kann ich schon jetzt eine Explosion der Kreativität vorhersagen, eine Renaissance, schöner als jede, die es bislang gegeben hat. Die Geschichte ist voller Beispiele dafür, daß Menschen in einem Moment der Krise und eines großen Schocks sich tiefgehenden Konzepten zuwenden möchten.

Die Perspektive eines neuen Bretton-Woods-Systems, das schon sehr bald realisiert werden muß, und einer gerechten neuen Weltwirtschaftsordnung muß mit der Idee einer kulturellen Renaissance verbunden werden. Wenn große Lehrer im Geiste von Konfuzius, Puschkin, Tilak und Schiller die Bevölkerung erheben, und wenn der Austausch und Dialog zwischen diesen Ideen genauso ernst genommen wird wie die Produktion und der Handel mit realen Gütern, dann wird daraus der „prägnante Moment", der die schönste Renaissance gebiert.

Ich glaube mit Konfuzius, Platon, Leibniz und Schiller, daß der Mensch unbegrenzt vervollkommnungsfähig ist. Deshalb glaube ich auch nicht, daß die Ming-Periode oder das frühe 19. Jahrhundert die letzten Perioden waren, in denen Menschen außergewöhnliche Werke schaffen konnten. Ich bin mir gewiß, daß die Ära der Eurasischen Landbrücke der wahre Frühling der ganzen Menschheit sein wird.

Wer ist Helga Zepp-LaRouche?

Geboren am 25. August 1948 in Trier; nach dem Abitur Ausbildung als Journalistin in Hamburg und Hannover. 1971 reiste sie als eine der ersten europäischen Journalisten nach dem Höhepunkt der Kulturrevolution mehrere Monate lang durch China. Nach ihrer Rückkehr Studium an der Freien Universität Berlin (Politische Wissenschaften, Geschichte und Philosophie), dann in Frankfurt/Main und Mainz.

Seit 1977 mit Lyndon LaRouche verheiratet; gemeinsam mit ihm führten sie seitdem ihre politischen Aktivitäten in viele Länder Asiens, Europas, Iberoamerikas, Afrikas und durch fast alle Staaten der USA. Dabei Kooperation mit zahlreichen Politikern, u.a. Indira Gandhi (Indien) und López Portillo (Mexiko).

1974 Gründungsmitglied (und Bundesvorsitzende) der Europäischen Arbeiterpartei. 1982 Gründerin des Club of Life als Gegenpol zum Club of Rome. 1984 Gründerin des Schiller-Instituts, Vereinigung für Staatskunst e.V., mit dem Ziel der Errichtung einer neuen gerechten Weltwirtschaftsordnung und einer weltweiten humanistischen Renaissance. Seit 1992 Bundesvorsitzende der Bürgerrechtsbewegung Solidarität.

1994 Mitverfasserin des Konzepts der Eurasischen Landbrücke, demzufolge die rasch voranschreitende Wirtschaftsentwicklung entlang der „modernen Seidenstraßen" ein immenses Potential für die euro-asiatische Zusammenarbeit im Bereich der produktiven Wirtschaft eröffnet. Im Mai 1996 Rednerin auf einer Konferenz über „Wirtschaftliche Entwicklung der Regionen entlang der neuen Eurasischen Landbrücke" in Beijing. Im Februar 1997 Verfasserin des Appells für die Schaffung eines Neuen Bretton Woods, der mittlerweile von Tausenden Persönlichkeiten weltweit mitgetragen wird. Im Frühjahr 1999 zusammen mit Faris Nanic, dem ehem. Kabinettschef des bosnischen Präsidenten Izetbegovic, Initiatorin des Aufrufs „Frieden durch Entwicklung für den Balkan", in dem ein umfassender (Wieder-)Aufbau der Infrastruktur ganz Südosteuropas gefordert wird.

Umfangreiche Studien und Veröffentlichungen u.a. zu den Themen Friedrich Schiller, Deutsche Klassik, Humanistische Tradition der Universalgeschichte, Nikolaus von Kues, Leibniz, Lessing, Moses Mendelssohn, Konfuzianische Tradition. Gerade die Beschäftigung mit Schillers Gesamtwerk ist ein Leitfaden in Helga Zepp-LaRouches Reden und Schriften.